coleção filosofia

1

A **Coleção Filosofia** se propõe reunir textos de filósofos brasileiros contemporâneos, traduções de textos clássicos e de outros filósofos da atualidade, pondo a serviço do estudioso de Filosofia instrumentos de pesquisa selecionados segundo os padrões científicos reconhecidos da produção filosófica. A Coleção é dirigida pela Faculdade Jesuíta de Filosofia e Teologia (Belo Horizonte, MG).

FACULDADE JESUÍTA DE FILOSOFIA E TEOLOGIA (FAJE)
DEPARTAMENTO DE FILOSOFIA
Av. Dr. Cristiano Guimarães, 2127
31720-300 Belo Horizonte, MG

DIRETOR:
João A. Mac Dowell, SJ

CONSELHO EDITORIAL:
Carlos Roberto Drawin FAJE
Danilo Marcondes Filho PUC-Rio
Fernando Eduardo de Barros Rey Puente UFMG
Franklin Leopoldo e Silva USP
Marcelo Fernandes de Aquino UNISINOS
Paulo Roberto Margutti Pinto FAJE
Marcelo Perine PUC-SP

Paulo Meneses

PARA LER A FENOMENOLOGIA DO ESPÍRITO
Roteiro

Edições Loyola

Capa: Walter Nabas
Diagramação: So Wai Tam
Revisão: Malvina Tomáz

Edições Loyola Jesuítas
Rua 1822, 341 – Ipiranga
04216-000 São Paulo, SP
T 55 11 3385 8500/8501 • 2063 4275
editorial@loyola.com.br
vendas@loyola.com.br
www.loyola.com.br

Todos os direitos reservados. Nenhuma parte desta obra pode ser reproduzida ou transmitida por qualquer forma e/ou quaisquer meios (eletrônico ou mecânico, incluindo fotocópia e gravação) ou arquivada em qualquer sistema ou banco de dados sem permissão escrita da Editora.

ISBN 978-85-15-00668-7

3ª edição: 2011

© EDIÇÕES LOYOLA, São Paulo, Brasil, 1992

Sumário

Apresentação 9
Nota sobre a composição deste roteiro 13
Prefácio / Vorrede / 17
Introdução / Einleitung / 35

(A)
Consciência / Bewusstsein / 43
Seção I — A Certeza Sensível 43
Seção II — A Percepção 48
Seção III — Força e entendimento 54
   Capítulo 1° — A força e o jogo de forças 55
   Capítulo 2° — O Interior 57
   Capítulo 3° — O Infinito 63

(B) Seção IV — Consciência-de-si / Selbstbewuastsein / 67
1ª Parte — Independência e dependência da consciência-de-si.
Dominação e escravidão 67

Capítulo 1° — Momentos da consciência-de-si 68
Capítulo 2° — Dialética do senhor e do escravo 72
2ª Parte — Liberdade da consciência-de-si 77
    Capítulo 1° — O estoicismo 78
    Capítulo 2° — O ceticismo 80
    Capítulo 3° — A consciência infeliz 82

(C, AA) Seção V — Razão / Vernunft / 91
Introdução Geral à Seção V 91
1ª Parte — A Razão que observa 97
    Capítulo 1° — Observação da natureza 99
    Capítulo 2° — A observação da consciência-de-si em
    sua pureza e em sua relação com a efetividade
    externa: leis lógicas e psicológicas 105
    Capítulo 3° — Observação da relação da consciência-de-si
    com a sua efetividade imediata: fisiognomia e frenologia ... 109
2ª Parte — A razão que-opera — A efetivação da
consciência-de-si racional por obra de si mesma 115
    Capítulo 1° — Teoria geral da razão que-opera 115
    Capítulo 2° — As três figuras morais 121
3ª Parte — (A razão que unifica) — A individualidade que
se sabe real em-si e para-si 131
    Capítulo 1° — O reino animal do espírito, a impostura
    e a "coisa mesma" 133
    Capítulo 2° — A razão ditando as leis 138
    Capítulo 3° — A razão examinando as leis 139

(BB) Seção VI — O espírito / Der Geist / 141
Introdução Geral à Seção VI 141
1ª Parte — O espírito verdadeiro: a eticidade 141
    Capítulo 1° — O Mundo Ético: a lei humana e a divina;
    o homem e a mulher 143
    Capítulo 2° — A Ação Ética. O saber humano e o
    saber divino, a culpa e o destino 149
    Capítulo 3° — O Estado de Direito 154

2ª Parte — O espírito alienado de si mesmo: A cultura 156
Capítulo 1º — O mundo do espírito alienado de si mesmo 156
Capítulo 2º — A Ilustração 174
Capítulo 3º — A Liberdade absoluta e o Terror 182
3ª Parte — O espírito certo de si mesmo: a moralidade 186
Capítulo 1º — A consciência moral e sua cosmovisão 187
Capítulo 2º — A Boa-Consciência (*Gewissen*) 192
Capítulo 3º — O mal e o seu perdão 198

(CC) Seção VII — A religião / Die Religion / 203
Introdução à Seção VII 203
1ª Parte — A religião natural 208
  1. A luminosidade 208
  2. As plantas e os animais 209
  3. O artesão 209
2ª Parte — A religião da arte 211
Capítulo 1º — A obra de arte abstrata 212
Capítulo 2º — A obra de arte viva 216
Capítulo 3º — A obra de arte espiritual 217
3ª Parte — A religião revelada (*Offenbare*) 223
Capítulo 1º — Recapitulação Transitiva 223
Capítulo 2º — Conceito da Religião Absoluta 226
Capítulo 3º — Os três momentos do espírito que se revela 228

(DD) Seção VIII — O saber absoluto / Das absolute Wissen / .. 237

Glossário 247

Gráfico 249

Bibliografia 251

Apresentação

Escrevendo a respeito da Fenomenologia do Espírito, diz Richard Kroner, um dos mais conhecidos estudiosos do Idealismo alemão na primeira metade deste século: "Apesar dos seus defeitos, de resto reconhecidos pelo próprio Hegel, a Fenomenologia permanece, no entanto, sua obra mais genial e, talvez, a obra mais genial de toda a história da filosofia" (Hegel heute, ap. "Hegel-Studien", 1:1961,143). Para um conhecedor, mesmo superficial, da obra de Hegel esse juízo parecerá dificilmente contestável. A genialidade brilha na Fenomenologia pela vastidão e originalidade da concepção, pela maestria incomparável no uso dos procedimentos dialéticos da razão, pela prodigiosa riqueza do texto, pela força poderosa de um estilo que forja para a Filosofia uma nova linguagem de surpreendente plasticidade. Genialmente inovadora por um lado, a obra que inaugura, como pórtico grandioso, a fase de maturidade do pensamento de Hegel abriga, por outro lado, na sua complexa construção, toda a riqueza da cultura do seu tempo, não recolhida ao acaso, mas ordenada num vasto desenho histórico-dialético que "rememora", interiorizando-o no conceito, o caminho, desde as suas origens, da cultura ocidental.

Rica, complexa, original, a Fenomenologia apresenta-se como obra de leitura reconhecidamente difícil. É, pois, compreensível que se multipliquem, na bibliografia sobre Hegel, os instrumentos de trabalho cujo propósito é, como os dos antigos comentários na literatura filosófica clássica, conduzir pela mão o leitor e levá-lo, através dessa manuductio, ao âmago do texto, ao seu sentido autêntico, às suas fontes históricas, às suas articulações lógicas, à visão de conjunto da sua estrutura e do seu desenvolvimento.

No campo dos estudos hegelianos, esse gênero de literatura floresceu sobretudo no último pós-guerra, a partir da grande obra de Jean Hyppolite, ainda hoje indispensável para a compreensão das raízes históricas e do desdobramento conceptual da Fenomenologia. Vieram depois os estudos sobre o vocabulário, como os de Joseph Gauvin e C. Boey, sobre a ideia e composição da Fenomenologia, como os de O. Poeggeler, sobre a sua relação com o Sistema, como os de L. B. Puntel e H. H. Ottmann, sobre a sua lógica, como os de H. F. Fulda e J. Heinrichs, sobre sua estrutura e movimento dialético, como os de P.-J. Labarrière, aos quais vem acrescentar-se o recente comentário analítico de C. A. Scheier.

O roteiro de Paulo Meneses que aqui apresentamos não é um simples resumo do texto de Hegel tal como o útil sumário que A. V. Miller acrescentou à sua tradução inglesa da Fenomenologia. Sendo uma paráfrase vigorosa e penetrante é, igualmente, uma indicação dos nós estruturais e uma explicitação das transições dialéticas que dão movimento e unidade ao texto de Hegel. Está bem longe da intenção de Paulo Meneses o pretender substituir-se à leitura direta do texto. Ao contrário, sua ambição — modesta mas exigente — é exatamente oferecer ao eventual leitor de Hegel um roteiro no sentido mais literal: o traçado dos caminhos, que o viajante leva nas mãos, para poder avançar com segurança pelo continente fenomenológico.

Esse roteiro, convém dizê-lo, teve origem em numerosos seminários sobre a Fenomenologia que Paulo Meneses dirigiu na Unicap. Escrito em estilo límpido, elegante e vigoroso, que não é indigno dessa linguagem grave e majestosa que Hegel criou para a Fenomenologia, ele não poupa, por outro lado, ao leitor o "esforço do conceito". Se não há "caminho real", liso, direito e sem obstáculos para a Ciência, muito menos o há

Apresentação

para a Ciência hegeliana. Sabe-o o comentador da Fenomenologia, *essa primeira e difícil jornada da longa viagem que deverá estender-se ainda pelas terras imensas da* Ciência da Lógica *e da* Enciclopédia. *Assim, se o presente roteiro é um instrumento, ele é, segundo a definição clássica, um* movens motum, *ou seja, só poderá ser utilmente empregado para se avançar no caminho da* Fenomenologia *se for impelido pelo enérgico movimento de compreensão do leitor que se debruça sobre o texto.*

Mas esse leitor — e penso em particular nos estudantes dos cursos de Filosofia que se dispõem a um primeiro encontro com a obra de Hegel — se sentirá amplamente recompensado seguindo o roteiro de Paulo Meneses. E mesmo os que já consumiram longas vigílias perseguindo os meandros do texto fascinante e desafiador poderão, quem sabe, experimentar a surpresa de, consultando o nosso roteiro à volta de algum obscuro caminho, ver iluminar-se o horizonte e emergir em nova claridade figuras há muito conhecidas do "saber que se manifesta".

H. C. Lima Vaz

Nota sobre a composição deste roteiro

Este roteiro foi elaborado com uma finalidade didática. Achamos que o único caminho para entender um filósofo como Hegel é a leitura meditada de sua obra. Contudo, o primeiro contato com a *Fenomenologia* se revela difícil; isso, somado ao mito da obscuridade impenetrável de Hegel, faz muita gente desistir; o que é uma pena, pois vai ficar repetindo ideias correntes e falsas sobre uma filosofia que merece um estudo sério. Tivemos a experiência, por alguns seminários que dirigimos, que um roteiro, que apresente as linhas mestras e as articulações dialéticas da *Fenomenologia*, ajuda a superar essas dificuldades iniciais; depois, ao empreender-se uma leitura pessoal, faz encontrar clarezas insuspeitadas no texto da *Fenomenologia*, que serve então de comentário esclarecedor para um texto didático acessível.

Para traçar este roteiro, fez-se antes uma tradução cotejada com a francesa (Hyppolite), a italiana (De Negri) e a espanhola (W. Roces); o texto foi em seguida condensado, destacando-se os pontos salientes da exposição. Estamos conscientes da imperfeição deste trabalho, mas achamos que mesmo assim será útil para os que iniciam os estudos hegelianos. Não pretendemos substituir a leitura do texto por uma interpretação, mas justamente levar a um contato direto e pessoal com a *Fenomenologia do Espírito*, que é também um roteiro: o da "viagem de descoberta" que Hegel fez para chegar ao seu Sistema.

Tivemos de fazer algumas opções na tradução dos termos hegelianos, procurando encontrar para cada termo técnico um vocábulo correspondente, que não fosse utilizado para outras significações que talvez sejam sinônimas no glossário comum, mas que na Fenomenologia têm um significado peculiar. Assim, *aufheben* não tem equivalente no *superar* espanhol, pois Hegel usa outros termos para ultrapassagem, e muito menos no *suprimir* de Hyppolite, já que está expressamente dito na "Percepção" que *aufheben* "conserva o que suprime". Seria distorcer a significação verter por um termo que só retém um dos lados do movimento. (Aliás, etimologicamente, suprimir é antes o oposto de *aufheben*: um calca para baixo enquanto o outro levanta...) Qualquer sinônimo vulgar seria menos deformante: tirar, levar, não implicam a eliminação, mas antes a conservação do que é retirado. Adotamos assim *suprassumir, suprassunção* — calcados no francês *sursumer, sursomption*, propostos por Yvon Gauthier em 1967 e adotados por Labarrière (1968, p. 309).

Causa também dificuldade a dupla *Entfremdung* — *Entäusserung*, sobretudo depois que o marxismo vulgar introduziu *alienação* na linguagem cotidiana. Hyppolite, em geral mais inspirado, aqui trocou as significações. Seguindo Gauvin, reservamos os termos *alienar, alienação* para *Entfremden, Entfremdung*. Quanto a *Entäusserung* — já que exteriorização corresponde melhor a *Äusserung* — buscamos outros termos e nos fixamos em *extrusão, extrusar*, emprestados da vulcanologia e da metalurgia. Caso a sonoridade não agrade ao leitor, pelo menos saberá que no alemão está *Entäusserung* cada vez que encontrar essa *extrusão*. Não achamos outro termo que conotasse o esforço — como de uma erupção — que o *entäussern* tem em Hegel. Por exemplo: "Falta-lhe (à Bela Alma) a força da extrusão, a força para fazer-se coisa e suportar o ser" (*Phaen.*, Princeps, 608; Hoff., 462). "A força do indivíduo está em extrusar-se o seu Si, pondo-se assim como substância efetiva" (Princ., 438; Hoff., 353). "O 'ser-aí' deste mundo, bem como a efetividade da consciência-de-si, repousam no movimento em que esta se extrusa de sua personalidade, produzindo assim seu mundo". (Princ., 435; Hoff., 350). Outros termos que adotamos não oferecem problema e, em geral, também não são originais: *essente* é da tradução de De Negri; *imediatez, implementar*, são da espanhola; *rememoração, efetivo, deslocamento*, e outros são da versão de Hyppolite, já incorporados pelas traduções de Hegel. Procuramos sobretudo estabilizar a correspondência dos vocábulos; se *Ausführung* se traduz por atualização, deve-se encontrar outro termo para *Verwirklichung*. No caso, *efetivação*, que pertence à família de *efetivo (wirklich), efetividade (Wirklichkeit)*.

Os capítulos da *Fenomenologia* quase não têm divisões internas, o que levou Lasson a introduzir as suas. De Negri as considera "supérfluas arbitrariedades", mas as transcreve, como outros tradutores. Esperamos não incorrer na mesma censura, pois as divisões de nosso roteiro não são *supérfluas*, mas um recurso didático indispensável. Para não serem *arbitrárias*, tratamos que correspondessem às articulações do movimento dialético do texto. Cabe ao leitor julgar se o conseguimos.

Nota à segunda edição

Como este roteiro foi bem recebido pelos que estudam filosofia, apresentamos nova edição que contém pequenas modificações; em geral correções de pormenor. Agora os leitores deste roteiro já podem dispor da nossa tradução da *Fenomenologia* em dois volumes (Vozes, 1992). Por sua vez, o texto denso e às vezes obscuro da *Fenomenologia* tem sua compreensão facilitada pelo esforço de clareza que este roteiro representa, e que a nova tradução da *Fenomenologia* não vai tornar inútil; ao contrário, vai lhe dar plena utilidade e razão de ser.

Nota à terceira edição

Para esta edição foi adotado o novo Acordo Ortográfico da Língua Portuguesa.

Prefácio / Vorrede /

Sumário:

1. O prefácio, embora não sendo discurso filosófico, é útil para o Autor expor suas conclusões e situá-las frente a outras posições. Nosso Racionalismo é o oposto do Misticismo romântico: apresenta-se como uma nova filosofia em que se destacam as seguintes.
2. Características: importância dada ao Sujeito, como sendo o Verdadeiro; papel fundamental do Negativo; lugar que ocupam o Devir e a Mediação, o Sistema e sua dialética interna.
3. O elemento (ou éter) em que se move a Filosofia é o Puro Saber. Para alcançá-lo é necessária uma via de acesso, que é a Fenomenologia, ou Ciência da experiência da Consciência, que é já a primeira parte da Filosofia.
4. O método da Filosofia é a dialética, que é automovimento do Conceito. Embora encontre obstáculos nos modismos atuais, a Filosofia dialética é a Filosofia de hoje e do futuro.

1. EXÓRDIO: PREFÁCIO NÃO É DISCURSO FILOSÓFICO

Nos prefácios, os autores costumam expor suas conclusões e comparar seu trabalho com o dos outros. Fazer filosofia não é nada disso. De fato, os resultados por si só não representam grande coisa sem o caminho que levou até lá. A realidade efetiva consiste no caminho mais o termo. Além do que, opor sua posição à dos outros, como a verdade ao erro, é tão ingênuo como pensar que o fruto refuta a flor; quando são ambos etapas necessárias do mesmo processo vital. Esse tipo de discurso, característico dos prefácios, fica só no apreciar. Ora, apreciar é fácil, pois se limita a dar voltas ao redor da coisa. Não seria sério tomá-lo por conhecimento verdadeiro. Apreender já é mais difícil — é o começo da "cultura" (*Bildung*). Vai além do imediato, sobe até o universal, pensa a coisa em geral, captando a rica plenitude do concreto segundo as suas determinidades. Mas produzir a coisa em conceitos é que constitui a tarefa séria e definitiva, por construir o sistema científico da verdade; e com isso passando a filosofia, de simples "amor ao saber", a saber efetivo. Aqui coincidem duas necessidades: uma, interna, que o saber tem de ser Ciência; outra, externa, que faz nosso tempo propício à elevação da filosofia a Ciência. Demonstrar esta afirmação é a única maneira de justificar cientificamente as tentativas de erigir a filosofia em Ciência; e, ao mesmo tempo que evidencia a necessidade deste objetivo, cumpri-lo plenamente.

Nosso Racionalismo é o oposto do Misticismo Romântico

A verdade está na cientificidade que está no conceito. Contra a tese se levanta a pretensão romântica de captar a verdade na intuição (ou saber imediato) do absoluto, do ser, do belo. Não vamos refutar, mas opor nossa ideia à deles. Tal atitude tem explicação histórica: o homem moderno perdeu o mundo sacral em que a fé o unia imediatamente a Deus, e foi parar no outro extremo, além da reflexão. Quer que a filosofia lhe restitua, pela intuição, seu mundo perdido; ainda que seja sob a forma pobre do divino em geral. Contudo, nem a Ciência pode prestar-se à edificação piedosa, nem o êxtase é superior à Ciência, como pretende. Fora do conceito, só existe profundidade vazia, idêntica à superficialidade; reina o capricho e o sonho, em lugar da verdade.

Uma nova filosofia para tempos novos

Estamos no limiar de uma nova época. Mudando, o mundo está sempre; mas de repente mudanças que se processavam em saltos quantitativos irrompem em mutações qualitativas. Surge nova figura do espírito, emergindo dos fragmentos do mundo precedente. A nova totalidade que surge — como um recém-nascido — não é perfeita; mas é um conceito novo que recapitula e dá sentido a todo o processo anterior. Contudo, é um conceito simples: as diferenças não estão ainda determinadas com segurança, nem ordenadas em suas sólidas relações. Assim, parece algo esotérico, só acessível a poucos indivíduos, enquanto a Ciência plenamente desenvolvida é acessível a todos (exotérica).

A consciência que aborda a ciência tem direito a exigir que seja inteligível, e dessa forma passar do já-conhecido (pela consciência préfilosófica) à Ciência. Não pertence, pois, à essência da Ciência ser incompleta. Rejeitamos nesse ponto as posições opostas de Fichte e de Schelling. Fichte requeria um conteúdo determinado e riqueza de determinidades; ficavam, porém, como exigências não satisfeitas, a totalidade, o absoluto. Decepciona. Schelling reúne aglomerados de materiais, de diferenças qualitativas que passa a identificar uma a uma com o absoluto, monotonamente, como se mergulhasse tudo num mar. Se tudo se identifica com o Idêntico, estamos na noite em que todos os gatos são pardos. Schelling cai no *formalismo*, que é condenável e desprezível.

2. CARACTERÍSTICAS DESTA FILOSOFIA

Importância do Sujeito como Verdade

O *ponto essencial* (que só será justificado com a apresentação do sistema) é: apresentar e exprimir o verdadeiro, não como *substância*, mas precisamente também como *sujeito*. Quem diz substância diz *ser*, que é o objeto imediato para um *saber*, também imediato, de um universal. Uma dupla imediatez, portanto. Ora, os predecessores não foram além desse nível. Spinoza escandalizou porque foi de encontro à certeza instintiva: sua substância abolia a consciência-de-si (a subjetividade verdadeira). Kant e Fichte ficam presos no universal: seu "pensamento como pensamento" não passa de uma substancialidade imóvel e indiferenciada. Até mesmo Schelling, tentando unificar ser e pensamento através da intuição imediata, recai na simplicidade inerte e não dá conta da realidade verdadeira.

"A substância viva é o ser que é *sujeito*, i.é: 'ser que é real somente no movimento de se pôr a si mesmo'; ou seja, 'que é mediação entre seu próprio *tornar-se outro e si mesmo*.'" Pura e simples negatividade é o sujeito, enquanto cisão do simples em duas partes, duplicação oponente, fissão que dilacera a imediatez fazendo assim cada termo, desdobrando-se, tornar-se concreto reconstituindo o todo. Devir de si mesmo, círculo que tem o fim no começo, mas só é efetivo mediante sua atualização e seu fim.

Papel do Negativo

A vida de Deus pode ser pensada como um jogo de amor consigo mesmo; contanto que não se ignore a seriedade, a dor e o trabalho do negativo. *Em-si*, a vida divina é unidade serena e tranquila; não está engajada no ser-outro, nem na *alienação*, nem no movimento para ultrapassar a *alienação*. *Para-si*, porém, sua natureza é o movimento de sua forma, a atualização de sua essência. O verdadeiro é o Todo; o resultado; a essência tornada plenamente efetiva; sujeito e desenvolvimento de si mesmo, é só no fim o que é na verdade.

Importância do Devir e da Mediação

Parece absurdo conceber o absoluto como resultado? Entendamo-nos: o primeiro enunciado do absoluto é sempre um universal, e somente isso. Ora, termos como divino, absoluto, eterno contêm apenas intuição imediata, não exprimem o que está contido neles. A primeira proposição, que se faça para exprimir algo, já vai conter um ser-outro; o absoluto tornou-se outro, por uma *mediação*. Eis uma palavra que choca; mas porque se ignora a natureza da mediação, tanto quanto a do absoluto. Mediação é igualdade-consigo-mesmo, em movimento; reflexão sobre si, momento do eu que é *para-si*, pura negatividade, simples "devir". A reflexão é um momento positivo do absoluto, já que suprassume a oposição entre o verdadeiro e seu "devir". O embrião é em-si homem, mas não o é para-si. Para-si, o homem só é como razão cultivada e desenvolvida que se fez ou tornou aquilo que é em-si. O resultado é, de novo, simples e imediato, posto que liberdade consciente de si que repousa em si mesmo: que não deixou de lado a oposição, mas reconciliou-se com ela. Nesse ponto, Aristóteles é precursor. O resultado, de que falamos acima, lembra o *fim* que este filósofo conceituou ao dizer que a natureza é operação conforme a um fim; que o fim era motor imóvel; que era o começo. Sabemos que este fim, que é começo, é sujeito; é atualização num resultado — o qual é tão simples como o seu começo por ser o sujeito que retornou sobre si mesmo, restabelecendo a igualdade e a imediatez originária.

As proposições, que têm a Deus como sujeito e lhe conferem atributos, mostram apenas a necessidade de se representar o absoluto como sujeito. O termo "deus" não quer dizer nada, só o predicado, que lhe confiram, terá sentido; a gente se pergunta por que não usam em seu lugar termos que representem conceitos, como faziam os antigos. É porque se quer indicar — embora não se perceba todo o alcance — que não se trata do absoluto como se fosse um simples universal, essência ou substância; mas como sujeito. É apenas uma antecipação; pois o sujeito continua a ser tomado como um suporte ou ponto fixo, ao qual se suspendem predicados vindos de fora e não de um movimento interno do conteúdo, como vamos fazer ao produzir o conceito do sujeito, cuja efetividade é automovimento.

O Sistema e sua dialética interna

O Saber só é efetivo — e só deve apresentar-se — como Sistema, ou como *Ciência* (o que vem a dar no mesmo). Um princípio filosófico, se é verdadeiro, já é falso, enquanto é apenas princípio fundamental. Refutar é indicar-lhe a deficiência pelo fato de ser apenas universal, começo; refutação completa é a que parte do princípio e não de proposições exteriores a este. Assim, refutação é desenvolvimento do primeiro princípio, complementação que lhe falta (embora seu caráter negativo iluda sobre sua função positiva e progressiva). Inversamente, o desenvolvimento positivo se comporta negativamente em relação ao seu começo e refuta, a seu modo, o fundamento do sistema, por não passar de um começo.

O Cristianismo, ao definir o Absoluto como Espírito, exprime numa representação o mais alto Conceito: que a Substância é essencialmente Sujeito, ou que o Verdadeiro só é efetivamente real como Sistema. O ser espiritual é, antes de tudo, substância espiritual (em si, e para nós). Mas ele deve ser isto também para si mesmo, i.é, saber do espírito e saber de si como espírito e portanto objeto de si mesmo — objeto suprassumido e refletido em si mesmo. Assim o espírito é puro conceito, engendramento de si por si mesmo. O espírito que se sabe desenvolvido como espírito é a Ciência — sua efetividade e seu reino em si mesmo construído.

O 'Puro Saber' como elemento em que a Filosofia se move

A base da Ciência e seu elemento é o "puro saber" de si-mesmo no absoluto ser-outro. Mas este "éter" só atinge a perfeita transparência através de seu devir: é essencialidade transfigurada, imediatez de ser que é reflexão sobre si mesmo.

A Ciência conclama a consciência-de-si a subir até este "éter" — o da pura espiritualidade — para viver nela e com ela.

3. POR QUE UMA FENOMENOLOGIA

Necessidade de uma via de acesso a esse éter

O indivíduo, porém, tem o direito de pedir uma escada (ou, ao menos, de que lhe indiquem a escada) para subir até lá; pois se julga legítimo possuidor de suas certezas: sabe das coisas como opostas a si e se sabe oposto a objetos. Tem a impressão de que teria de andar com a cabeça para baixo, tão inversas são as perspectivas da Ciência e as da consciência comum. A Ciência deve pois mostrar à consciência-de-si que o princípio desta consciência — o da efetividade — lhe pertence. O que é *em-si* deve exteriorizar-se e tornar-se *para-si*; quer dizer, este em-si, ou Ciência, deve pôr a consciência-de-si como sendo uma só coisa com ela.

A Fenomenologia como propedêutica

A Fenomenologia do Espírito é uma propedêutica à Filosofia, enquanto mostra como o saber, passando por várias figuras, eleva-se sofridamente do conhecimento sensível à Ciência. Tal procedimento é original, não sendo nem introdução convencional, nem discurso sobre os fundamentos da Ciência; e, menos ainda, entusiasmo que começa de início com o saber absoluto, descartando todas as posições diferentes.

Linhas mestras de uma Fenomenologia

O espírito individual percorre etapas em sua formação (*Bildung*). A mais alta contém as anteriores, como momentos suprassumidos. Nesse percurso vai assimilando — como matéria-prima ou insumo — as aquisições culturais da história humana, que foram, em seu tempo, etapas necessárias ao desenvolvimento do Espírito Universal. Não se podem queimar etapas: são todas necessárias e há que percorrê-las, demorando-se em cada uma delas. O Espírito do mundo teve a paciência de encarnar-se em cada uma dessas formas na sua prodigiosa tarefa que foi a História Universal. Mas por isso mesmo a tarefa é mais fácil: o já-percorrido encontra-se disponível, como ser pensado, cristalizado numa simples determinação de pensamento. Assim, em lugar do 'ser-aí' imediatamente dado, o que encontra é o *em-si* pensado, depositado na interioridade da memória, ao qual pela rememoração deve dar a forma do *ser-para-si*.

No entanto, esta vantagem tem por contrapartida uma dificuldade que os antigos não tiveram: o ser imediato emigrou para representações e se tornou o "bem conhecido" que por isso mesmo não se conhece. Há uma porção de coisas assim, entre as quais se tecem relações igualmente superficiais, atravancando o caminho do conhecimento da verdade. Conhecer exige analisar, i.é, dissolver a representação em determinações sólidas e fixas: portanto, separar e destruir. Só a partir desse trabalho do negativo é que o conceito se move. O Sujeito é dotado deste poder mágico de tirar a vida da morte, o positivo do negativo; parte da imediatez abstrata, e na convivência e assimilação do negativo torna-se a mediação que produz um novo imediato, a substância como Espírito.

De certo modo, eram melhores as condições para filosofar na Antiguidade, onde se deu o processo de formação da consciência natural; a partir do existir humano e de tudo que o rodeava, a consciência acedia a uma universalidade aderente ao concreto. Portanto, seu mundo era mais permeável ao trabalho do conceito do que as representações cristalizadas, hoje encontradiças; as quais temos de "fluidificar" até conseguir esses círculos que são automovimentos, ou seja, os conceitos.

O movimento espontâneo e necessário destes conceitos constitui a Ciência. A melhor preparação para aceder ao Saber — ou propedêutica à Filosofia — é seguir este caminho do Conceito até abarcar a Ciência em sua totalidade. Tem a vantagem de ser um processo dotado de necessidade e não um conjunto arbitrário de noções introdutórias.

A Fenomenologia pode também considerar-se como a primeira parte da Ciência, que se caracteriza por estudar o Espírito no elemento do "ser-aí" imediato; enquanto as partes subsequentes da Filosofia estudam o Espírito em seu retorno sobre si mesmo.

O "Negativo" e a gênese das Figuras da Fenomenologia do Espírito

A consciência, "ser-aí" (*Dasein*) imediato do espírito, tem dois momentos: o do *saber* e o da *objetividade* — negativo em relação ao saber.

Prefácio / Vorrede /

Quando o espírito percorre as fases da "consciência", tal oposição reaparece em cada uma delas como outras tantas figuras da consciência. A Fenomenologia é a ciência dessa caminhada; "ciência da experiência que faz a consciência"; que tem por objeto a substância com o seu movimento. A consciência se limita a conhecer o que está em sua experiência; ora, o que nela está é apenas a substância espiritual e ainda assim como "objeto" de seu próprio Si. O espírito se torna objeto, porque é este movimento de fazer-se *outro para si mesmo* — um objeto de seu próprio Si — e depois suprassumir este ser-outro. Experiência é, portanto, o movimento em que o imediato se aliena, e desse estado de alienação retorna a si mesmo. Só assim, reintegrado como propriedade da consciência, o imediato acede à efetividade e à verdade.

O negativo em geral é isto: a não igualdade, ou a diferença, que se manifesta na consciência entre o *Eu* e a *substância*, que é seu objeto. O negativo pode ser encarado como uma falha de ambos; porém é na verdade a alma e o motor dos dois. Houve antigos que conceberam o "vazio" como motor, porém não chegaram a conceituar o negativo como um "Si".

O negativo surge primeiro como "desigualdade" entre o Eu e a substância/objeto. Mas é também "desigualdade" da substância consigo mesma. Pois o que parece ocorrer fora, como atividade dirigida contra (a substância), é de fato sua própria operação: e nisso a substância se revela ser, essencialmente, *sujeito*. Assim, quando a substância perfaz completamente a sua manifestação, então o espírito terá feito seu "seraí" coincidir com sua essência; quer dizer, o espírito torna-se, para-si, objeto tal como é. Superadas estão a imediatez, a abstração, a separação entre saber e verdade. Agora, o ser é mediato: tem conteúdo substancial e é, ao mesmo tempo, propriedade do *eu*. Tem o caráter do SI: é o CONCEITO. Nesse ponto, termina a Fenomenologia do Espírito. Nela o Espírito se preparou o "elemento" do Saber; e agora, se desenvolvem os momentos do Espírito, na simplicidade de quem se sabe ser seu próprio objeto. Já não há oposição entre ser e saber, como momentos externos um ao outro; toda diversidade é apenas de conteúdo, na simplicidade do saber. Seu movimento constitui um todo orgânico: é a Lógica, ou Filosofia Especulativa.

Como pode o Falso ser caminho para o Verdadeiro?

Achando que tal sistema da experiência conduz à verdade, mas ainda não é ela e sim seu negativo — o falso —, alguém poderia querer ser logo apresentado à Verdade, sem perder tempo com o 'falso', o negativo. Eis aí o maior obstáculo para se penetrar na verdade: essa ideia do negativo como algo falso; esse mal-entendido sobre a natureza do *Verdadeiro* e do *Falso* em Filosofia.

Raciocina-se como se eles fossem essências particulares, destituídas de movimento, postas uma ao lado da outra, como moedas cunhadas. Ora, o Falso existe tanto quanto o mal. (Não é nenhum diabo, mal/sujeito.) Não pode ser representado a não ser como o negativo — o Outro — da substância. Nesse caso, a substância seria o positivo. Mas que positivo é esse, constituído essencialmente por uma negação (*omnis determinatio negatio est*), como algo distinto e determinado; e ainda por cima, sendo sujeito, vale dizer, ato simples de distinguir/negar?

Claro que se pode conhecer de maneira falsa, errar. Significa isso que o saber está em não igualdade com a substância. Mas em não igualdade está sempre! Ela é fundamental, constitutiva do ato de conhecimento, que é *distinguir*. Sobre essa não igualdade é que se estabelece a igualdade entre termos distintos, que vem a ser a Verdade. Esta não pode assim eliminar toda desigualdade, como se expulsam escórias de metal puro. Nem é a Verdade produto em que não se vê a marca do instrumento que a fez. A desigualdade está presente no verdadeiro como tal; está nele como o negativo, como o *Si*.

Mas não é por isso que se vai poder dizer que "o falso constitua um momento ou uma parte da verdade", ou, na locução do senso comum, que "em todo falso há sempre algo de verdadeiro". É tomar os dois termos como água e azeite que, mesmo juntos, não se misturam. Os termos "Verdadeiro" e "Falso" não podem ser utilizados onde sua alteridade foi suprassumida. Igualmente as expressões do tipo "unidade do sujeito e do objeto, do finito e do infinito, do ser e do pensamento" têm o inconveniente de designá-los fora de sua unidade. Ora, em sua unidade, eles não têm mais o sentido que tais locuções implicam. O falso, como tal, não é um momento da Verdade.

4. QUESTÕES METODOLÓGICAS

O Problema da Verdade em Filosofia

Essa maneira dogmática de pensar imagina que a verdade filosófica cabe numa proposição nítida, como um resultado fixo. Como em História, por exemplo, o ano em que César nasceu. Verificou-se a data através de laboriosas e metódicas pesquisas. Mas é apenas o resultado, expresso em tais proposições, que vem se incorporar à 'ciência' histórica, que concerne o singular, o contingente, o arbitrário, como toda gente admite.

Em matemática, a demonstração (por exemplo, de que o quadrado da hipotenusa é igual à soma dos quadrados dos catetos) pertence muito mais à ciência; contudo, a demonstração some no resultado. O teorema acima é já reconhecido como verdadeiro, sem precisar pensar como foi provado; a prova nada acrescenta ao seu conteúdo. Como se fosse uma operação exterior à coisa. Não é assim no conhecimento filosófico, em que o processo e o resultado constituem momentos de um devir e se entendem um pelo outro e se contêm um ao outro. Corresponde à pobreza do conhecimento matemático a pobreza do seu objeto (além de morto, abstrato). Não tem por onde suscitar inveja, mas só desprezo, à filosofia.

Pois a filosofia não considera a determinação inessencial (a quantidade) mas a *essencial*. Seu objeto não é o abstrato, e sim o real efetivo. Ora, o efetivo é o processo em sua totalidade, que gera e percorre os seus momentos. Algo eminentemente positivo, mas que não é um positivo morto, já que em si inclui o negativo (que poderia ser chamado de falso, se fosse possível abstrair dele). "A manifestação é o movimento de nascer e perecer, movimento que não nasce nem perece, mas que é em-si, e constitui a efetividade e a vida da verdade." "O Verdadeiro é assim delírio báquico em que todos os membros estão ébrios; e como esse delírio dissolve na unidade do todo qualquer membro que ameace separar-se, vem a ser o mesmo que o repouso translúcido e simples."

Não tem sentido usar em filosofia o "método matemático" (como fez Spinoza — *ethica geometrico more demonstrata*), quando a própria matemática está deixando de usá-lo. Ali poderia ter cabimento, devido ao caráter próprio do conhecimento matemático. Mas em filosofia o método só pode ser a estrutura do Todo, apresentada no que tem de essencial. A Verdade é o movimento dela em si mesma. Não é método, para a Filosofia, o tipo de demonstração usado nas matemáticas: esse modo de expor princípios, buscar argumentos a favor, refutar os argumentos contra —, bem parecido com o que se usa na vida corrente, manipulando um conteúdo do exterior e de forma arbitrária. No entanto, ao fugir ao pedantismo pseudocientífico, não vamos cair no antimétodo romântico, avesso a toda ciência.

A Filosofia tem por método a dialética

Kant antecipou o verdadeiro método, intuitivamente, ao recorrer à tríade (ou triplicidade) na exposição de sua filosofia.

Schelling, porém, perverte esse método; pior ainda, faz dele um formalismo vazio; como todo formalismo, insuportável e monótono. Ora, o que leva a Ciência a organizar-se é o próprio movimento de seu conteúdo, é a alma dessa plenitude. Como estamos longe dos formalismos vazios e dos esquemas aplicados de fora! Num primeiro momento, o *essente (seiende, étant)* se torna outro para si-mesmo, um *conteúdo* imanente a si-mesmo. No momento seguinte, o *essente* retoma em si mesmo este ser-outro, como um momento seu, uma *forma* sua, uma determinidade. No primeiro, a negação operava no sentido de *distinguir* e de *pôr* um "ser-aí". No segundo, a negação faz surgir a determinidade que o caracteriza. E assim, a forma não é aplicada, de fora, a um conteúdo, nem lhe é oposta: ele a assume no momento em que toma seu lugar e posição no todo. O entendimento formal, classificador, reduz a determinidade desse conteúdo a um predicado — por exemplo, o magnetismo— sem captar como ela é a vida imanente desse ser, como nele se produz e representa de uma maneira peculiar. Não penetra no conteúdo imanente, mas olhando por cima, nem vê o ser de que fala. Não assim o conhecimento científico: exprime a necessidade interior, a "vida" desse objeto e, para tanto, fica absorto nele, profundamente. É daí que retorna o conhecimento a si mesmo, mas carregado de um rico conteúdo para aceder a uma verdade superior.

Posto que a substância é sujeito (como se disse acima), todo conteúdo é também reflexão sobre si mesmo. A subsistência — ou substância — é a igualdade do ser-aí consigo mesmo; pois desigualdade, no caso, seria dissolução. Essa igualdade, porém, é pura abstração e, sendo abstração, é pensamento. Dizendo "qualidade", significo a determinidade simples, por meio da qual um ser-aí é distinto de outro e é exatamente este ser-aí. Ele é para si mesmo — ou subsiste — por meio dessa simplicidade em relação a si mesmo. Mas assim ele é, essencialmente, pensamento. Sucede, porém, que sendo essa igualdade consigo mesmo abstração, só pode ser abstração de si mesmo; mas então é desigualdade consigo, dissolução de si mesmo; ou seja, é seu devir, enquanto movimento de se retirar em si mesmo e interiorização.

Ora, sendo essa a natureza do essente, o saber não pode manipulá-lo como conteúdo, nem refletir em si fora dele. A filosofia kantiana é outro dogmatismo — que afirma categorias sem deduzir — como são dogmáticas a filosofia da evidência e a da certeza-de-si-mesmo. A verdadeira filosofia adota a astúcia do saber que, esquecendo-se a si mesmo no objeto, vê este objeto dissolver sua determinidade e fazer-se um momento do Todo.

Já falamos do entendimento do sujeito. Ora, do lado do objeto há também entendimento, pois o "ser-aí" é qualidade, determinidade igual a si mesma, pensamento determinado. Este entendimento do ser-aí, Anaxágoras chamara *nous*, e Platão depois concebeu — com mais exatidão — como *eidos* ou ideia: universalidade determinada, espécie. Assim o ser-aí é pensamento simples, por ser determinado como espécie; e como essa simplicidade é substância, devido à igualdade consigo mesma, manifesta-se como sólida e permanente.

A determinidade — que à primeira vista pareceria dizer respeito a outro, receber seu movimento de uma potência estranha —, dada a sua simplicidade, tem necessariamente seu ser em si mesma e é automovimento: pensamento se movendo e se diferenciando em si mesmo; a própria interioridade ou o conceito puro. Desse modo o entendimento (objetivo) é um *devir* e, enquanto é esse devir, é a *racionalidade*. O ser é conceito e a substância é sujeito.

A necessidade lógica está nesta natureza que tem o-que-é: de ser, no seu ser, seu próprio Conceito. A figura concreta se eleva por seu movimento à forma lógica. Assim é inútil aplicar, de fora, um formalismo ao conteúdo concreto; pois a forma é o devir intrínseco deste. A Lógica ("filosofia especulativa") apresenta este método científico que não é separado do conteúdo, embora determine seu próprio ritmo. Vai aí apenas uma afirmação antecipada: não é este o lugar de demonstrá-la. Não se pense em refutá-la só com afirmar o contrário, ou aduzindo representações costumeiras do senso comum. É atitude normal frente a uma novidade científica; prefere-se rejeitar em bloco a dar a impressão de que se tem ainda o que aprender. Há outra reação curiosa: entusiasmar-se com a novidade sem saber de que se trata (como fazem em política os ultrarrevolucionários).

O Método Dialético é o automovimento do Conceito

Pensamento científico é esforço concentrado na produção de conceitos. Exemplificando: determinações simples como ser-em-si, ser-para-si, igualdade-consigo-mesmo exigem redobrada atenção para seguir seu ritmo intimamente, o automovimento que lhes compete, como se fossem "almas". Há outros pensamentos que são desvios contrários, mas igualmente fora da Ciência. Um é o pensamento representativo, que adere a um conteúdo contingente e é incapaz de sair de si mesmo para elevar-se ao conceito. O outro é o pensamento "raciocinante" que, em vez de mergulhar no conteúdo, vaga por cima dele, na liberdade de um pedantismo arbitrário, que não tem nada a ver com o ritmo próprio e o conceito do conteúdo que tem diante de si. Esse pensamento sabe criticar, mostrar o lado negativo, reduzir a nada: mas não vê o que o conteúdo é. Ao achar que o conteúdo é vão, o que está vendo é a vaidade desse tipo de conhecimento que é o seu. Além disso, é próprio do pensamento raciocinante o discurso em que a um sujeito imóvel são sucessivamente atribuídos e retirados predicados diversos. Não assim no pensamento concebente (dialético); em que o conteúdo é um conceito, um Si, que se move a si mesmo em seu devir retomando em si suas próprias determinações. O objeto aqui não é uma base ou um sujeito em repouso, mas o movimento. O conteúdo não é predicado, nem um universal, que, livre de um sujeito, poderia convir a muitos. Assim procede o pensamento representativo, distribuindo predicados e acidentes — e com certa razão quando são apenas predicados e acidentes —, porém quebra seu ímpeto e reflui, quando o que tem forma de predicado na proposição é a própria substância. Então, é como se o sujeito tivesse emigrado para o predicado e este se avolumasse como uma massa total e independente, prendendo o próprio pensamento — que não pode mais andar para lá e para cá. O conhecimento começou pondo um sujeito objetivo, fixo, ao qual passou a atribuir predicados; e então entrou em jogo um segundo sujeito (o cognoscente), que vai encontrar entre os predicados aquele primeiro sujeito (quando queria acabar com ele para completar o retorno sobre si mesmo).

Podemos expressar isso formalmente. A proposição filosófica implica um conflito dialético entre a forma discursiva da proposição — a dualidade de sujeito e predicado — e a proposição idêntica que se torna esta primeira proposição; proposição idêntica em que o sujeito e o predicado fazem um só. O conflito entre a forma de uma proposição e a unidade do conceito, que destrói esta forma, é análogo ao que existe entre o metro e o acento: o ritmo resulta do balanceio entre os dois e de sua unificação. Da mesma forma, na proposição filosófica, a identidade do sujeito e do predicado não deve aniquilar sua diferença, mas acentuá-la. Por exemplo: se digo "deus é ser", o predicado é a essência, algo de substancial em que o sujeito some, deixando sua posição de sujeito fixo que a proposição lhe dá. É assim que o pensamento, em lugar de ter progredido, sofreu um retrocesso, foi relançado na direção do sujeito perdido e mergulha dessa forma no conteúdo — donde queria afastar-se, pairando de predicado em predicado, na liberdade do pensamento raciocinante.

Dessa decepção tomam origem as queixas comuns contra a incompreensibilidade das obras filosóficas — partidas de pessoas com *background* cultural para entendê-las. É natural, pois a proposição filosófica tem externamente a aparência de uma frase comum, atribui predicado ao sujeito. Essa impressão é contudo destruída pelo conteúdo da proposição; o leitor tem de refazer sua opinião inicial, e entender a frase de outra maneira. Deve fazer *outra* leitura. É preciso encontrar para a filosofia uma linguagem apropriada, cujo rigor exclua esse tipo de relação ordinária entre as partes da proposição. Como fazê-lo? Isso já se obtém de certa forma pela "freada" que suporta o pensamento ao chocar-se com uma proposição especulativa (dialética); nesse caso, é o conteúdo da proposição que produz este efeito, de modo negativo. Precisa porém que a forma da exposição apresente isso de maneira positiva: a volta sobre si do conceito, o movimento dialético da própria proposição.

É o próprio movimento dialético da proposição que aqui tem o lugar de demonstração. Certas exposições filosóficas costumam remeter à intuição interior para poupar a esperada apresentação desse movimento dialético. A proposição deve exprimir o Verdadeiro. O que é ele, senão Sujeito e, enquanto tal, movimento dialético, marcha que produz a si mesma durante o processo e retorna sobre si? Separar a demonstração da dialética (como Kant), é deitar a perder o conceito da demonstração filosófica. Embora o movimento dialético tenha por elementos proposições, nele não se coloca a dificuldade das demonstrações convencionais: em que cada fundamento requer ser fundado, assim ao infinito. Pois o conceito dialético tem um conteúdo que é perfeitamente sujeito e não pode funcionar como predicado de um sujeito anterior que o fundasse.

Com efeito, nada se põe para além do conteúdo concretamente apreendido, a não ser o nome enquanto nome — pois é tudo que constitui esse puro sujeito vazio que se julga atingir para além dos conceitos. Devia até banir-se da linguagem filosófica a palavra "deus" que é apenas a sigla do sujeito e não representa nenhum conceito, como o uno, o singular, o sujeito, o ser. Além do mais, quando se faz de verdades filosóficas predicados desse sujeito, como carece seu conteúdo de conceito imanente, se decai no discurso edificante. A apresentação filosófica deve ater-se rigorosamente a sua forma dialética e assim excluir tudo que não é concebido e tudo que não é o conceito.

Obstáculos que dificultam a adoção do Método Dialético

Cria obstáculos ao estudo da filosofia a presunção de verdades já prontas, que dispensam raciocínio. Não basta ter mão e couro para fazer sapatos; por que só a filosofia seria naturalmente dada? Ora, de fato, tudo o que as ciências têm de verdade é da filosofia que receberam; sem ela não há nem vida, nem verdade, nem espírito. Quanto aos irracionalismos do tipo *Sturm und Drang*, esses não passam de desordens da fantasia.

O bom-senso não produz filosofia, mas só uma retórica de verdades triviais. Que atrevimento chamar a filosofia séria de "sofisticaria" (sic). Falta sentido comum ao bom-senso; e provo. Quando alguém contradiz sua opinião, responde que não tem nada a dizer a quem não sente em si a mesma verdade. Ora, assim fazendo, calca aos pés a raiz da humanidade, pois a natureza da humanidade é tender ao acordo mútuo: sua existência está somente na comunidade instituída das consciências. O que é anti-humano, e apenas animal, é encerrar-se no sentimento e só poder comunicar-se através do sentimento. Há dois tipos de presunção que pretendem ocupar o lugar da pesquisa filosófica. Uma é prosaica: lendo recensões, títulos, prefácios de obras importantes, crê estar por dentro de tudo; a outra é solene, porque se atribui intuições geniais, em contato direto com o sagrado, o infinito, muito acima dos laboriosos conceitos dos filósofos. Tudo ilusão. Só pelo trabalho do conceito se conseguem pensamentos verdadeiros e penetração científica; só o conceito pode produzir a universalidade do saber, verdade amadurecida e suscetível de ser possuída por toda razão consciente de si.

Epílogo: Futuro da dialética

Minha posição filosófica é esta: é no automovimento do conceito que a Ciência consiste. Em nossa época, isso contradiz muita ideia em moda. As modas mudam: se umas épocas admiram o Platão dos mitos literários, outras o valorizam pela maior obra de arte da dialética antiga, o *Parmênides*. Minha tentativa de ligar a Ciência ao conceito vai abrir caminho nos tempos por força da verdade que contém. Vai vir um tempo em que a verdade será reconhecida; resta esperar que a moda passe e que a história caminhe com seus passos lentos.

"De resto, vivemos hoje numa época em que a universalidade do espírito está fortemente consolidada; e em que a singularidade, como convém, tornou-se mais insignificante. Uma época em que a universalidade se aferra a toda a sua extensão e a toda riqueza adquirida; e a reivindica. Por isso mesmo, a participação que toca ao indivíduo na obra total do espírito só pode ser mínima. Deve, pois, o indivíduo esquecer-se — como aliás a natureza da Ciência o exige — e fazer o que lhe é possível. Contudo, não se pode exigir muito dele, já que tão pouco pode esperar de si e reclamar para si mesmo."

Introdução / Einleitung /

Sumário:
1. Como uma Crítica do Conhecimento não tem cabimento,
2. a Ciência só pode nascer do Saber Fenomenal e do seu movimento,
3. pois a consciência é solicitada sem descanso a ultrapassar-se
4. e, mesmo antes de alcançar a Ciência, tem em si um critério de verdade (*Masstab*).
5. A série de Figuras que a consciência assume obedece a uma dialética necessária, e portanto pode ser objeto de uma ciência: a Fenomenologia do Espírito.

1. UMA CRÍTICA DO CONHECIMENTO NÃO TEM CABIMENTO

1.1. Há quem julgue que a Filosofia, antes de indagar a verdade das coisas, deva primeiro examinar o conhecimento, por ser o *instrumento* ou o *meio* de que dispõe para atingir a verdade.

Essa opinião parece sensata, mas não passa de um contrassenso. Com efeito, o instrumento altera a coisa sobre que se aplica, e o meio

refrata a luz que o atravessa. Nem adiantaria encontrar uma maneira de eliminar o que é alteração do instrumento ou distorção do meio, pois o que restasse seria, por sua vez, objeto de conhecimento, e portanto de nova alteração ou distorção.
A verdade é que se o Absoluto não estivesse presente desde o começo no conhecimento, nunca seria conhecido.

1.2. É preciso desconfiar do temor do erro e da desconfiança em relação à Ciência, porque este medo do erro é, no fundo, medo da verdade; pior ainda: é já o próprio erro. Aliás, tais dúvidas pressupõem demasiadas "certezas": a representação do conhecimento como um instrumento ou um meio; a suposição de que o Absoluto está de um lado, o conhecimento de outro; a crença de que este conhecimento, separado do Absoluto é, ainda assim, algo real; e que mesmo estando fora da verdade, é algo verídico...

1.3. Como só o Absoluto é verdadeiro, e só o Verdadeiro é absoluto, não há lugar para um tipo de conhecimento que seja verdadeiro, embora não atinja o Absoluto; ou para um conhecimento em geral, incapaz de captar o Absoluto, mas capaz de outra verdade.

Essas opiniões supõem também que a significação de termos como "Absoluto", "conhecimento" etc., é de domínio público; e julgando-se na posse destes conceitos, furtam-se à tarefa fundamental da Filosofia, que é justamente produzi-los.

2. A CIÊNCIA SÓ PODE NASCER DO SABER FENOMENAL E DO SEU MOVIMENTO

2.1. Quando a Ciência entra em cena, estas falsas representações se dissipam. Contudo, a Ciência, ao surgir, é ainda apenas uma aparência: um "saber fenomenal", um "conceito" de saber e não o saber atualizado e desenvolvido em sua verdade. Mas tem que ser assim: a Ciência só pode nascer do saber natural e ir se libertando aos poucos da aparência, voltando-se contra ela. O que não pode é estabelecer-se através da rejeição pura e simples do saber vulgar, ou então apelando

Introdução / Einleitung /

para um saber melhor, ou para o pressentimento deste saber no seio do conhecimento vulgar, prenunciando a Ciência.

2.2. Apresentamos nesta obra o saber fenomenal; não a "livre Ciência se movendo em sua figura original", mas o caminho da consciência natural que sofre o impulso em direção do verdadeiro saber; o caminho da alma percorrendo a série de suas formações como outras tantas estações que lhe são prescritas por sua própria natureza: assim a alma se purifica e se eleva ao espírito. Através da completa experiência de si mesma, chega ao conhecimento do que ela é em si mesma.

2.3. A consciência natural vai provar para si que é apenas o 'conceito' do saber, ou o saber não-real. Uma decepção para quem se tinha como o real saber: realizar este conceito é perder sua verdade. Este é o caminho da dúvida e mesmo do desespero. Tal dúvida porém não é uma tentativa de abalar uma suposta verdade, que termina voltando à mesma verdade do começo: a dúvida aqui é a penetração consciente na não-verdade do saber fenomenal, o qual toma como suprema verdade um conceito não realizado. Trata-se de um ceticismo amadurecido, que difere da "resolução" de rejeitar afirmações dos outros e seguir a própria convicção, só tendo como verdade o que estabelece por si mesmo. Claro que seguir sua opinião é preferível a basear-se em autoridades; pelo menos para a vaidade da pessoa... Mas isso não muda o conteúdo da opinião nem lhe confere forçosamente um estatuto de verdade.

2.4. Nosso caminho percorre, em seus detalhes, a formação da consciência, seu desenvolvimento efetivo até chegar à Ciência. É um ceticismo diferente, que atinge toda a amplitude do saber fenomenal, fazendo-o desesperar das representações, opiniões, pensamentos tidos por naturais; não importa se próprios ou alheios.

3. A CONSCIÊNCIA É SOLICITADA SEM DESCANSO
A ULTRAPASSAR-SE

3.1. A consciência que empreende examinar a verdade dessas representações está cheia delas e por isso mesmo é incapaz de fazer o que se propõe. Tem de percorrer todo um processo em que se sucedem figuras articuladas, numa ordem necessária que forma um sistema.

3.2. É de notar que a apresentação desta consciência como não verdadeira não é algo puramente negativo, como representa unilateralmente uma das figuras ou etapas dessa consciência imperfeita: o ceticismo comum. Essa vê no resultado apenas o puro nada e dele não sai; e tudo que encontra joga neste abismo vazio. Quando a consciência se dá conta de que o nada é sempre negação de alguma coisa, que é determinado e tem um conteúdo, efetua a transição para uma nova forma; e através da negação vai realizando o processo completo das sucessivas figuras da consciência.

3.3. O termo ou resultado do processo está necessariamente fixado como a série da progressão: é alcançado quando o saber se encontra a si mesmo, ao encontrar o conceito que corresponde ao objeto e o objeto que corresponde ao conceito.

3.4. Esta progressão em busca do termo final não pode parar em nenhuma etapa intermediária. Aí está a diferença entre a consciência e os seres naturais, que não podem ir para além de si mesmos, a não ser pela morte. A consciência é o ato de ultrapassar o limitado; e quando este limitado lhe pertence, é o ato de ultrapassar-se a si mesmo. Isso provoca uma angústia incessante, uma violência exercida contra si mesmo, que estraga qualquer satisfação limitada. Tenta recuar diante da verdade, fixar-se na inércia sem pensamento: mas vem o pensamento perturbar esta paz, ou a sentimentalidade onde procurou um álibi para a angústia da razão.

4. A CONSCIÊNCIA PRÉ-CIENTÍFICA JÁ TEM EM SI UM CRITÉRIO DE VERDADE

4.1. Como vamos expor o desenvolvimento do saber fenomenal e examinar até que ponto a consciência é real ou verdadeira, é de supor que se esteja de posse de uma "unidade de medida" senão nada se poderia aferir. Contudo, como a Ciência está apenas surgindo, não pode ainda estar de posse da verdade (da essência, do em-si) e não pode pronunciar-se sobre isso. Como escapar a este dilema? Analisando o que se passa na consciência: quando ela opera, distingue dentro, de um lado, alguma coisa a que se refere, que é-para-a-consciência: o *saber*; e de outro lado, um ser que é-em-si: *a verdade*. Quer dizer, o que é referido ao saber é também distinguido dele e posto como algo que é-em-si. Procurando a verdade do saber, vamos encontrar o que ele é em-si mas, neste caso, ele é nosso objeto: portanto, para-nós.

4.2. Assim, a consciência dá sua medida nela mesma; pois é ali que existe a dicotomia do que é-para-outrem (o momento do saber) e do que é-em-si (o momento da verdade). Temos, pois, a medida que a consciência estabelece para medir o seu saber: é aquilo que designa dentro dela como o em-si, ou o verdadeiro. Chamamos o saber, *conceito*; chamemos a essência, ou o verdadeiro, *objeto*: o exame então consiste em ver se o conceito corresponde ao objeto. (Se chamarmos, porém, o em-si do objeto de conceito, e o que é para-outro, de objeto, o exame vai consistir em ver se o objeto corresponde a seu conceito.) Tanto faz; o que importa é saber que os dois momentos, conceito e objeto (ser-para-outro e ser-em-si), estão ambos no interior da consciência, ou do saber que analisamos.

4.3. Não precisamos, pois, trazer nossas medidas, nem utilizar nossas ideias pessoais durante a pesquisa: ao contrário, é afastando-as que podemos ver a coisa como é em-si e para-si-mesma.

Mais ainda: nem sequer precisamos efetuar a comparação ou exame, pois a própria consciência se encarrega disso; porque sendo consciência de um objeto e também consciência de si-mesma, é ao mesmo tempo consciência do que é para ela verdadeiro e consciência de seu saber desta verdade. Já que ambos são *para ela*, a consciência é também sua comparação: é para ela que seu saber corresponde — ou não corresponde — ao seu objeto. Há, portanto, dois momentos: num, o objeto é *em-si* (momento da verdade); noutro, é *para-a-consciência* (momento do saber). Nesta distinção, a consciência funda seu exame.

4.4. Entretanto, quando a consciência não encontra correspondência entre os dois momentos, não basta mudar seu saber para pô-lo de acordo com o objeto. Porque, sendo saber *de um objeto*, não pode mudar sem que mude também o objeto. Mudam, assim, os dois termos; mas como a consciência era a relação entre eles, muda também ela, e muda sua "unidade de medida": surge então uma nova "figura da consciência", outra etapa na progressão do saber.

5. A SÉRIE DE FIGURAS DA CONSCIÊNCIA OBEDECE A UMA DIALÉTICA NECESSÁRIA: ESTUDADA POR UMA CIÊNCIA QUE É A FENOMENOLOGIA DO ESPÍRITO

5.1. A *experiência* é precisamente este movimento *dialético* que a consciência efetua em si mesma, a um tempo no seu saber e no seu objeto, fazendo surgir diante dela um novo objeto verdadeiro. Vejamos o lado científico deste processo: o movimento se torna necessário devido à ambiguidade do verdadeiro nesta experiência. A consciência *sabe alguma coisa*: este objeto é a essência ou o em-si. A consciência, porém, reflete sobre si mesma, e então o saber se torna um objeto para ela. Temos agora dois objetos: o em-si, e o ser-para-ela deste em-si. O primeiro objeto muda então: deixa de ser em-si e passa a ser algo que é para-a-consciência. Assim, o objeto da consciência fica sendo o seu saber, ou seja, a experiência que a consciência faz do objeto.

5.2. A consciência fenomenal não se dá conta do processo; parece-lhe ter passado de um objeto para outro porque achou, de maneira contingente, outro objeto que a fez mudar. Entretanto, o filósofo sabe que esta dialética se desenrola por uma necessidade interna, e que, por isso, a série das experiências da consciência pode ser estudada cientificamente. Ilustrando com o exemplo dado acima: o *nada*, em que vem dar um conhecimento não verdadeiro, deveria ser entendido como um nada do saber de que ele resulta; porém, o ceticismo (que é a figura da consciência fenomenal correspondente a essa etapa) não percebe isto. E acontece sempre assim: cada vez que um *objeto* (algo em-si) é reduzido a um simples *saber* (algo para-a-consciência), surge uma nova figura da consciência. Ela não sabe como, nem de onde surgiu o novo conteúdo, mas o filósofo conhece a dialética necessária que preside a esta série de experiências. O caminho para a Ciência — e a Ciência da experiência da consciência — é a Fenomenologia do Espírito.

5.3. O conjunto destas experiências abarca o âmbito total da verdade do Espírito, o sistema total da consciência; porém, sob um ângulo particular: os momentos da verdade não se encontram aí abstratos e puros, mas sim tais como surgem para a consciência. São, pois, momentos da consciência. Somente no termo é que a consciência se despoja da aparência, ao atingir um ponto em que o fenômeno é igual à essência, em que a apresentação da experiência coincide com a Ciência autêntica do Espírito: no Saber Absoluto.

(A)
Consciência / Bewusstsein /

SEÇÃO 1
A CERTEZA SENSÍVEL / Die sinnliche Gewissheit /

Sumário:

A Certeza Sensível — que à primeira vista parece captar o ser da forma mais verdadeira — quando tenta expressar-se, não encontra nem no seu objeto, nem no sujeito, nem na totalidade (que é a relação de ambos na sensação atual) essa verdade imediata que pretende. Sua verdade está num universal, que é atingido pela percepção, nas condições da experiência sensível.

INTRODUÇÃO

1. Temos de começar pelo começo. Se existe em matéria de conhecimento algum dado imediato, é a certeza sensível: saber imediato de um objeto também imediato. Examinemos tal como se apresenta, sem alterá-la com nossas concepções. Veremos que esta certeza, que

parece o conhecimento mais rico — em amplidão e conteúdo —, vai se revelar a mais abstrata e a mais pobre verdade. Com efeito, do seu objeto, só sabe mesmo que ele é; e do sujeito, só consta que é um "este aqui", certo de um "isso aí"; e do saber, que há uma relação imediata entre os dois termos.

2. Aprofundando o exame, nota-se que há na certeza sensível mais que esta imediatez que ela sente. Primeiro, porque determinada certeza sensível, que "põe em jogo" um "este aqui" e um "isso aí", é apenas um *exemplo*, um caso singular de um sujeito e de um objeto de conhecimento sensíveis. Depois, porque existem nela muitas mediações, não percebidas pela consciência nesta etapa; a mais importante é que tanto o sujeito quanto o objeto são de fato mediatizados: pois tenho a certeza por mediação de outro, precisamente da coisa, da qual se está na certeza por mediação de outro, precisamente de mim.

3. Estas diferenças brotam do seio da *experiência* sensível: não é nossa análise filosófica que introduz. De fato, ela percorre três momentos: primeiro, retém o *objeto*; em seguida, o *sujeito*; e enfim, o saber como a verdade ou a "essência", por exclusão dos demais.

1º momento: O objeto (o "isso-aí")

1.1. O objeto *é*; ele é verdadeiro, é a "essência" (é o que é), indiferente ao fato de ser conhecido ou não: o conhecimento é "acidental" — se não existe objeto, não há saber, porém a recíproca não é verdadeira.

— Mas, o que é "isso-aí"? Quando se trata de expressar pela linguagem, a certeza se perturba. Digamos que é noite. Vamos anotar tal verdade: "agora é noite". Quando é meio-dia, vamos ler o que anotamos: a verdade sumiu. O "agora que é noite" se revelou nada, não-ser. O agora ficou, mas não como noite. Não vamos cair no mesmo engano: mesmo de dia, o agora não é dia, já que pode ser dia ou noite, por não ser nenhum dos dois. É universal, uma abstração. Um universal é algo mediato, um momento simples mediatizado pela negação: vemos pois que o universal é o verdadeiro da certeza sensível. Exprimimos o sensível por meio de universais: isso é um universal; *é* (= é um ser) também é um universal. A linguagem só exprime o universal, é mais verdadeira que a certeza sensível e nela refutamos nossa certeza imediata de um inefável.

1.2. O mesmo ocorre com o *aí*. *Aí* é uma árvore. Viro-me, e já é uma casa. O *aí* permanece no desaparecimento da árvore e da casa; pois, como o *agora*, é uma simplicidade mediatizada, um universal: o espaço.

1.3. O que resta assim da certeza sensível é o *ser*. Não o ser imediato que ela imaginava atingir, mas o ser mediato, universal, abstrato. Diante dele, o *aí* e o *agora*, que pareciam a essência da certeza sensível, são vazios e indiferentes. Um objeto tão abstrato se revela impróprio para suporte da certeza sensível; mas nem por isso ela se desvanece: reflui do objeto para o outro polo da relação, para o *Eu*, o "este aqui", que possui a certeza sensível.

2° momento: O sujeito (o "este aqui")

2.1. A força da verdade se encontra agora no *Eu*, na imediatez do meu ver ou ouvir. Tenho certeza dos objetos porque são objetos *meus*, porque *eu* possuo um saber sobre eles. *Aí* é uma árvore que eu vejo: *agora* vejo que é dia: *eu* retenho a verdade quando desaparecem os *ais* e os *agoras* singulares.

2.2. Todavia, volta o mesmo problema de antes: eu vejo uma árvore, este-aqui afirma isso-aí; mas um outro vê uma casa, aquele-ali constata aquilo-ali. Ambas as verdades têm a mesma autenticidade, mas uma desaparece na outra.

2.3. O que não desaparece é o eu enquanto universal. Como sucedera antes, ao dizer um agora, um aí, ou um ser singular, diziam-se forçosamente universais; também dizendo um eu singular, estou dizendo todos os eus. Na certeza sensível posso visar um singular: o que não posso é dizê-lo — quem desafia a Ciência a deduzir ou construir *a priori* um singular, deveria antes dizer a coisa ou o *Eu* singular que deseja: mas dizê-lo é impossível...

3° momento: A unidade concreta da certeza sensível

3.1. Como a experiência sensível constatou que tanto seu objeto quanto seu sujeito são universais e portanto não podem subsistir neles o *aí* e *agora* que ela experimenta, procura outra saída para salvar a imediatez do seu saber. Recorre então à certeza sensível como um todo: assim tomada em sua totalidade, exclui de si toda a oposição encontrada nos momentos precedentes, por sua imediatez a toda prova.

Não se trata mais de um *aí* que pode ser uma árvore ou qualquer outra coisa; nem de um *agora* que tanto pode ser noite como dia; nem de outro *Eu* que pode estar sentindo outra coisa. Eu, este aqui, estou constatando: agora é dia, ou então: aí tem uma árvore. Não comparo com outros meu objeto, nem quero saber se outros sujeitos veem de outra maneira, ou se eu mesmo noutra ocasião vejo diferente. Daqui não saio: agora é dia.

3.2. Já que a certeza sensível não quer sair de si mesma e fica nessa de "agora que é dia", ou de "um Eu para o qual é dia", vamos a seu encontro pedir que nos *indique* este agora que afirma, para ver que imediatez é essa.

Pois bem, quando nos mostra o *agora*, o agora já era; é outro agora. Mostrou-nos um agora passado, que *foi*, mas *não é* mais. Ora, tratava-se justamente de surpreender o ser, dado nessa experiência inefável; e nos indicam um não-ser.

De fato, o indicar implica toda uma dialética, percorrendo estes momentos: 1°) indico um agora que afirmo verdadeiro, mas indico como um passado, suprassumindo sua primeira verdade; 2°) afirmo, como segunda verdade, que ele é passado, que foi suprassumido; 3°) mas como o passado não é, suprassumo sua segunda verdade, a de ser-passado, ou de ser-suprassumido: negando a negação, volto à primeira afirmação, a de que "o *agora é*".

3.3. Dessa forma, o *agora* e o ato de indicar são constituídos de tal forma que nem um nem outro são o simples imediato, mas sim um movimento que tem diversos momentos. Neste movimento não se volta ao ponto de partida tal como era antes: o que é refletido sobre si mesmo é algo simples, que permanece o que é, no ser-outro. Este *agora* é um dia, que tem em si muitas horas: uma hora que contém muitos minutos. Este *agora* tem muitos *agoras*. O ato de indicar é um movimento que exprime o que o *agora* é em verdade: uma pluralidade de *agoras* reunidos e unificados (o tempo). Indicar é fazer a experiência de que o *agora* é um universal.

3.4. O mesmo sucede com o *aí*, quando é indicado: não é um ponto, mas tem acima e abaixo, diante e atrás, esquerda e direita, é uma multiplicidade simples de muitos *aís*, que o ato de indicar descobre em seu movimento. O indicar não é pois um imediato e seu *aí* é um universal.

Conclusão: A verdade da certeza sensível está para além dela

4.1. Esta dialética é a história da certeza sensível e a certeza sensível se identifica com sua história. Entretanto, ela está sempre esquecendo o que experimentou e recomeçando o mesmo caminho.

É de admirar que a existência imediata, suprassumida pela própria consciência quando reflete sobre sua certeza sensível, seja erigida em tese filosófica pelo ceticismo.

4.2. Que filosofia é essa, que afirma como verdade, algo que está sendo negado no próprio ato da afirmação? Com efeito, ao dizer que "só a coisa singular é verdadeira", está dizendo um universal, pois toda coisa é singular. Então está afirmando como verdade um universal, na mesma sentença que atribui a verdade exclusivamente ao singular.

4.3. Se, porém, prefere evitar a linguagem, que tem o dom divino de me fazer dizer o contrário do que pretendia e se limita a indicar um *aí*, como vimos, não pode deixar de indicar um conjunto de muitos *aís*, ou seja, um universal.

Então, em vez de saber algo imediato, *toma* a coisa como ela é em *verdade: percebe-a* (Nehmen wahr = wahrnehmen).

SEÇÃO II
A PERCEPÇÃO / Die Wahrnehmung / OU: A COISA E A ILUSÃO

Sumário:

Fruto da Certeza Sensível, a Percepção já parte do Universal, tanto do lado do objeto como do conhecer. 1º Toma o Objeto como o Verdadeiro, mas vacila entre a unidade que ele postula, e a multiplicidade de propriedades em que se manifesta. 2º Atribui à ilusão do conhecimento esses paradoxos que encontra na percepção da Coisa. 3º Confrontando os dois, vê que ambas as estruturas — do objeto e do sujeito — sofrem da mesma contradição, por serem para-si e para-Outro, irremediavelmente. Procura escapar da contradição recorrendo aos "enquanto que" puramente verbais, onde vai e vem como joguete de abstrações vazias. No entanto, o próprio jogo dessas abstrações impele a consciência a confrontá-las, e assim suprassumi-las, todas juntas, passando ao Reino do Entendimento, onde impera o Universal Incondicionado.

INTRODUÇÃO

A Certeza Sensível não alcançava o Verdadeiro, quando buscava no "isso aí" o que residia no Universal. A Percepção, fruto dessa experiência, já tem o Universal como seu princípio e ponto de partida — tanto do lado do objeto quanto do sujeito. Perceber, aliás, é um movimento; e seu objeto é a confluência de todos os momentos do movimento num ponto só: no fundo, são o mesmo Universal.

1. O MOMENTO DO OBJETO

1.1. Constituição do Objeto

O Verdadeiro deve-se situar no Objeto — uno, simples, essencial —, ao qual é indiferente ser ou não percebido: isso é que é inessencial.

Consciência / Bewusstsein /

O Objeto é um Universal: algo já mediado, suprassumido — a coisa com múltiplas propriedades, em que se expande a riqueza da experiência sensível, agora constituída em sua verdade, já que a Percepção tem a negação, a diferença ou a multiplicidade variegada em sua essência. A Propriedade, com que lida a Percepção, é um sensível suprassumido em Universal. Suprassumir é ao mesmo tempo negar e conservar; uma negação *determinada*, na qual o sensível é mantido no que tange a sua determinidade, embora negado como singular indicando "aqui e agora". A propriedade é uma propriedade *sensível*, mas um sensível *universal*.

Vendo mais de perto, a universalidade do Objeto tem duas faces: uma, é a multiplicidade das propriedades distintas e indiferentes entre si; a outra, é a universalidade simples, distinta e independente dessas propriedades, mas que lhe serve de meio: a *coisidade*. Nesse meio, as propriedades diversas se compenetram sem se tocar: é o "aqui e agora" sensível suprassumido no Universal. Podemos chamá-lo de *também*, já que por meio dele as múltiplas propriedades universais coexistem num aqui. Este sal que é branco, e também salgado e também cúbico etc.

No entanto, esse meio não pode ser apenas um também, pois as propriedades, por serem *determinadas*, são mutuamente exclusivas, distinguem-se e se relacionam entre si como opostos: ora, propriedades opostas não podem coexistir no mesmo objeto. Este meio, portanto, tem de ser uma unidade exclusiva, um *Uno*. É a essa coisidade, afetada pela negação simples que exclui o Outro, que chamamos *coisa*. Está plenamente constituído, assim, o objeto da percepção — o seu "Verdadeiro" — através desses três momentos: a) a universalidade indiferente e passiva: o também de múltiplas propriedades; b) a negação simples: o Uno, que exclui as propriedades opostas; c) síntese dos dois momentos: a coisa, ponto focal da *Singularidade*, irradiando numa *multiplicidade* (de propriedades) no meio da *subsistência*. Assim, a universalidade sensível — unidade *imediata* do ser e do negativo — é propriedade quando e somente quando, a partir dela, o Uno e a Universalidade pura se desenvolvem e se distinguem entre si, permanecendo ao mesmo tempo enlaçados pela universalidade sensível, constituindo assim a Coisa, objeto da Percepção; e a consciência se encontra — *ipso facto* — determinada como percebente.

1.2. Os paradoxos da Coisa

Sendo esta Coisa o Verdadeiro, o Igual a si mesmo — e a consciência, mutável e inessencial —, qualquer problema que venha a ocorrer na percepção é atribuído à consciência. Ora, o objeto que apreende como um puro Uno tem nele a propriedade que é universal e vai além do singular. Então, a primeira apreensão não era correta: o Uno não pode ser a essência. A Universalidade da propriedade faz agora tomar a essência objetiva como uma Comunidade. Mas vacilo de novo: essas propriedades são *determinadas*, mutuamente exclusivas; o real não pode ser uma Comunidade. Volto a fazer do objeto um Uno exclusivo. Surge, porém, um problema: vejo na Coisa muitas propriedades que não se afetam umas às outras, que não se excluem. Tenho, pois, um meio comunitário universal, em que as múltiplas propriedades, como *Universalidades* sensíveis, cada uma é para si; mas enquanto *determinadas*, cada uma exclui as outras.

Contudo, procedendo assim, esvaziei o próprio objeto da percepção: essa propriedade, posto que não está no Uno, nem em relação com o Outro, não é mais propriedade nem é determinada. Que vem a ser então? Nada mais que *o ser sensível em geral*. O que fiz foi voltar à certeza imediata da primeira figura. Entretanto, como o ser sensível e o seu designar (*meinen, viser*) remetem à Percepção — como vimos —, a consciência fica girando num círculo, que, em seus momentos particulares e em sua totalidade, se suprassume a si mesmo.

2. O MOMENTO DO SUJEITO

2.1. Quando o Novo surge da repetição

Claro que o percurso refeito nunca é o mesmo, pois a consciência que o empreende já vem enriquecida com a experiência anterior. No caso, já constatou que, ao retornar a si mesma, ela partia (portanto, saía) do Verdadeiro. Descobriu também a estrutura da percepção: que não era uma apreensão pura e simples, mas uma apreensão *sua*, já que a consciência, ao captar um objeto, operou uma reflexão sobre si mesma, que alterou seu Verdadeiro. Trata então de separar o que é apreensão simples do que é reflexão, para deixar em estado puro a percepção primeira. Esta retificação, porém, é igualmente obra (e experiência) da consciência.

2.2. Paradoxos da Percepção

A apreensão mostrava o Objeto como Uno. Então, as *múltiplas* propriedades devem ser postas por conta do Sujeito: o sal é branco para meus olhos, salgado para a minha língua, cúbico para meu tato etc. A diversidade é obra minha.

Reparando melhor, vejo que essas propriedades são *determinadas*, constituídas em oposição com as outras. As propriedades são próprias da coisa, pois através delas é que se distingue das outras. Então, a Coisa é um *também*: branca e *também* salgada e *também* cúbica e *também* etc. É só um também. Portanto, a unidade é que é obra da consciência, que unifica em sua reflexão a multiplicidade das propriedades num foco virtual, num suposto *Uno* da coisa.

3. O CONFRONTO DOS DOIS MOMENTOS

3.1. Homologia estrutural

Agora, confrontando os dois momentos, a consciência vê que faz, ora na Coisa, ora em si mesma, tanto a experiência do UNO sem multiplicidade, como a do TAMBÉM dissolvido em "matérias" independentes. Constata assim que não é somente ela, mas também a Coisa, que tem em si a diversidade e o retorno sobre si mesma; possuindo, pois, duas verdades opostas.

Como nada resolve o atribuir à Coisa a igualdade e a si a desigualdade ou (vice-versa) — já que ambos têm ambos os lados —, tem de admitir que a coisa que é para-si, refletida em si, é também para Outro; possui um ser duplo e diverso: não é para si o que é para Outro.

3.2. O recurso aos "ENQUANTO QUE"

Tenta agora a consciência distribuir a contradição da essência objetiva entre dois objetos: é a presença das outras coisas que perturba a unidade da Coisa, a qual, de si, é em-si e para-si. O ser Outro, não lhe pertence, mas a outro objeto que a defronta.

Mas, em cada Coisa, por sua vez, surge o mesmo problema: cada uma se determina em si mesma como algo diferente das outras, tem em si a diferença essencial que a distingue de todas.

A consciência recorre ao *"enquanto que"*: vendo que a Coisa tem uma constituição complexa (múltiplas características), distingue essas determinações múltiplas — como inessenciais — da determinação essencial que constitui a Coisa enquanto tal; sua diferença absoluta. Ela constituiria a Coisa em si; separando-a das outras e mantendo-a em si mesma. Salvou-se por um "enquanto que": a Coisa só é para si, *essente* e Uno, fora da relação com o Outro. A relação — ou conexão — com o Outro equivale a cessar de ser-para-si.

3.3. A inoperância dos "ENQUANTO QUE"

Vendo melhor, a consciência verifica que é justamente pelo seu caráter absoluto e de sua oposição que a coisa se liga às outras; porque é *somente* e *essencialmente* este relacionar-se. Quer dizer que a Coisa desmorona precisamente em virtude de sua propriedade essencial. Formalizando essa experiência, temos: a Coisa se põe como ser-para-si — portanto, como negação absoluta — referindo-se apenas a si. Ora, a negação referindo-se a si, equivale a suprassumir a si mesmo, ou seja, a ter sua essência em Outro. Postular um "inessencial, mas necessário", como fazem os "enquanto que", é puro jogo de palavras.

4. A CONSCIÊNCIA EM TRÂNSITO PARA O REINO DO ENTENDIMENTO

4.1. Exigência de um novo Suprassumir

Caiu assim o último "enquanto que" de que se valia a Percepção, porquanto o objeto — de um só e do mesmo ponto de vista — é para si enquanto é para Outro, e vice-versa. Por ser refletido em si, é Uno; mas por estar em unidade com seu contrário, só é posto como suprassumido.

Isso significa que a consciência tem de operar uma dupla suprassunção. O ser sensível já foi suprassumido para dar lugar ao Universal — objeto da Percepção: um universal oriundo do sensível, por ele *condicionado*, e por isso distendido entre seus extremos de Singularidade e Universalidade, do Uno e do Também. Agora, este objeto tem de ser suprassumido justamente nas puras determinidades que fazem sua essência — mas também seu condicionamento ao ser sensível, à coexistência de elementos contraditórios.

4.2. No meio do caminho tem uma pedra...

Contudo, nesse caminho para o Reino do Entendimento surgem os obstáculos da "sofisticaria" da Percepção, e de seu rebento, a "sã razão" ou "bom-senso" — que não passa de uma consciência retardada na etapa da Percepção; que se recusa a prosseguir a dialética implacável rumo ao Universal Incondicionado e menospreza a Filosofia que a convida para tanto.

A Percepção persiste em querer salvar, mediante os "enquanto que" e os "tambéns", as contradições constitutivas de seu objeto; e não se dá conta de que, em vez de evitá-las, está é sendo joguete daquelas abstrações (como Singularidade, Universalidade etc.), que são determinações ou potências do entendimento, que deveria dominar e não ser arrastada em seu turbilhão, como sucede com a tal "sã razão" ou "bom-senso", que toma essas abstrações vazias como se fossem sólido conteúdo.

4.3. ... mas a caravana passa...

O entendimento, ao contrário, determina e domina essas abstrações, e se serve delas como de meio para atravessar toda a matéria e conteúdo. São elas, de fato, que constituem o ser sensível em objeto para a Percepção e que traçam seu percurso rumo ao Verdadeiro.

Esse percurso é acidentado: um "determinar sempre cambiante do Verdadeiro e um suprassumir desse determinar". Mas é o único através do qual pode avançar; essas essencialidades, que jogam com a consciência, impelem-na para a frente, até a suprassunção de todas elas.

Enquanto está em trânsito, a consciência só toma, em cada momento singular, uma das determinidades como o Verdadeiro. No momento seguinte faz o mesmo com o seu oposto. Contudo, é a própria pressão dessas determinidades que leva o entendimento a juntar, de uma vez, a todas elas (singularidade, universalidade; Uno e Também; essencial, inessencial, mas necessário) e através desse confronto suprassumir a todas.

Só então cessam os sofismas, os expedientes dos "enquanto que", que não conseguem salvar a verdade da coisa, mas deixam, sim, a consciência na inverdade; e retardam sua marcha rumo ao Reino do Entendimento, onde impera o Universal Incondicionado.

SEÇÃO III
FORÇA E ENTENDIMENTO / Kraft und Verstand / FENÔMENO E MUNDO SUPRASSENSÍVEL

Sumário:

A consciência agora é entendimento e tem por objeto o universal incondicionado, para além das abstrações onde a percepção ficara presa.

Cap. 1° — A Força — Considera primeiro seu objeto como Força, síntese dinâmica da unidade e multiplicidade;
— examinando melhor, vê que se trata de um jogo de forças, de polaridades opostas,
— que, aliás, constata não passar de um fenômeno, através do qual descortina o suprassensível ou o Interior das coisas.

Cap. 2° — O Interior — Este interior suprassensível é o reino calmo das leis — tão calmo que chega a ser tautológico —, porém perturbado pela própria explicação tautológica, que postula um mundo invertido, oposto ao mundo contemplado. No entanto esses dois mundos são um só e o mesmo.

Cap. 3° — O Infinito — A identificação dos opostos implica o conceito de Infinito, e este, por sua vez, revela, com o Interior dos objetos, a própria consciência-de-si. E assim se atinge outro patamar do movimento dialético: a consciência-de-si.

INTRODUÇÃO

Nesta etapa, a consciência já deixou para trás a certeza sensível e reuniu os pensamentos da percepção no "universal incondicionado" que toma agora como seu objeto verdadeiro, formado por uma reflexão sobre si mesma a partir da relação com um outro; só que ainda não reconhece a si mesma neste objeto refletido. Nós, filósofos, sabemos que este objeto e a reflexão da consciência são uma coisa só: mas ela não sabe. Deixemos, pois, que ela examine a seu modo o seu novo objeto.

Tal universal se apresenta como um objeto plenamente constituído, e a consciência se porta como consciência concebente: nele nega e abandona suas abstrações unilaterais e põe como a mesma essência o ser-para-si e o ser-para-outro, não só na forma de que se revestem seus movimentos, mas no seu conteúdo. Com efeito, qualquer objeto possível tem de ser-para-si e de se relacionar com-um-outro: ou seja, só pode ser um universal incondicionado.

Não obstante, em se tratando de um objeto para a consciência, conservam-se nele os dois momentos anteriores: a multiplicidade das "matérias" subsistentes e a unidade que anula sua independência. Agora, porém, no universal incondicionado, os dois momentos aparecem suprassumindo-se um ao outro, ou seja, na *passagem* de um para outro.

Capítulo 1° — A FORÇA E O JOGO DE FORÇAS

"As diferenças postas em sua independência passam imediatamente para a sua unidade, unidade que passa para seu desdobramento, que passa para a unidade". É a este movimento que chamamos força.

1.1. Um dos momentos

A expansão das diferenças — é a exteriorização da força. O outro — a força recalcada sobre si mesma — é a força propriamente dita: esta deve necessariamente se exteriorizar, mas na exteriorização a força se conserva força em si mesma, porquanto é apenas exteriorização do que é em si mesma. Os dois momentos só se distinguem para o pensamento:

no objeto — o universal incondicionado — a força é para-si o que é para-outro. A diferença a constitui, já que todo o seu ser é ser-para-outro. Isto significa que a força concebida como dois momentos distintos não é a realidade da força, mas apenas o seu conceito. Para surpreendê-la tal como é na sua verdade, a consciência experimenta deixar a força operar fora das determinações do pensamento, e vê primeiro a força concentrada em si mesma como unidade; em seguida a encontra nas diferenças que têm existência própria. Se os dois momentos não fossem independentes, não existiriam; porém, se a força não fosse os dois momentos, não seria força. Como resolver este impasse?

Nós, filósofos, temos como evidente que este movimento é o mesmo que na percepção aparecia como sujeito e objeto que, embora distintos, formavam uma unidade no ato do conhecimento: agora se encontra projetado nos dois momentos da força, existindo numa unidade, manifestada como meio-termo entre dois extremos, nos quais se decompõe, mas que não existem senão por ela. Assim, o mesmo movimento, que na figura da percepção se apresentava como autodeterminação de conceitos contraditórios, aqui no entendimento assume uma forma objetiva e é o movimento da *força*. Como resultado produzir-se-á o universal incondicionado como não objetivo, isto é, o Interior das coisas.

1.2. O jogo das forças

Mas a consciência fenomenal ainda não chegou lá e, às voltas com o seu conceito de força, encontra agora uma solução para a diversidade de momentos: a existência de duas forças, uma solicitada, outra solicitante. A força redobrada sobre si mesma é Uma; as diferenças em que se desdobra são substantivadas na Outra. A exteriorização é concebida como uma força que se aproxima e solicita; porém como a exteriorização é necessária, esta outra força não pode ser concebida como vinda de fora; é outra manifestação da mesma força do começo, que num momento se nega como outra, para no seguinte se afirmar como mesma.

Além disso, a força solicitada é também força, tem os mesmos momentos da primeira, ora redobrada em si mesma, ora expandida em diferenças. Portanto, a força não saiu do seu conceito: apenas se conseguiu um "duplo", mas a problemática continua intacta. A independência dessas forças não faz sentido, pois estando unidas por um vínculo de necessidade, a solicitante solicita porque é solicitada. A diferença entre as duas passa a ser uma troca de determinações recíproca (sua interação): só na passagem e no intercâmbio de suas determinações é que as forças parecem emergir em sua independência.

1.3. Recapitulando

O conceito de força se torna efetivo no desdobramento das duas forças: são "essências" em si, mas sua existência é um movimento em relação à outra; consiste em ser posta pela outra e desaparecer pelo fato mesmo. É no seu contato, no meio-termo comum que se manifestam: passando uma na outra e desaparecendo; ou seja, cessam imediatamente de ser, no momento em que são efetivamente. Portanto, a verdade da força se reduz ao pensamento dessa força, a seu conceito; porque a força só é mesmo efetiva em sua exteriorização, que coincide com sua suprassunção: quando se "realiza" deixa de ser "real".

O que resta no fim é apenas o conceito universal de força, donde tínhamos partido; e que agora, mediatizado pela negação que operam forças concretas ao se suprassumirem, aparece como a *essência* da força.

Capítulo 2° — O INTERIOR

Se consideramos o primeiro universal donde partíramos como imediato, objeto real para a consciência, vem a ser a força concentrada em si mesma e subsistente. Então, o segundo universal, atingido no fim dessa dialética, é o negativo da força objetiva para os sentidos, é a força na sua verdadeira essência, tal como só o entendimento tem por objeto; e vem a ser o Interior das coisas como Interior, idêntico ao conceito como conceito.

2.1. O Mundo suprassensível

A inteligência não tem uma relação imediata com este fundo das coisas, mas só através do jogo de forças. Assim, o meio-termo que une o entendimento a este Interior é o ser das forças, que se manifesta no seu desaparecimento. Por isso o chamamos "fenômeno", já que o ser, que não passa de não-ser, é pura aparência de ser: o "tudo" dessa aparência é o universal, que constitui o Interior, como uma reflexão desse jogo de forças sobre si, formando um objeto-em-si.

O ser da percepção e o objeto sensível em geral agora são apenas fenômeno, que aponta para um Interior objetivado. A consciência vai distinguir, dessa reflexão das coisas, sua reflexão sobre si mesma: o entendimento não se dá conta de que lida com um puro conceito.

Agora, acima e além do mundo fenomenal, paira o mundo suprassensível, que é o verdadeiro, o Interior, o absolutamente universal, porque purificado da oposição com um singular: é o objeto do entendimento, um em-si que é manifestação da razão (a primeira, e ainda imperfeita).

Vejamos este silogismo que tem por extremos o Interior das coisas e o Entendimento e por meio-termo o fenômeno, já que este silogismo resume o movimento que a consciência faz nesta etapa, em busca do Interior da realidade.

2.2. O Interior: incognoscível ou fenômeno?

O Interior é um além da consciência — que ainda não se reconhece nele —, o vazio do fenômeno que nega, porém representado positivamente como um universal simples. Diz-se então que é incognoscível; e é, de fato, não porque a razão seja míope, ou limitada, mas porque no vazio nada se conhece, ou então porque este Interior é precisamente determinado como um "além da consciência". Aliás, vem dar no mesmo: colocar um cego no meio dos tesouros do suprassensível; ou um vidente nas puras trevas, ou na pura luz que encandeia: enxergaria tão pouco quanto o cego estes tesouros esplêndidos. Seria o caso de abandonar de vez esse inacessível e se contentar com o fenômeno.

Mas aí se esbarra num dilema: resignar-se com o fenômeno e tomar como verdade o que se sabe não ser verdadeiro; ou então, povoar este vazio interior — que não é apenas vácuo das coisas objetivas, mas vácuo absoluto, de si e de todas as determinações da consciência —

com sonhos: fantasias com que a consciência disfarça o despojamento deste Santuário.

É de notar que este Interior (ou Além suprassensível) se origina do fenômeno, que é sua mediação; mais ainda: é sua essência e seu conteúdo. Com efeito, o suprassensível é o sensível e o percebido tomados como em verdade são; ora, a verdade do sensível e do percebido é serem fenômenos; logo, o suprassensível é o fenômeno enquanto fenômeno. Isto não significa que o suprassensível seja o mundo tal como se apresenta à sensibilidade e à percepção; ao contrário, o fenômeno são estes mundos postos como suprassumidos e como interiores, em sua verdade. (Quem diz que "o suprassensível não é fenômeno" não está tomando fenômeno em seu sentido estrito, mas como sinônimo de mundo sensível na sua realidade.)

2.3. A Lei como verdade do fenômeno

Chegado a este ponto, o Entendimento considera o Interior apenas como um em-si universal, sem conteúdo; e o jogo de forças como tendo, além do lado negativo (de não-ser, em-si) um lado positivo: ser mediador, situado fora do entendimento. Através dessa mediação, o Interior vai ganhar agora um conteúdo para o Entendimento. Vejamos o processo: no jogo de forças emerge como único conteúdo a troca imediata de determinações, o movimento de se inverter e transpor. Agora, a diferença é uma só, e as forças coincidem com ela: troca absoluta, ou diferença como um universal, é a verdade do jogo de forças, é a *Lei* da força. Eis a *Lei*, diferença que repousa no Interior, não mais mudança, mas imagem constante do fenômeno sempre instável. O mundo suprassensível é o tranquilo Reino das Leis, para além do mundo percebido como mudança, mas presente nele.

As Leis determinadas. A Lei, contudo, não esgota o fenômeno, que se apresenta sempre como algo a mais; e a realidade efetiva da Lei parece diversa em cada circunstância ou caso concreto. Isto ocorre porque o fenômeno não foi ainda posto completamente como fenômeno (ser-para-si suprassumido). Mas esta imperfeição reverte sobre a Lei, que se apresenta como uma lei determinada, uma multiplicidade de leis e não a Lei em geral. Ora, a verdade do entendimento tem de ser a unidade em-si universal; e assim tem de fazer coincidir as leis múltiplas numa só Lei universal, como a lei da atração universal, que regula tanto a queda dos corpos quanto o movimento das esferas celestes. Contudo, quanto mais universal a Lei, mais superficial; em vez de unificar as determinações, o que consegue é aboli-las. Desta forma a "atração universal" é apenas o conceito de lei mesma, objetivado: vem a dizer que as coisas têm uma diferença constante com as outras, ou seja, que a realidade é "legal" (conforme a uma lei). O que aliás não deixa de ter importância, enquanto corrige a representação vulgar de que a realidade é contingente e suas determinações, caprichosas.

A *Lei Universal* contrasta com as leis determinadas, como a essência, ou puro conceito de lei se impõe às determinações que são da ordem do fenômeno (melhor, do ser sensível). Mais ainda: ultrapassa a lei como tal: pois a lei acolhe a diferença e lhe dá formulação universal e os momentos que relaciona em sua fórmula subsistem como realidades separadas. Porém, na Lei Universal, as diferenças presentes na lei são absorvidas pela unidade simples do Interior, ou seja, pela *necessidade* interior da Lei.

2.4. Lei e Força

Assim, a Lei tem dois aspectos: no primeiro, expressa as diferenças como momentos independentes: (m = st); no segundo, como algo simples, refletido sobre si mesmo: é a "necessidade" da lei, a que pode chamar-se "força" (força em geral, uma abstração que inclui no mesmo conceito o que atrai e o que é atraído). Exemplifiquemos, para tornar mais claro:

— A força da gravidade tem uma lei deste tipo: as grandezas, espaço e tempo, percorridas no movimento se comportam como a raiz e o quadrado (e = 1/2 gt^2). Diz-se: "Tem a lei de ser assim", ou, "a propriedade de se exteriorizar assim". Ora, esta propriedade é a única e a essencial da força: necessária, pois. A necessidade, porém, é aí uma palavra vazia: deve porque deve; se é, tem que ser, mas não se vê a necessidade de que seja.

Consciência / Bewusstsein /

— Outro exemplo: o movimento que "se divide" em espaço e tempo, ou distância e velocidade. São termos indiferentes entre si e o nexo entre eles não é necessário: nada há na essência de um que postule o outro. Assim, o movimento não os une, mas "se divide" neles, extrínsecos um ao outro, já que nenhuma relação constitutiva ou necessária os reúne. Portanto, o entendimento exprime na lei somente sua necessidade; e não a do real. No fundo, não passa de uma *tautologia*, a "explicação" que descreve os diversos momentos constitutivos do ciclo da necessidade, para logo em seguida afirmar que a diferença é puramente mental: um evento singular, digamos, o relâmpago, é apreendido como um universal, o qual é enunciado como lei; depois, a "explicação" recolhe e condensa a lei na força que é sua essência.

— A "força" eletricidade é constituída de tal forma que ao se exteriorizar surgem as cargas positiva e negativa, que desaparecem uma na outra: vale dizer: a força tem a mesma estrutura que a lei, o mesmo conteúdo, a mesma constituição.

2.5. Tautologia e inversão

E assim o movimento tautológico do entendimento: um esclarecimento, que é tão claro, que ao tentar dizer algo diverso do que foi dito, repete apenas a mesma coisa. Mas, examinando melhor, vê-se que traz ao calmo mundo das leis a mudança que lhe fazia falta; e mesmo a mudança absoluta. Pois se trata de um movimento que é o contrário de si mesmo, já que, ao pôr uma diferença, a suprassume. Mas essa diferença, que ao ser posta como diferença é — no ato mesmo — suprassumida, já a encontramos antes: no jogo de forças. Só que agora, o que sucedia na margem de lá — do objeto —, descobrimos na margem de cá, do entendimento; e o fluxo e refluxo do movimento, este leva-e-traz da diferença, que, logo que é posta, é abolida, ocorre também no mundo suprassensível, neste Interior.

Só que se trata agora de uma mudança pura, porque o conteúdo dos momentos é idêntico; e embora se dê no conceito do entendimento, este conceito é tido como o Interior das coisas; e tal mudança, apreendida como lei do Interior. A experiência, de que as diferenças não são diferenças, exprime-se como lei do Interior, a saber: que "o Homônimo se repele fora de si mesmo, enquanto o Heterônimo se atrai". Tal lei é a oposta da primeira, de que a diferença ficava sempre igual a si mesma, já que afirma que o igual se torna desigual, e o desigual, igual.

Agora, o "calmo Reino das Leis" mudou em seu contrário. Antes, não era só a lei que permanecia igual a si mesma: também as diferenças, por serem constantes; agora, as leis e as diferenças são o seu contrário: o igual se rejeita fora de si, o desigual se põe como igual a si.

Mundo invertido. Este segundo mundo suprassensível é um mundo invertido, e assim se completa sua caracterização como fenômeno: o primeiro era apenas a elevação imediata do mundo da percepção ao elemento do universal: cópia estática, que deixava para trás, no nível da percepção, a mudança e a alteração. Pois agora o entendimento recupera este princípio da mudança, mas como um mundo invertido. Aqui os valores ganham sinal contrário: as polaridades se invertem, as qualidades mudam em suas opostas. (O fluxo magnético que fora do ímã vai do mais para o menos, dentro dele vai do menos para o mais.) Noutra esfera, o que num mundo é honra, no outro, é ignomínia; e a pena que destrói e humilha o homem, no primeiro, é graça e perdão que o salvam e lhe restituem a honra, no segundo. Desta forma o que no fenômeno é doce, no Interior é amargo; o polo positivo fenomenal é o negativo suprassensível e vice-versa. Uma má ação externa pode ter uma boa intenção interior; a pena que no fenômeno maltrata o homem, interiormente o beneficia.

Os dois mundos são um só. Seria contudo superficialidade considerar estes dois mundos como realidades hipostasiadas, ou como se um fosse fenômeno do outro: seria dizer que o doce ao paladar é amargo na realidade da coisa; ou que o crime externo é interiormente uma boa ação ou intenção. Esta representação desdobra o mundo da percepção em dois mundos sensíveis, só que um deles é o inverso do primeiro e apenas acessível pela imaginação.

Não se trata disso: na verdade, a inversão se dá no mesmo mundo que é percebido; o polo que é positivo, visto de dentro da pilha, é o mesmo que é negativo, visto de fora. O crime tem sua inversão na pena atual, enquanto reconciliação com a lei; e a pena também tem sua inversão em si mesma: porque a lei, ao ser *aplicada*, é *ipso facto aplacada*, nela se encontram e extinguem o movimento da individualidade contra a lei e o da lei contra a individualidade (crime e castigo).

Capítulo 3° — O INFINITO

Superada a visão superficial que solidifica em dois mundos distintos a contradição ou oposição constitutiva do mundo suprassensível, agora se obtém o "conceito puro da diferença enquanto interior" e imanente: o Homônimo enquanto tal se expelindo para fora de si mesmo e os Heterônimos, porque Heterônimos, se identificando.

3.1. Mas isto equivale a conceber o Infinito. Com efeito, somente no Infinito uma realidade pode ser o contrário de si mesma, ou ter o outro imediatamente em si mesma: ser o Mesmo e o Outro numa unidade. Graças ao Infinito, a necessidade da Lei se realiza em si mesma e todos os momentos do fenômeno são absorvidos no Interior. Senão, vejamos:

1) Por meio do Infinito, a força simples é Lei, como um Homônimo que é rejeição de si mesmo, ou um Igual que é, em si mesmo, a diferença.

2) A Lei unifica por meio do Infinito os momentos em que divide o movimento, já que nele, espaço e tempo, distância e velocidade podem ser ao mesmo tempo independentes e necessariamente unidos.

3) Pelo Infinito, a Lei faz que os termos opostos passem um para o outro, e que ao se realizarem se suprassumam, porque cada termo é em si mesmo seu oposto e negação.

Como nomear este Infinito? "Alma do Mundo, Essência Simples da Vida, Sangue do Universo, cujo fluxo nenhuma diferença interrompe, pois é em si todas as diferenças e a suprassunção de todas: pulsa sem se mover e estremece no íntimo sem inquietude."

3.2. O Infinito é igual a si mesmo, já que suas diferenças são tautológicas: portanto, só pode referir-se a si mesmo. Este relacionar-se a si mesmo, porém, é já uma cisão: a diferença consigo mesmo é imanente e constitutiva do Infinito.

O mesmo ocorre com cada fragmento produzido por esta fissão: é sempre o *contrário* um do outro, enunciado junto com ele; mas *não é contrário* de um outro, já que a alteridade pura o constitui, é *contrário de si mesmo*, ou contrário puro; e também não é contrário nenhum, pois sendo *igual a si mesmo*, é para-si que é, e na sua essência a diferença não existe.

Não é problema nosso (nem filosófico) indagar como a diferença vai poder sair da unidade, pois já saiu: o que deveria ser igual a si mesmo, já se encontra fragmentado; mais ainda: é já um dos fragmentos dessa fissão, um momento abstrato que se pensa como algo anterior à fissão, embora de fato pertença a seu resultado. Essa unidade ou simplicidade originária é uma abstração, pensada como contrapartida da diferença. A efetividade é, porém, este movimento de cindir-se. Só a partir daí é que se concebe o recolher-se sobre a própria identidade como um momento de retorno, ou posterior.

3.3. *Recapitulação*. O Infinito (inquietude absoluta do puro automovimento, faz com que tudo que é determinado de algum modo seja o contrário dessa determinação) é a alma da dialética que desde o começo seguíamos. Porém, só se deixou ver no momento do Interior. O fenômeno e o jogo de forças já eram ele, embora só no movimento do "explicar" aparecesse em estado livre. Então o Infinito enquanto tal é objeto da consciência, e a consciência é consciência-de-si. Vejamos como: 1°) O processo da explicação do entendimento se apresenta, de entrada, como a descrição da consciência-de-si; suprassume as diferenças formuladas na lei, pondo-as em sua unidade, na Força. 2°) Assim fazendo, cria nova cisão, entre a lei e a força, e como não a reconhece como diferença, a suprassume, atribuindo à força a mesma constituição da lei. 3°) Embora o entendimento vise grandezas físicas, o movimento e a necessidade que encontra são do próprio entendimento: por isso se dá por tão satisfeita a consciência com sua explicação tautológica, porque de fato está apenas 'em colóquio' imediato consigo mesma, ainda quando parece estar lidando com objetos outros.

Depois, foi aquela cisão de dois mundos invertidos. O Infinito ali surgia como objeto para o entendimento na segunda lei, ou diferença interior. O entendimento, porém, o perdia como Infinito ao tentar distribuir entre dois mundos hipostasiados a diferença absoluta (o Homônimo que se repele, o Heterônimo que se atrai), tomando o movimento por evento, e as categorias acima por substâncias.

(Para nós, filósofos, o objeto do entendimento é o puro conceito, já que apreendemos a diferença como é em si, ou na sua verdade.)

No entanto, quando a consciência atinge pela primeira vez e de forma imediata este conceito, não reconhece a si mesma em tudo que precede, e surge uma nova figura da consciência, em que se julga algo totalmente distinto. Ouando o conceito de Infinito é seu objeto, a diferença que está na consciência é suprassumida; e a consciência é para si mesma o ato de distinguir o que não é distinto: é consciência-de-si. Eu me distingo de mim mesmo e, neste movimento, é para mim, imediatamente, que o distinto não é distinto. Sou o Homônimo quê, me expulso de mim mesmo, sou o Heterônimo que não difiro de mim mesmo. A consciência de um outro ou de um objeto é necessariamente consciência-de-si num outro.

CONCLUSÃO

Todo o processo desenvolvido até aqui, em que a verdade parecia outra coisa que as figuras de consciência examinadas, mostra apenas que a consciência das coisas só é possível para a consciência-de-si; mais ainda: que a consciência-de-si é a *verdade* dessas figuras. Contudo, isso é verdade em si e para nós, filósofos. Nesta etapa, a consciência ainda não chegou lá: só na Razão é que se dá a unidade da consciência com a consciência-de-si.

Vemos pois que, no Interior do fenômeno, o entendimento só faz experiência de si mesmo. Parecia no começo elevar-se acima da percepção e, através do fenômeno, olhar o fundo suprassensível do real; mas agora os dois extremos ou Interiores (o que era visto e o que via) coincidem. Desaparecidos os extremos, desaparece o meio-termo. Levantada a cortina do Interior, tudo o que lá se descortina é o olhar que o contemplava. Se não houver lá dentro a consciência-de-si — alguém que veja —, não há mesmo nada para ver. Mas então, por que tantas voltas? Porque não era possível chegar diretamente a este ponto, já que ele é o resultado da dialética de todas as figuras que o precederam. Só através desse movimento, em que vão desaparecendo os modos de consciência que são a Certeza Sensível, a Percepção, o Entendimento, é que se chega ao conhecimento *do que a Consciência sabe quando se sabe a si mesma.*

É o que vamos analisar a seguir.

(B)

SEÇÃO IV
CONSCIÊNCIA-DE-SI / Selbstbewuastsein /

PRIMEIRA PARTE
Independência e dependência da consciência-de-si. Dominação e escravidão

Sumário:

Agora, o objeto coincide com a consciência que conhece — sua verdade com sua certeza.
— Cap. 1° — MOMENTOS DA CONSCIÊNCIA-DE-SI. A consciência-de-si é retorno, a partir do objeto trazido para o sujeito para nele desaparecer: portanto, é desejo. E o objeto do desejo é o ser vivo, por ter estrutura homóloga à da consciência: é reflexo dela sobre si, a seu modo. Também a Vida, em sua torrente infinita, ultrapassa e dissolve todas as determinações e diferenças. Nada, porém, satisfaz a inquietude do desejo enquanto não encontra outro Eu — um objeto que de seu lado opere a mesma operação que o sujeito. Ali, enfim, se encontra, ou seja: se reconhece, pois um faz no outro o que faz em si mesmo; mais ainda: fazem uma operação comum, que constitui a ambos como consciência-de-si.

— Cap. 2º — DIALÉTICA DO SENHOR E DO ESCRAVO. O primeiro encontro de ambos não é, porém, uma identificação amorosa, mas uma luta de vida ou morte. Cada consciência-de-si quer provar que é autêntica consciência-de-si, no desapego da vida corporal. Uma abdica para conservar a vida: o escravo. A outra emerge como autêntico ser-para-si: o Senhor. O Senhor goza dos tens; o escravo os produz. O Senhor é para-si; o escravo é para-outro. Contudo, no medo absoluto, já surgia o movimento que ia elevar o escravo; pois, ao desmoronar todo o conteúdo da consciência natural, ele já começara a ser para-si; depois, no trabalho, dando sua forma ao objeto, também se forma e se encontra como consciência-de-si, para-si.

INTRODUÇÃO

Antes, a consciência tinha um objeto distinto dela: o dado da certeza sensível; a "coisa" da percepção; a "força" do entendimento. Pareciam subsistir em si mesmos; porém, a experiência da consciência veio a revelar que na verdade eram para-Outro: sua verdade não estava neles e sim, na consciência.

Agora, a consciência examina sua própria certeza: seu objeto coincide com sua verdade. Com efeito: sendo o objeto "aquilo que é para outro", quando a consciência é objeto para si mesma, nesse caso coincidem ser-para-outro e ser-em-si. O Eu é o conteúdo da relação, como também o relacionamento; o que se opõe ao outro e o que o ultrapassa; só que então é a si mesmo que se opõe e que ultrapassa.

Capítulo 1º — MOMENTOS DA CONSCIÊNCIA-DE-SI

Com a consciência-de-si, somos chegados ao Reino onde a Verdade é autóctone. O que nas figuras anteriores era o "objeto verdadeiro" da sensação, percepção ou entendimento, agora não passa de momentos da consciência-de-si: abstrações, que para ela são o nada de evanescentes essências e não as realidades subsistentes que se "afiguravam".

1. O DESEJO

Contudo, como consciência-de-si, a consciência é movimento de retorno, a partir do ser percebido e sentido, sobre si mesma. Acontece, porém, que quando chega aí e toma a si por objeto, na tautologia sem movimento do "Eu sou Eu", ao suprassumir a diferença, se suprassume também como consciência. Precisa do outro, da diferença, e mesmo da "extensão integral do mundo sensível" para daí realizar o retorno sobre si e absorvê-lo na sua identidade, que nega toda diferença, enquanto "consciência-de-si".

A verdade do mundo sensível é ser fenômeno: mundo marcado com sinal negativo, só ganha sentido e consistência quando a inteligência o engloba na sua identidade consigo mesma. Ora, este movimento é precisamente o movimento do *desejo*: portanto, a consciência-de-si é desejo, 'já que vai em busca do outro para poder ser, e o destrói como outro, dissolvendo-o em sua própria identidade. O desejo é, pois, o movimento em que a consciência-de-si suprassume a oposição, ao produzir a identidade consigo mesma.

2. A VIDA

A Vida é o objeto do desejo da consciência-de-si.

(Nós, filósofos, sabemos que este objeto tem uma estrutura homóloga à da consciência-de-si, já que a Vida é um retorno ou reflexão do ser sobre si mesmo: objeto construído pelo entendimento, quando seu movimento resultou, de um lado, num *em-si*, ou Interior das coisas; e de outro, num *para-si*, a consciência-de-si. Esta não é nenhum em-si, mas um puro para-si: seu em-si é a unidade infinita das diferenças, a qual só é unidade para a consciência-de-si e não para-si-mesma.)

Quanto mais independente a consciência, mais independente o objeto: portanto, sendo a consciência-de-si unicamente para-si — e basicamente desejo — vai fazer a experiência da independência de seu objeto. E assim determina seu objeto, a Vida: sua essência é o Infinito, como o "ser suprassumido de todas as diferenças: puro movimento e repouso absoluto, essência simples do tempo, identificando-se com a solidez compacta do espaço". Neste fluido universal, que é a Vida, as diferenças (seres vivos individuais) são apreendidas como subsistentes; mas é a unidade dessa Vida ou fluido universal que lhes dá subsistência, como se fossem membros de um organismo único; a unidade universal existe como momento de negação dessas diferenças singulares.

A unidade da Vida, por ser infinita, se realiza na multiplicidade dos seres vivos, de tal forma que da singularidade de cada um deles se reconstitui a unidade do Todo. Com efeito, dizer que há seres independentes é dizer que são para-si; ora, para-si significa reflexão ou retorno à unidade, a qual, por sua vez é cisão em figuras independentes, por ser Infinita. Quer dizer: o ser independente é para-si, portanto, determinado; e assim, negação do outro, que também o nega. Negada a negação da diversidade, efetua-se a volta à unidade, que existe no íntimo de cada ser finito, como momento da fluidez da substância infinita. Ao diversificar-se dentro dela, o ser independente nega o ser-para-si que o define, porque é um ato de cisão que o constitui.

Em suma: a formação de figuras distintas e independentes e o processo da vida se interpenetram a ponto de serem a realidade íntima um do outro: porque são dois aspectos do mesmo movimento, em que o ato de articular é identicamente o ato de cindir e dissolver o articulado. A Vida é este circuito em sua totalidade: não apenas um dos momentos do ciclo (continuidade imediata, figura subsistindo discreta) nem o puro processo, ou coleção de momentos; é todo o seu desenvolvimento, mas mantendo-se simples nele.

3. O OUTRO EU

A dialética seguida até aqui, partindo da unidade imediata, operou um retorno a uma nova unidade, já que através dos momentos: formação de figuras e processo vital, obteve de novo uma unidade simples. Difere da primeira por ser reflexa, resultado que suprassume todos os momentos anteriores, e donde a Vida remete a outro diferente dela: precisamente à consciência, porque só na consciência a Vida é esta unidade reflexa ou para-si.

Quando a experiência atinge este ponto, seu objeto ainda é abstrato: um puro Eu, como simples essência. Tem de prosseguir seu movimento para ver o objeto se enriquecer de todas as determinações do processo da Vida. Vejamos como. A consciência que adquire a certeza de si mesma através da suprassunção deste outro, que se apresenta como independente, é desejo: a certeza da aniquilação do outro vem a ser a verdade da consciência-de-si, como algo objetivo.

No entanto, para ser suprassumido, o outro tem que existir como independente; tentando suprassumir o outro através de sua relação negativa com ele, a consciência o reproduz como outro e se reproduz como desejo incansável. Como poderia encontrar seu repouso e sua satisfação? Com uma condição apenas: que o objeto, independente, também opere em si mesmo essa negação; quer dizer: não seja só um em-si, mas um para-si; consciência-de-si e, portanto, desejo. Pois, no fundo, o que a consciência deseja é outra consciência-de-si, outro desejo; e só quando o encontra se satisfaz. Era isso que postulava quando constituía seu objeto como negativo; só quando esse objeto se negasse a si mesmo, estaria justificada sua certeza como verdade: na reflexão redobrada, na duplicação da consciência-de-si. O ser que é apenas vivo, ao suprimir sua diferença, suprime-se como ser; ao contrário, o ser vivo consciente é constituído pela própria negatividade.

Temos agora uma consciência-de-si para uma consciência-de-si. Só deste modo ela se realiza efetivamente, como unidade do seu Si como seu ser-Outro. Com efeito, o Eu da consciência não é propriamente objeto para ela: objeto é o Outro, mas que pelo fato de ser consciência é tanto Eu quanto objeto.

Nós, filósofos, vemos despontar aqui o conceito do Espírito; mais tarde, a consciência vai fazer a experiência do que é este Espírito: substância absoluta que, na perfeita liberdade e independência das diversas consciências-de-si, constitui a unidade de todas: um Eu que é um Nós, um Nós que é um Eu.

4. O RECONHECIMENTO

Vimos que a consciência-de-si só é para-si e em-si quando assim é reconhecida por outra consciência-de-si. Ora, ser através do reconhecimento, ter sua unidade no desdobramento implica que os momentos sejam tomados simultaneamente como distintos e independentes; que os opostos sejam ao mesmo tempo afirmados, ou que a consciência-de-si seja o contrário das determinações que a caracterizam. Analisemos assim a unidade espiritual em seu desdobramento, o processo do reconhecimento.

— Para que a consciência-de-si seja, há outra consciência-de-si, que surge como vinda de fora. Quer dizer: a consciência-de-si se perdeu, já que se encontra como sendo *outro*; porém suprassume esta alteridade ao lhe atribuir a essência de si-mesma. Trata-se de uma dupla suprassunção: da alteridade da essência independente e de si mesma, já que este outro é ela mesma; sendo uma duplicação de consciências-de-si, há uma dupla reflexão ou duplo retorno à igualdade consigo mesma porque a consciência, retornando a si do seu ser na outra, ao reabsorver o seu ser que estava nela, deixa-a livre para operar seu próprio retorno.

— Representamos assim o reconhecimento como operação de uma das consciências; porém não é deste modo que as coisas se passam. De fato, essa operação é tanto de uma quanto de outra, melhor, é uma operação *comum*. Já não estamos no movimento do *Desejo*, quando o objeto apenas ficava diante da consciência; agora o objeto é realmente independente, a consciência só pode fazer algo nele, se ele o fizer também. "O movimento é pois unicamente o duplo movimento de duas consciências-de-si: cada uma vê a outra fazer a mesma coisa que ela faz; executa o que da outra exige; faz o que faz enquanto a outra o faz também."

— Mas já encontramos isso antes: foi no "jogo de forças" na Seção "Entendimento". Só que o processo agora está transposto para dentro da consciência: cada termo vive em si mesmo o que lá contemplávamos fora e é para o outro o meio-termo através do qual se relaciona consigo mesmo: "Eles se reconhecem como se reconhecendo reciprocamente". Vejamos agora a experiência que a consciência-de-si faz deste reconhecimento: é um processo que surge primeiro como uma desigualdade de duas consciências-de-si: uma que só reconhece; outra que só é reconhecida.

Capítulo 2° — DIALÉTICA DO SENHOR E DO ESCRAVO

1. A LUTA DE VIDA OU MORTE

O ponto de partida, como sempre, é o imediato: a consciência-de-si na sua simplicidade e igualdade consigo mesma, excluindo o outro, toma por objeto o seu Eu singular. Qualquer outro que apareça já virá marcado com sinal negativo, não lhe é essencial como objeto. Ora, o outro que surge é uma consciência-de-si, com igual independência; e a relação que estabelecem as duas consciências ainda imersas no ser da vida — pois como *vida* está aqui determinado o objeto essente — é imediata: enfrentam-se como simples indivíduos, que ainda não se apresentaram um ao outro como consciência-de-si.

Cada uma, certa de si mesma — mas não certa da outra —, não possui a verdade em sua certeza, porque seu ser-para-si ainda não se apresentou como objeto independente, ou seja, seu objeto não foi ainda a pura certeza de si mesma. O conceito de reconhecimento exige para tanto que cada um opere em si, para o outro, esta pura abstração do ser-para-si: uma vez, por sua própria operação, e de novo, pela operação do outro. (É a abstração "absoluta": movimento que consiste em extirpar de si mesmo todo ser imediato e ficar sendo apenas o puro negativo da consciência igual a si mesma.)

Apresentar-se assim é comprovar seu desapego da vida, demonstrando que não está preso a nenhum "ser-aí" determinado. Como operação do outro, isto significa que cada um visa à morte do outro; como operação própria, é pôr em risco a própria vida. As duas consciências se põem à prova e se comprovam por meio de uma luta de vida ou morte. Têm de travar essa luta para elevar sua certeza à verdade — para si mesma e para a outra —, mas só assim a liberdade se conserva, pois não é um *ser* essa coisa imediata que a torrente da vida arrasta e dissolve. Arriscando a vida, prova que é um puro ser-para-si, para quem todas as coisas se põem como um momento evanescente, até mesmo a própria vida.

Um indivíduo que não arriscou a vida poderá ser reconhecido como pessoa, porém não atingiu a verdade deste reconhecimento enquanto reconhecimento de uma consciência-de-si independente. Quando arrisca a vida, o indivíduo visa à morte do outro: a vida alheia não vale mais que a própria. O Outro tem de ser posto em perigo de vida para suprassumir sua alteridade: assim deixa de ser consciência perdida nas escórias dos muitos modos do ser e da vida e adquire a pureza do ser-para-si, como negação absoluta.

Contudo, ao suprimir a vida, se suprime a própria verdade que se queria pôr em relevo: porque se elimina também a consciência dos lutadores. A morte é a negação natural da consciência, enquanto a negação dialética, que caracteriza a consciência, suprime o que conserva e retém o que suprime: suprassume, como dizemos. Nesta experiência, a consciência-de-si fica sabendo que a vida lhe é tão essencial quanto a pura consciência-de-si.

Antes, para a consciência-de-si imediata, o Eu simples era o objeto absoluto; agora, por esta experiência, o objeto se cinde: de um lado, a pura consciência-de-si; de outro, a consciência que não é para-si, mas para a outra, totalmente imersa no elemento do ser, como um ser vivo qualquer. Os dois momentos são essenciais e como "a reflexão sobre sua unidade ainda não se produziu como seu resultado", constituem duas figuras opostas da consciência: uma independente, que é para si; outra dependente que é para a outra: o Senhor e o Escravo.

2. A DOMINAÇÃO

O Senhor é a consciência que é para-si; porém, sua relação consigo se estabelece através de outra consciência, a qual se define como sintetizada (sic) com o ser independente, ao nível das coisas, objeto do desejo. O Senhor é um feixe de relações; só acima já mencionamos quatro: 1) imediata consigo mesmo, enquanto em-si-para-si; 2) mediata consigo mesmo, através do escravo; 3 e 4) imediatas: com a coisa, objeto do desejo; e com *seu* escravo. Há outras duas, relações *mediatas*, que requerem nossa atenção: 5) com o escravo, através da realidade independente, essa cadeia que o acorrenta, desde que não conseguiu abstrair da vida no combate, enquanto o Senhor, desprezando a vida na luta, dominou a matéria e através dela, o escravo. O combate foi um silogismo em que o Senhor, dominando o meio-termo que dominava o escravo, subsumiu este indivíduo; 6) com as coisas, por mediação do escravo. Este, que não deixa de ser consciência-de-si, se comporta negativamente quanto à coisa que suprassume, porém não a aniquila, antes a *transforma* pelo trabalho. Por conseguinte, a relação imediata do Senhor com a coisa (o desejo) se transmuda, por meio do escravo, em *gozo*: o escravo lida com a independência do ser pelo trabalho; ao Senhor resta apenas gozar, o que é pura destruição da coisa e provoca a satisfação que o desejo não conseguira, dada a independência da coisa. O Senhor alcança seu reconhecimento duplamente, através de outra consciência: quando o escravo elabora a coisa e quando fica dependente de seu ser biológico. Em ambos os momentos, o escravo se revela "inessencial", por não poder assenhorear-se do ser, nem chegar à negação absoluta. Justamente aí começa o movimento da consciência escrava em direção do reconhecimento: já está presente o momento em que se suprassume como ser-para-si, fazendo assim em si mesma o que o Senhor efetua nela. Outro momento presente é o da operação comum das duas consciências: o que o escravo faz é obra do Senhor, que é o "para-si" ou a potência negativa que, no escravo, reduz as coisas ao nada. Só fica faltando um momento para o reconhecimento pleno da consciência-de-si do escravo: que o Senhor faça sobre si o que faz no escravo e vice-versa. Então o processo se completará, pois, enquanto está em estado nascente, o reconhecimento ainda é unilateral e desigual.

Como o Senhor chega à certeza de si através de uma consciência dependente, não adquire a verdade de si mesmo, porque "seu objeto não corresponde a seu conceito", o qual requer uma consciência independente. Sua verdade é a *consciência escrava*. Esta se apresenta como se fosse exterior; mas a dominação mostra que sua essência é inversa do que pretende ser, também a escravidão vai implementar-se como o contrário de sua apresentação imediata: operando um retorno de consciência repelida sobre si mesma, vai revelar sua autêntica independência.

3. A ESCRAVIDÃO — O MEDO

Tendo visto a consciência escrava através da conduta do Senhor, examinemos agora o que é em-si e para-si. De início, toma o Senhor por sua verdade; porém, ao fazer a experiência da pura negatividade e do ser-para-si, já tem a verdade em si mesma. Foi quando experimentou a angústia, não de uma coisa qualquer ou de um movimento determinado, mas uma angústia sobre a integralidade de sua essência, ao sentir o medo da morte, o Senhor absoluto. Então dissolveu-se intimamente, tremeu em suas profundezas e tudo o que era fixo nela vacilou. Ora, essa fluidificação absoluta de toda a substância é a negatividade do para-si, da consciência-de-si. Além do mais, esta dissolução não fica numa generalidade: é realizada efetivamente quando, pelo trabalho, vai eliminando um por um todos os momentos singulares de sua adesão ao ser natural.

4. A ESCRAVIDÃO — A FORMAÇÃO (*BILDUNG*)

Contudo, o escravo ainda não realizou para-si toda a verdade vivida no medo absoluto, na dissolução de todas as determinações, que este implica. Diz-se "o temor do Senhor é o começo da sabedoria"; começo apenas, pois é pela mediação do *trabalho* que a consciência-de-si vem a ser para-si no escravo. O desejo era um momento em que o Senhor se reservava a negação pura do objeto, e portanto o sentimento, sem mescla, de si mesmo; mas, por lhe faltar o lado objetivo (a independência do objeto), a satisfação do Senhor estava sempre em estado de desaparecimento. O trabalho, ao contrário, é um desejo refreado — o trabalho *forma*; a relação negativa ao objeto torna-se assim a *forma* do próprio objeto, e permanente, pois, para quem trabalha, o objeto é independente. A operação formativa é, assim, o puro ser-para-si da consciência, que, exteriorizado, passa ao objeto independente, em que a consciência vai apreendê-lo como intuição de si-mesma.

A *formação*, além desse aspecto positivo (constituir o ser da consciência como substância), tem um significado negativo em relação ao primeiro momento, o medo. Ao suprassumir a forma do objeto que trabalha, a consciência está destruindo a realidade objetiva estranha que a tinha apavorado, e desta maneira se torna, para si mesma, algo que é para-si. No *Senhor*, a consciência escrava tinha o seu ser-para-si como um Outro; no *Medo*, seu para-si já estava presente nela; porém é na *Formação* que o para-si se torna seu próprio ser para ela: é consciência de ser em-si e para-si.

Portanto, é no *Trabalho*, precisamente em que parecia exterior a si, que se descobre a si mesma e atinge sua verdade de ser-para-si. Foram indispensáveis, para chegar até lá, os dois momentos: sem a disciplina do medo e obediência e sem a atividade formadora, nem se abrange

Consciência-de-si / Selbstbewuastsein /

toda a realidade do ser, nem se atinge a consciência-de-si. Se não experimentar o "medo primordial absoluto", sua operação formadora não pode lhe trazer a consciência de si mesma como essência, porque não ficou com toda a substância contaminada pela negatividade.

É preciso que todo o conteúdo da consciência natural tenha desmoronado para que a consciência não fique presa a um em-si determinado, e a liberdade rompa todos os grilhões. Sem isso, "a consciência não pode alcançar a formação universal; fica restrita a uma habilidade particular, incapaz de dominar a essência objetiva em sua totalidade.

SEGUNDA PARTE
Liberdade da consciência-de-si.
Estoicismo — ceticismo — consciência infeliz

Sumário:

Temos agora a consciência que **pensa** e que é **Liberdade** —, já que seu objeto é **Conceito** e não **Representações**. Apresenta-se em três Figuras: estoicismo, ceticismo e consciência infeliz.

Cap. 1º — ESTOICISMO — é a primeira forma histórica dessa consciência.

— O **princípio** do estoicismo é: tomar a racionalidade como critério do Bem e da Verdade.

— A **Crítica** ao estoicismo mostra suas limitações: é abstrato, formalista e não leva a termo a negação de um outro, estranho à consciência.

Cap. 2º — CETICISMO — leva a termo a negação que o estoicismo encetara.

— **Operação** do Ceticismo. É a primeira experiência que a consciência faz da dialética como movimento seu. Opera eliminando falsas independências, valores e sofismas; dissolvendo a todos no fluxo da negatividade da consciência.

— **Crítica.** Mas é também prematuro, por não ser resultado de todo um processo; é pura inquietude da consciência, mescla e oscilação entre o polo empírico e o universal. Não se encontrando, a consciência naufraga na própria inconsistência.

Cap. 3º — A CONSCIÊNCIA INFELIZ (sumário adiante).

INTRODUÇÃO

O Senhor, consciência-de-si independente, se identifica com a pura abstração do Eu; e quando se cultiva e apreende a diversidade do real, não lhe atribui a independência objetiva que tem. Assim, não chega a realizar no seu Eu a plenitude da consciência-de-si, a qual se distingue em sua simplicidade e permanece igual, a si mesma na distinção.

O Escravo, consciência reprimida para o interior de si, pelo trabalho se torna objeto para si mesmo, como forma da coisa plasmada, e intui no Senhor o para-si como consciência. Ainda apreende, porém, os dois momentos (forma e para-si) como fora um do outro. Nós, filósofos, vemos que ambos são idênticos e que o ser-para-si que recebe a forma pelo trabalho não é substância diversa da consciência. Surge aqui para nós uma nova figura da consciência, a consciência que *pensa*.

Capítulo 1° — O ESTOICISMO

No pensamento, o Eu (para-si) se objetiva, e o objeto se faz consciência. Mas trata-se de um pensamento que é *conceito* e não representação. Conceito é um em-si distinto, que, para a consciência, se identifica imediatamente com ela; representações (figuras, entes) são, na sua forma, um outro para a consciência. O conceito também tem um conteúdo determinado, mas conceitualmente concebido: quer dizer, a consciência permanece imediatamente cônscia de sua unidade com ela. Na representação, a consciência precisa expressamente recordar que se trata de uma representação sua, quando o conceito é imediatamente para mim, um conceito *meu*. No pensamento, sou livre, não estou num outro, meu objeto está em unidade indivisa comigo: em mim mesmo me movo em meus conceitos. Todavia, nesta etapa, a consciência ainda se comporta como aquele homônimo que vimos antes: também se repele de si mesma, e se torna para si um elemento em-si; já que se trata da consciência pensante em geral, num estado imediato, que não desenvolveu ainda toda a riqueza de seu ser multiforme.

Consciência-de-si / Selbstbewuastsein /

1.1. Na história do Espírito, esta manifestação da liberdade da consciência-de-si é conhecida como estoicismo. Seu princípio é: a consciência é uma essência pensante; uma coisa é boa e verdadeira para a consciência quando a consciência se conduz em relação a ela como essência pensante.

1.2. Críticas ao estoicismo: 1ª) *Abstração*: embora não ponha sua essência no outro, nem na pura abstração do Eu, mas no Eu que tem o outro em si como diferença pensada, ainda assim, a consciência estoica põe sua essência em abstrações. Sua liberdade é indiferença quanto ao ser natural, quer dizer, abandonou-o a si mesmo e voltou para dentro de si vazia, pois o que deixou fora era justamente a plenitude da vida. Portanto sua liberdade de pensamento se reduz a pensamento de liberdade; não é a liberdade vivida.

2ª) *Formalismo*: O indivíduo deveria ter-se mostrado vivo através da ação; e através do pensamento deveria ter abarcado o mundo num sistema; porque é só expandindo-se que a ação encontra um conteúdo para o Bem, e o pensamento, para a Verdade. Um conceito, separado como abstração da múltipla variedade, porém, só tem em si o conteúdo que lhe é dado. O estoico, quando definia que o Bem e a Verdade "consistiam na racionalidade do pensamento", dava por conteúdo para o pensamento um pensamento sem conteúdo.

3ª) *Negação inacabada*. Tendo retornado prematuramente a si mesmo, antes de realizar a negação absoluta do ser-outro, a consciência estoica não pode ser mais que liberdade abstrata, já que o outro continua nela na sua determinação própria, embora apenas como pensamento.

Este ponto é importante para entender o processo dialético e, em especial, a passagem da consciência estoica para a cética. O estoicismo não levou a cabo a negação das determinações de seu objeto, não chegou a dissolvê-las na simplicidade do para-si. Recolhendo-se antes do tempo a si mesmo, trouxe-as consigo como determinações pensadas — mas determinações, em todo o caso — que "caem fora" da infinidade do pensamento, como entidades permanentes, insolúveis no fluxo límpido da consciência que se pensa a si mesma.

Capítulo 2º — O CETICISMO

O ceticismo, ao contrário, leva a termo a liberdade do pensamento: é a sua experiência efetiva. As determinações, que na consciência estoica eram um outro (embora pensado), encontram-se na consciência cética esvaziadas, porque o ser-outro se revela aí completamente "inessencial" e dependente. Torna-se o pensamento aniquilamento do ser no mundo, na múltipla variedade de suas determinações, já que a negatividade da consciência livre no seio da configuração multiforme da vida não é abstrata, mas real.

Para nós, filósofos, é claro que (no plano superior — o do pensamento — em que agora se move a experiência da consciência) o estoicismo corresponde à relação Senhor e Escravo, no momento do simples conceito da consciência independente; e o ceticismo, no momento do desejo e do trabalho, realização dessa consciência enquanto atitude negativa para com o outro. Contudo, a consciência cética consegue rematar o que o desejo e o trabalho não puderam, porque investe sobre as coisas como consciência livre e realizada em si mesma; como pensamento em ato, que por sua infinidade não "abstrai" das diferenças, porém se torna todas elas, enquanto cada ser distinto se torna uma diferença da consciência-de-si.

2.1. Operação do ceticismo

Sua operação revela o movimento dialético que são a certeza sensível, a percepção e o entendimento; demonstra a inanidade dos valores de outras figuras da consciência, não só da ética que apresentava as normas como mandamentos de um senhor ao seu escravo, como também das leis naturais e dos conceitos científicos, quando essas abstrações são tomadas como determinações em-si ou conteúdos válidos. A dialética até aqui se afigurava algo que se abatia sobre a consciência; com o ceticismo se torna um momento da consciência-de-si: não é uma ocorrência, o desaparecimento da verdade e do real que deixam a consciência sem se saber como; agora é a própria consciência, que na certeza de sua verdade, faz desaparecer esse Outro que se fazia passar por real.

2.2. Modo desta operação

O ceticismo opera isto eliminando não só a objetividade como tal, mas também a relação da consciência para com ela, que lhe dava estatuto e valor de objetividade: deixa desaparecer a percepção, com seus recursos sofísticos de consolidar o que vacila. Através desta negação consciente de si, a consciência procura a certeza de sua própria liberdade, e a experimenta, elevando esta certeza à verdade. Desaparece então o determinado, ou seja, a diferença — venha de onde vier — que se impõe como algo de sólido e imutável, porque, na verdade, nada há de permanente. Deve desaparecer necessariamente diante do pensamento, pois o que o faz distinto é precisamente não possuir o seu ser em si mesmo, mas em outro.

2.3. Críticas ao ceticismo

A consciência cética: 1ª) É também prematura, não nasce como um resultado que tivesse seu "devir" atrás dele; é uma experiência da liberdade, mas adquirida e mantida por si mesma, ataraxia do pensamento que se pensa, e ao mesmo tempo absoluta inquietude dialética e certeza imutável de si mesma.

2ª) Por isso, é mixórdia desordenada: vertigem de confusões que se gera a si mesma, mescla de representações sensíveis e de pensamentos, desigualdade e igualdade das mesmas diferenças. E é tudo isso *para si mesma*, porque entretém e produz para si mesma toda essa confusão. Fica oscilando: ora se confessa consciência empírica e por ela se guia, como contingente, singular, animal; ora se proclama consciência universal, igual a si mesma, negatividade de toda a singularidade e diferença.

3ª) E soçobra na sua inconsistência: seus atos não correspondem a suas palavras, possui uma consciência dupla e contraditória, mantém separados os polos de sua contradição; "pronuncia" o nada do ver e do ouvir, vendo e ouvindo; nega os valores éticos, mas se guia por valores. Quando se quer examinar um dos lados de seus "pronunciamentos", salta para o oposto, tal esses adolescentes teimosos que, para contradizer seu interlocutor, tomam posição contrária à que antes defendiam.

A inconsistência do ceticismo em relação a si mesmo tem de desaparecer, já que é uma só consciência que tem as duas modalidades. Do naufrágio do ceticismo surge uma nova figura, que reúne em si o que o ceticismo tinha separado: a consciência infeliz.

Capítulo 3° — A CONSCIÊNCIA INFELIZ

Sumário:

A consciência **infeliz** reúne em si mesma o que o ceticismo tinha separado.
1. É uma consciência **cindida** ou duplicada; retoma no plano do pensamento a dualidade de senhor e escravo, vivida na mesma consciência.
   — É infeliz porque cindida e não se dá conta da Reconciliação que se opera dentro dela, pois já é Espírito embora não saiba.
2. **A consciência mutável e a consciência imutável.** A consciência-de-si identifica-se com seu polo inferior, mutável; porém, ao empreender a ascensão para o Imutável, já o possui de algum modo; e o Imutável, entrando na consciência singular, assume sua condição.
   2.2. O relacionamento entre estas duas consciências passa por três momentos:
   — a consciência mutável é rejeitada pela Imutável por ser singular;
   — a existência singular é assumida pela Imutável, e passa a 'figurá-la';
   — enfim, no Espírito, há o júbilo da Reconciliação: a consciência se encontra com o Imutável.
3. **A consciência em busca do Imutável figurado.** Como o Imutável assumiu uma figura singular, a consciência passa a buscá-lo assim e não mais sem figura. Seu movimento apresenta três formas de relacionamento ou atitudes:
   3.1. **O fervor devoto.** A alma busca atingir pelo sentimento o Imutável figurado; mas como tal já desapareceu, nos longes do tempo e do espaço: só encontra o túmulo vazio. Ao perder também este, 'cai em si'.
   3.2. **Volta à ação.** Assim, a alma devota pelo desejo, pelo trabalho e pelo gozo dos bens da terra, agradecida, se refere ao Senhor que doa tanto os bens quanto a capacidade de operá-los. Contudo, firmadas no Além, a alma e as coisas só se relacionam superficialmente. Apenas na "ação de graças", que parece negar a independência, é que a consciência se encontra em-si e para-si.

3.3. **Pela mortificação à Razão.** Sente-se então rejeitada ao ponto de partida, mais longe do Imutável que nunca: aí identifica o inimigo, sua singularidade, que passa a destruir nos seus últimos refúgios; e para tanto, se "mortifica": — Renuncia à vontade própria, à posse dos bens, e ao seu gozo. Precisa de um meio-termo que subsuma sua vontade singular à universal, e encontra o Ministro Mediador, que pronuncia a remissão e a reconciliação. Contudo, a consciência continua infeliz, porque cindida, enquanto atribuir a um Além a união da singularidade e da universalidade que ela própria como razão operou...

1. APRESENTAÇÃO GERAL

1.1. Esta nova figura da consciência-de-si é para si mesma uma consciência duplicada. Tem em si por um lado, a consciência liberta, igual a si mesma; e por outro, a consciência da confusão e da inversão absolutas. Retoma num plano mais alto a dualidade Senhor e Escravo; só que os papéis não são distribuídos por dois personagens, mas vividos por uma só consciência. (Nela está presente o desdobramento da consciência-de-si em si mesma, que é essencial ao conceito de Espírito: falta apenas a unidade desta dualidade, que a consciência infeliz, cindida em contradição íntima, não pode atingir).

1.2. É este o drama da consciência infeliz: ter sempre, na unidade de sua essência, a outra; ser expulsa imediatamente de cada uma, quando pensa ter chegado ao repouso da unidade. Seu verdadeiro retorno a si mesma, ou Reconciliação consigo, apresentará o conceito do Espírito tornando-se ser vivo e entrando na existência. Ainda não chegou a esta unidade.

1.3. Considera as duas consciências como opostas e estranhas uma à outra; uma, é simples e essencial; a outra, múltipla e inessencial. Identifica-se com esta última; porém, como tem consciência do Imutável, e o considera sua essência, deve proceder à liberação da mutabilidade e assim dá-se conta de que os dois termos não são indiferentes, mas correlatos; contraditórios, mas igualmente essenciais para ela. É esta consciência fica sendo um movimento contraditório, em que um contrário, em vez de chegar ao repouso no outro, o está sempre reproduzindo como seu contrário.

Isto é uma luta muito sofrida, na qual só se vence sucumbindo; aqui atingir um termo equivale a perdê-lo. Ser consciência do contrário como sua essência é ser consciência do próprio nada. Daí, a consciência empreende a subida para o Imutável: a consciência é este movimento ascensional, portanto, consciência de seu contrário. E o Imutável que entra nessa consciência é, por sua vez, tocado pelo singular e só com ele se apresenta.

2. A CONSCIÊNCIA MUTÁVEL E A CONSCIÊNCIA IMUTÁVEL

2.1. Assim, a consciência faz a experiência do nascimento da existência singular do seio do Imutável e a experiência do Imutável no seio da existência singular; com isto, se produz a unidade para a consciência duplicada; porém o momento ainda dominante nela é o da diversidade dos termos que se unem.

2.2. De três maneiras a consciência mutável se une ao Imutável
— de entrada, a consciência singular se apresenta como oposta à Essência Imutável, rejeitada e condenada por ser uma existência singular;
— depois, o Imutável assume a existência singular e esta se torna figura do Imutável;
— enfim, a existência singular se reencontra consigo mesma, como este indivíduo concreto, no Imutável; e se torna Espírito, no júbilo da Reconciliação consciente de sua existência singular com o Universal.

2.3. Na experiência que faz a consciência (infeliz), surge o Imutável como sendo o da consciência e, portanto, afetado de contradição: é representado com a forma que a consciência julga ter: cindido e parasi. Imagina um evento contingente a assunção pelo Imutável de uma existência singular, oposta a ele por natureza e que um dia "se encontrou" nele.

Ora, pelo fato de ter revestido forma sensível, o momento do "Além" permanece e até se reforça. Parece que ficou mais perto, porém na forma de um singular sensível e opaco, com a rigidez das coisas da natureza. Assim, a esperança de tornar-se um só com ele tem de ficar só na esperança, sem realização nem presença, devido ao obstáculo da contingência absoluta e desesperadora que revestiu essa figura que é o fundamento de nossa esperança. Pela natureza que assumiu — de ser singular existente — ocorre que desaparece no decurso do tempo e se situa num espaço distante, definitivamente longe.

3. A CONSCIÊNCIA EM BUSCA DO IMUTÁVEL FIGURADO

No começo, a consciência cindida tendia a absorver a sua singularidade na essência Imutável; depois, em vez do Imutável não figurado, quer relacionar-se exclusivamente com o Imutável figurado.

A cisão agora atinge o próprio conceito: e o movimento da consciência vai ser um esforço para unificar, na singularidade concreta, a exigência de universalidade do Imutável; ou seja, para dar um conteúdo de unidade plena a seu relacionamento, inicialmente exterior, com o absoluto figurado.

Este movimento é triforme, por abranger as três relações que a consciência mutável estabelece com seu "Além" figurado: 1°) como pura consciência; 2°) como essência singular, que enfrenta a realidade efetiva no desejo e no trabalho; 3°) como consciência de seu ser-para-si. Examinemos cada uma dessas modalidades.

3.1. O fervor devoto

À primeira vista, as relações nesta modalidade parecem invertidas: a consciência mutável é a "pura"; e a Imutável é o em-si figurado. O Imutável não está presente como é em-si, mas como é na consciência e para ela: trata-se de uma presença imperfeita, ainda afetada de oposição. Mesmo não sendo a autêntica presença — que deve antes provir de iniciativa do Imutável que da consciência — é um momento superior ao do puro pensamento; seja este o estoicismo que abstrai da existência singular em geral, seja o ceticismo, em que a singularidade vive sua contradição inconsciente sob forma de movimento sem repouso.

Para além desses momentos, a consciência infeliz aproxima e ajunta o puro pensamento e a singularidade; só que não se elevou ainda ao pensamento pelo qual a singularidade da consciência se reconcilia com o puro pensamento mesmo. Move-se na região em que ambos se tocam; melhor, é ela este contato, esta união da singularidade com o puro pensamento, porque *para ela* é que existem, *para ela* também o Imutável é uma essência singular.

(Mas tem algo que não é para ela: em-si, e para nós filósofos, o seu objeto, este Imutável que toma a figura de uma existência singular, *é ela mesma*; mas isso não é para ela...)

— *Sentimento e desencontro*

Na modalidade que aqui assume a relação, a consciência não se conduz como pensante, mas vai em direção do pensamento como *fervor devoto*. "Badalar informe dos sinos, emanação de cálidos vapores, frases musicais que não se expressam em conceitos". Mesmo quando encontrar seu objeto, será como algo estranho, porque não elaborado em conceitos. A alma devota é no seu íntimo, puro sentimento: sente-se como cisão, movimento de nostalgia sem fim; tem certeza de ser conhecida por seu objeto, pois também é um singular: porém sua essência está num Além inatingível — foge ao gesto que o quer abraçar — melhor, já fugiu. Onde o busca não se pode atingir. Procurado como singular, como objeto sensível, já desapareceu. Sob essa forma, o que a consciência vai encontrar é o Sepulcro; este sim, é uma realidade sensível, mas que não pode ser conservado; e a luta por ele tem de terminar em derrota.

3.2. A alma devota se volta para a ação

A alma "cai em si", e vê nisto o retorno à sua essência como coisa singular. (Nós, filósofos, vemos que na verdade a pura alma devota a si mesma se encontrou e em si mesma se saciou; mas o objeto deste puro sentir, em que só a si própria se sentiu, surge agora como sentimento de si numa realidade independente).

1. *O desejo e o trabalho*

Esta volta (ou retorno) a si mesma se opera pelo desejo e pelo trabalho: a consciência adquire a certeza interior de si mesma, *suprassumindo* e *gozando* as coisas externas, ou seja, a Essência sob a forma de coisas independentes. Assim sucede porque a consciência infeliz só sabe se encontrar como desejosa e laboriosa; não se deu conta de que, para assim se achar, deve-se apoiar sobre a certeza interior de si mesma; nem que seu sentimento da essência é, no fundo, sentimento de si mesma. Mas como não alcançou a certeza desta verdade, seu íntimo é a certeza cindida de si mesma. A segurança que lhe proporcionam o trabalho e o gozo é cindida também: segura mesmo, só está de sua cisão interior.

2. *O mundo sagrado*

Por outro lado, a realidade externa contra que se volta não é uma nulidade, servindo apenas para ser suprassumida e devorada: é também uma realidade partida em dois pedaços: uma parte é uma nulidade. Mas a outra é um mundo sagrado, porque o Imutável, sendo Universal e conservando a singularidade que assumiu, tornou-se a significação de toda a realidade. Se a consciência fosse independente e a realidade uma nulidade para ela, chegaria, no gozo e no trabalho, ao sentimento de sua independência; porém, como a realidade é figura do Imutável, só pode gozá-la e consumi-la porque o Imutável abandona sua figura e a cede para que a goze.

3. *A operação vem do alto*

Também na consciência há um lado que é dom do Imutável: são as potências e as capacidades de que foi dotada (por ele) para que as utilize em suas operações. Assim, cada um dos extremos forma um anel que se fecha e se firma sobre o Imutável: ambos se relacionam através de um elemento superficial que deles emerge. Porém, se a essência Imutável não destacasse de si este fragmento para a consciência o aniquilar; se não estivesse no íntimo da consciência, dando-lhe o poder de operar e de agir, nada sucederia. Por isso, em lugar de retornar confirmada em si mesma, de sua própria operação, a consciência só reflete a operação da potência absoluta e universal donde procede qualquer movimento, de qualquer lado que seja.

4. Ação de graças

A consciência "dá graças" ao Imutável pela dupla doação que lhe faz: dos dons sensíveis que lhe deixa; de sua operação que dele procede. Sente-se "obrigada" por isto; e, se perde a satisfação de sua independência, ganha o sentimento de sua unidade com o Imutável. Entretanto, ao abdicar à aparente satisfação de sua independência, a consciência se realizou, de fato, como desejo, trabalho e prazer. Sua ação de graças é ainda sua própria operação, que contrabalança, em pé de igualdade, a graça recebida; e a excede, porque retribui um elemento superficial com a renúncia à própria essência. Assim, como desejante, operante, saciada e agradecida, é mais consciência-de-si que nunca, já que na própria renúncia de si mostra-se oposta ao Imutável, como existência singular, que é para-si.

3.3. A consciência-de-si chega à razão pela mortificação

1. A afirmação

A consciência-de-si, que no começo era sentimento interior, passou externamente à ação e ao prazer, onde fez a experiência de sua realidade e eficácia e donde regressa de posse da verdade de seu ser-em-si e para-si. Mas justamente aí identifica o inimigo (de sua unificação com o Imutável): a sua própria singularidade. Para o fervor devoto, o singular abstrato era sentido como simples melodia; na atitude seguinte, a consciência podia esquecê-lo, quando absorta no trabalho e no prazer; mas, ao chegar à ação de graças, que "parecia abater a particularidade da consciência", estava, de fato, retornando a si mesma, como autêntica efetividade.

2. A negação

Compara então sua própria realidade com a Essência Universal: frente a ela, não é nada. Sua operação nada realiza; seu prazer se transforma em infelicidade; perdem todo seu valor universal e ficam restritos à singularidade onde a consciência vai buscá-los para os destruir. Vai desalojá-los em sua condição carnal: as funções naturais já não se exercem espontaneamente como coisas de nada e desimportantes para o Espírito. Agora se tornam o que há de mais importante, o objeto do mais sério cuidado, por alojarem de forma conspícua, o inimigo. O inimigo, porém, renasce da própria derrota; neste corpo-a-corpo a alma se suja, mas ele se reanima. A consciência que tem essa ideia fixa nunca se liberta. E ei-la voltada para o que há de mais vil e singular, como uma personalidade encurvada sobre si mesma, sofrendo com a mesquinhez de sua ação: tão infeliz quanto pobre.

3. *A mediação*

No mais profundo de sua angústia, porém, surge a consciência de sua união com o Imutável; a tentativa de anular a singularidade passa pela mediação do Imutável, numa relação que é negativa enquanto mediata, mas produz para a consciência uma união positiva. Relação mediata é sempre um silogismo em que dois extremos se conectam através de um meio-termo. Representando cada um dos extremos para o outro, o meio-termo entre a consciência singular e o Imutável universal é o Ministro de ambos. Tem de ser uma consciência, também, dada a natureza da operação visada: a destruição que a consciência empreende de sua própria singularidade.

4. *A mortificação*

Neste meio-termo. a consciência se libera da ação e do gozo enquanto seus: transfere para o meio-termo sua vontade, decisão, culpabilidade. Em contato com o Imutável, o Mediador *aconselha* o que é justo: portanto: a) seguindo a norma alheia, a ação não é mais particular, da pessoa, não provém de sua vontade e decisão; b) resta o fruto de seu trabalho; abdica também, renunciando à propriedade dos bens; c) e, para completar, renuncia até ao prazer de destrutá-los, no jejum e na mortificação.

5. A consumação

Com estes três momentos de renúncia e mais o momento positivo de fazer o que não compreende, se priva de sua liberdade exterior e interior; a consciência renuncia a seu Eu, reduzindo-o a uma coisa objetiva. Foi a única maneira que encontrou para escapar à fraude que contaminava até sua ação de graças, a qual, ao atribuir tudo a um dom do Alto, ainda conservava a particularidade externa na posse e a interna na vontade própria.

6. A união

Tendo enfim consumado o sacrifício, sua operação não é mais sua e está superada a condição infeliz que dela resultava.

Contudo, a remissão que o sacrifício opera na consciência é operação do Imutável e não unilateral (da consciência). Igualmente, abandonar a vontade própria singular é identificá-la com a Vontade Universal do Imutável, comunicada através do conselho do Ministro mediador.

Não obstante, a consciência infeliz não se dá conta de que sua vontade se tornou a Vontade Universal ou em-si; de que sua renúncia à posse e ao prazer lhe trouxe o Universal: ela apenas retém o aspecto negativo de sua operação. A unidade que atinge não se torna conceito de sua operação, nem objeto de sua consciência, a não ser de forma mediata, — através do Ministro Mediador. Este lhe assegura que está reconciliada; mas suas palavras caem numa consciência ainda cindida, que continua achando que sua ação é uma miséria; que seu gozo é uma dor, que só pode ser suprassumida num Mais-Além.

Ora este objeto, em que sua operação e seu ser, singulares, são o ser e a Operação em-si, é apenas a representação da Razão: ou da certeza que a consciência tem de ser, na sua singularidade, a totalidade do real.

(C, AA)

SEÇÃO V
RAZÃO / Vernunft /
CERTEZA E VERDADE DA RAZÃO

INTRODUÇÃO GERAL À SEÇÃO V

Sumário:
1. A consciência agora retorna sobre si mesma, certa de ser toda a verdade; muda de atitude frente à realidade toda, porque descobre que tudo lhe pertence e assim o Outro não a ameaça. Adota pois o idealismo, que em estado nascente tem o defeito de ser imediato e abstrato, por esquecer do processo de que resultou.
2. Em particular, as formulações de Kant e de Fichte são insatisfatórias e terminam caindo no empirismo que queriam evitar: um idealismo vazio não realiza o que proclama. A realização plena de sua proposta passa por outro e mais longo caminho.

1. CARACTERIZAÇÃO DESTA ETAPA DA EXPERIÊNCIA DA CONSCIÊNCIA

1.1. Recapitulação e transição

Agora, a "experiência da consciência" chega ao momento em que a consciência retorna sobre si mesma, tendo identificado a consciência singular com a essência absoluta, ou seja, sua certeza com a Verdade. Parece excessivo dizer isso da consciência infeliz, mas é preciso notar que: 1°) É para nós, filósofos, que esta identificação é evidente. A consciência infeliz ainda representa o "em-si" como um além de si mesma. No entanto, negando-se a si mesma — arrancando seu momento de "para-si" e fazendo dele um Ser — está de fato suprassumindo sua singularidade na negatividade constitutiva da consciência; ora, o singular suprassumido é o universal. 2°) Ao nível da experiência da consciência, essa unidade é representada pelo Mediador, meio-termo daquele silogismo que anuncia a renúncia da consciência singular, e a reconciliação do Imutável com ela: é a sua verdade por ser a unidade dos dois extremos (que por isso já não são tais) e, como é a consciência que faz esse anúncio a si mesma, ela é a certeza de ser toda a verdade.

1.2. Nova atitude e novo mundo

A consciência que antes mantinha frente ao objeto uma atitude negativa e temerosa (por ver no ser-outro uma ameaça, contra a qual procurava manter sua liberdade, às custas do mundo e de sua própria singularidade, que se manifestavam como negação de sua essência), agora toma uma atitude positiva, uma vez que sabe que toda a realidade é ela mesma; seu pensamento é que é a realidade efetiva.

Adota, assim, o *Idealismo*; e com a nova visão, é como se enxergasse o mundo pela primeira vez. Antes não compreendia — mas desejava e trabalhava — o mundo; ou então dele se retirava, recolhendo-se a si mesma, abolindo a realidade do mundo e de si mesma como consciência desta realidade (ou desta inanidade). Foi preciso perder o Sepulcro de sua Verdade, para abolir a abolição de sua realidade efetiva; só então pôde assumir sua própria singularidade como realidade verdadeira, e o mundo como seu novo mundo efetivamente real. Agora tem tanto interesse na permanência deste mundo, como antes tinha em sua desaparição; por ser uma presença e subsistência sua, por estar certa de fazer nele uma experiência de si mesma.

1.3. O princípio do Idealismo

O Idealismo formula seu conceito da Razão como "certeza da consciência de ser toda a realidade". Ao surgir como razão, essa consciência abriga esta certeza de forma imediata, como também é imediata a fórmula do Idealismo: "Eu sou Eu". O Eu, como objeto exclusivo, implica a consciência do não-ser de qualquer outro objeto, de uma maneira bem mais radical que nas figuras anteriores. Com efeito, a consciência-de-si se constitui através de um movimento de retorno que reduzia o outro a um objeto vazio; a consciência livre (estoica) se retirava dos outros que, embora postos de lado, mantinham uma existência paralela. Agora, porém, a consciência não é apenas toda a realidade para si, mas também em si; porque *se torna* esta realidade, ou antes, se demonstra como tal.

Pois o Idealismo é o *resultado* que todo o movimento dialético, percorrido até aqui, produz e demonstra. No decurso das etapas da "certeza sensível", da "percepção" e do "entendimento", o ser-outro foi esvaziado como *ser-em-si*. Em seguida, nas etapas da consciência-de-si, a demonstração se completou: o ser-outro deixou de ser real também *para-a-consciência*: foi o resultado da dialética do Senhor e do Escravo, do pensamento estoico da liberdade, da libertação cética e da consciência infeliz. Foram duas fases e duas faces: na primeira, a verdade ou a essência era posta no ser, ou em-si; na segunda, ela se determinava somente para a consciência. Eis que agora se reduzem a uma verdade única, na qual o que é em-si é apenas e enquanto o é para-a-consciência; e vice-versa.

1.4. Limitações deste Idealismo em estado nascente

Acontece, porém, que a consciência, quando surge como Razão, não se lembra que tem todo esse caminho por detrás; é somente certeza dessa verdade: assevera que é toda a realidade, sem pensar conceitualmente esta asserção. Ora, o caminho era exatamente sua justificação conceitual: para quem não o percorreu, tal asserção é inconcebível, em sua forma pura, pois numa forma concreta ele por si mesmo chega lá.

O idealismo que começa com tal asserção sem mostrar seu caminho, nem conceber o que assevera, deixa subsistir ao lado desta certeza imediata outras também imediatas. "Eu sou Eu": todo mundo sabe disso, mas tem igualmente a certeza de que há um outro para mim, e mesmo que só me afirmo como um Eu, quando me recolho deste outro, refletindo sobre mim mesmo. Para que o Idealismo seja não apenas uma certeza mas a Verdade, é preciso que a Razão emerja como reflexão a partir desta certeza oposta, não como uma verdade ao lado de outras verdades, mas como a única Verdade. A manifestação imediata é sempre uma abstração: só o momento presente, isolado do processo donde resultou. A essência, o ser-em-si, é o Conceito absoluto, isto é: o movimento do seu ser-que-veio-a-ser (*Gewordensein*). A cada momento deste processo corresponde a relação da consciência a seu objeto ou ser-outro: o Espírito do mundo, conforme a etapa em que se encontra, determina-se a si mesmo e a seu objeto.

2. EXPOSIÇÃO CRÍTICA DO IDEALISMO DE KANT E FICHTE

2.1. A Categoria e as categorias

A Razão é a "certeza de ser toda a realidade"; mas aqui se trata de uma realidade *universal*, ou seja, pura abstração de realidade. O significado da Categoria é que o Ser e a Consciência são a mesma essência. Antes, porém, se tomava a Categoria como a essencialidade do *essente* em geral (ou do *essente* diante da consciência); agora passa a significar a essencialidade (ou unidade) do *essente* enquanto efetividade pensante.

Só um "mau idealismo unilateral" colocaria de novo esta unidade como consciência e frente a ela, um em-si.

2.2. Os impasses do Idealismo vazio

Com efeito, esta unidade simples da Categoria tem forçosamente em si a diferença, já que pertence à essência da Categoria ser imediatamente igual a si-mesma no ser-outro, ou na absoluta diferença: só que esta diferença, sendo perfeitamente transparente "faz de conta" que nem é diferença. Esta, por sua vez, se manifesta como uma multiplicidade de categorias. O Idealismo assevera duas coisas inconcebíveis: que a unidade simples da consciência seja imediatamente a essência do real (sem passar pela negatividade que, só, possui em si a determinação e a diferença); e que haja na Categoria diferenças e espécies, em número determinado. Há contradição intrínseca nessas posições kantianas: porque se é no puro Eu que a diferença se origina, então a *imediatez*, o *asseverar*, o *encontrar* devem ceder lugar ao *conceber*. Apresentar uma multiplicidade de categorias (construídas a partir dos juízos) como se fosse um "achado", é ultraje à Ciência: como nunca o entendimento poderia demonstrar uma necessidade, se não a pode mostrar em si mesmo, que é a necessidade pura?

Se, porém, se assevera que tanto a essencialidade das coisas quanto a sua diferença pertencem à Razão, então não há *coisas* propriamente ditas, já que tudo não passa de categorias múltiplas, que por sua vez são espécies da pura Categoria, seu gênero e sua essência que não se contradistingue delas. Contudo, a multiplicidade contradiz a pura unidade da Categoria, que tem de tornar-se unidade negativa, para excluir de si as diferenças: ei-la pois constituída em *singularidade*, nova categoria que por ser exclusiva do Outro, implica que este é para ela. O Outro seriam as outras primeiras categorias (a essência pura e a diferença pura). Como num jogo de espelhos, a Categoria pura remete às espécies, que passam à categoria negativa (singularidade), que por seu turno reconduz àquelas: uma Unidade que remete ao Outro e dali é recambiada; e um Outro que quando é, já sumiu; e quando some, é reproduzido.

2.3. Idealismo, empirismo ou ceticismo?

Desta forma, a "pura consciência" é posta de duas maneiras: 1°) como vai e vem incessante, que percorre todos os momentos em que o ser Outro flutua e some ao ser alcançado; 2°) como calma unidade, certa de sua própria verdade. Sujeito e objeto permutam alternadamente suas determinações recíprocas e opostas: quando a consciência é busca inquieta, o objeto é pura e calma essência; e quando ela é Categoria simples, seu objeto é movimento de diferenças. No entanto, a consciência é a totalidade do circuito: sua essência exige que saia de si como categoria simples, passe à singularidade e ao objeto, suprassuma o objeto como distinto ao se "apropriar" dele; e se proclame certeza de ser todo o real, ou de ser ela mesma e seu objeto.

Esta primeira enunciação é abstrata e vazia; tal idealismo vem paradoxalmente a descambar num empirismo absoluto, porque para encher esse vazio vai precisar de um "choque estranho", que não é outra coisa que a múltipla variedade da sensação e da representação. E temos um idealismo tão ambíguo e contraditório quanto o ceticismo; apenas exprime positivamente o que este exprimia negativamente, mas é igualmente incapaz de rejuntar seus pensamentos antinômicos: no caso, a pura consciência como totalidade do real, e o "choque estranho" da realidade sensível, como outra realidade de pleno direito. A "Razão pura" deste idealismo, para chegar a esse ser-Outro que lhe é essencial, tem de recorrer a um saber não verdadeiro, ou seja, à certeza sensível, à percepção e ao entendimento, apreendendo o conteúdo de ambas, o que para ela não tem validez alguma. Assume assim uma contradição imediata, afirmando como essência uma dualidade contraditória: a "unidade da apercepção" e a "coisa": chamem-na "choque estranho", essência empírica, sensibilidade, "coisa-em-si": vem a dar no mesmo conceito, sempre estranho àquela unidade da apercepção.

2.4. Conclusão

Por que esse idealismo cai em tal contradição? Porque o que toma por sua verdade não passa de um conceito abstrato da Razão. E assim, o real quando se lhe manifesta, surge como algo que não é a realidade da Razão, quando a Razão *devia ser* toda a realidade. E a Razão fica sendo essa busca sem repouso, que no ato de procurar declara impossível afinal toda a satisfação do encontro.

Ora, a Razão "efetivamente real" não é tão inconsequente assim. No início, apenas *certeza* de ser toda a realidade, neste conceito sabe que enquanto é apenas certeza, e enquanto é apenas Eu, não é a realidade em verdade; e é impelida a elevar esta certeza à *Verdade* e a encher o seu vazio.

PRIMEIRA PARTE
A Razão que observa

Sumário:

A Razão reexamina, o conteúdo anterior da consciência sob nova luz: quer descobrir-se na realidade multiforme; sua sede de conhecimento é desejo de melhor se conhecer. Agora a Razão observa e experimenta e não apenas coleta dados casuais.

Cap. 1°:
1. **Observação da Natureza**. Querendo abranger a totalidade das coisas, a Razão observa, classifica, promulga leis e experimenta, para ter a lei em sua pureza.
2. Mas o estudo do orgânico tem um lugar de destaque nesta busca que a Razão faz de si mesma no elemento do ser: dotado de uma unidade interna que rege suas relações com o meio, o ser vivo tem uma finalidade imanente, que é sua essência; é de certa forma, conceito e reflexão em que a consciência se espelha.
3. Contudo, a Razão-que-observa não consegue encontrar nas suas determinações um sistema racional de figuras, pois o ser vivo não é o universal concreto como o ser espiritual. Como a Razão não se encontrou de forma satisfatória no estudo da natureza, passa a observar a consciência humana, esperando aí encontrar-se.

INTRODUÇÃO:
(APRESENTAÇÃO GERAL DA RAZÃO-QUE-OBSERVA)

Assim, a consciência que se tornou Razão revisita o conteúdo da certeza sensível e da percepção. Entretanto, voltou muito mudada: já não busca a certeza do ser do Outro, mas a certeza de si mesma no Outro. Agora *observa* e *experimenta* e não apenas recolhe impressões contingentes. A certeza sensível e percepção estão suprassumidas nesta consciência que revela o *conceito* das "coisas" que apareciam naquelas etapas anteriores: a saber, a própria consciência. O interesse universal pelo mundo é estimulado pela certeza de encontrar aí sua própria presença e a Razão procede como um conquistador que planta em todos os píncaros e abismos os marcos de sua soberania. Não limita, pois, seu interesse ao puro eu, mas procura enriquecê-lo pela intuição de si mesma no ser multiforme: como realidade efetiva, figura e presença em toda a diversidade do real. Contudo, esse projeto ambicioso não chega a termo: a Razão não se verá surgir ainda plenamente das profundezas do real, porque primeiro precisa realizar-se completamente em si mesma, para depois fazer a experiência de sua própria perfeição.

SENTIDO E ALCANCE DA OBSERVAÇÃO EM GERAL

A consciência *observa*, vale dizer; a Razão quer se encontrar como objeto no elemento do ser, como realidade e presença sensível. No entanto, o conteúdo explícito desta consciência é experimentar a essência das coisas como coisas. Embora Razão, ela não tem a Razão por objeto; por isso a chamamos "instinto de Razão". Com efeito, a Razão que surge dessa experiência, surge imperfeita, como unidade imediata do eu e do objeto, por não ter ainda passado pelo movimento dialético, que separa os dois momentos do Eu e do Ser, para reuni-los numa unidade superior. Mas, embora pensando que atinge a essência das coisas sensíveis em sua observação, seu conhecimento racional contradiz essa impressão, porque transforma as *coisas* em *conceitos*, isto é, num ser que é um eu; um ser que é ser pensado, um pensamento que é ser. (Isto vemos nós, filósofos: a consciência observadora ainda não se vê, somente no final de seu processo e como resultado dele, é que assim vai encontrar-se).

Passamos a examinar a operação da Razão que observa, em seus três momentos (observação da Natureza; do Espírito; da relação entre ambos como ser sensível) que formam um só movimento no qual a Razão se procura a si mesma como efetividade *essente*.

Capítulo 1° — OBSERVAÇÃO DA NATUREZA

1. AS CIÊNCIAS DA NATUREZA

O trabalho da Razão se manifesta na construção das ciências da natureza, mesmo quando seus cultores adotam uma visão empirista ou fenomenista, pois todo o discurso científico tem necessariamente de expressar-se em universais.

Estas ciências partem da descrição, daí à classificação e em seguida à formulação de leis e à experimentação que revela a lei na sua pureza.

1.1. Descrição. Ficam na memória, através da repetição, traços recorrentes que servem para identificar o objeto, distingui-lo dos demais e compará-lo com os semelhantes. Tipos, espécies, gêneros ordenam os objetos indo e vindo do geral ao singular: trabalho inesgotável e, no fundo, vão: porque não pode distinguir o necessário do contingente. Por trás de tudo isso, só está mesmo a universalidade do eu abstrato; é a memória que exprime de forma universal o que existe apenas sob forma singular.

1.2. Classificação. Procura-se então escapar à dispersão sensível, distinguindo, entre os caracteres, o essencial do acidental. O problema é saber se o que parece essencial para a consciência é também assim para as coisas. O "instinto da Razão" recorre então aos *signos característicos* que participam dos dois mundos: "unhas e dentes" distinguem as espécies classificatórias dos animais, mas também dividem e separam as bestas umas das outras...

Com as plantas se torna mais difícil, já que elas apenas atingem os confins da individualidade e aí se busca, de qualquer modo, distingui-las em espécies. Com os inorgânicos, então, o problema é maior: os elementos isolados e os mesmos, em combinação química ou reação com outros, têm classificação diversa. A dificuldade principal está na fixidez que a classificação exige, tanto no conhecimento quanto na realidade. O "signo característico" é uma *determinidade universal*; portanto, unidade de momentos opostos. Ora prevalece a *determinidade*, ora é o *universal* que se sobrepõe às determinidades e as mistura em transições indiscerníveis, em formas indecisas, nas quais nem mesmo a diferença entre a planta e o animal se vê claramente.

1.3. *As leis.* Desta forma, a observação, que apenas enquadra a dispersão sensível em universais, encontra em seu objeto a confusão de seu princípio: o determinado deve perder-se em seu contrário. Isto é inevitável, porquanto a fixidez é ilusória, as determinidades não passam de momentos evanescentes de um movimento que se dobra sobre si mesmo. A ciência então recorre a *leis,* que em vez de enunciar determinidades fixas, formulam relações entre os diversos momentos. Embora o "instinto da Razão" busque na lei uma efetividade *essente,* termina constatando que ela consiste numa abstração da mente; e assim, o sensível é abandonado no puro conceito de lei.

Com efeito, a consciência que observa pensa que a verdade da lei está na experiência, como o ser sensível é para a consciência. Mas se a lei não tivesse sua verdade no conceito, seria contingente; e nem seria lei, por não ter necessidade. Isso não obsta a que a lei se verifique na experiência; muito pelo contrário: o que tem de ser é de fato, tem presença e efetividade. Não é um puro dever-ser como alguns sistemas afirmam (sem no entanto conseguir iludir o "instinto da Razão").

Há, contudo, um fosso entre a realidade empírica, factual, e a necessidade conceitual da lei. Não se pode passar de uma para outra por analogia, a qual só daria uma probabilidade e não uma verdade científica. Da queda de algumas pedras não se chega à lei universal da gravidade: é preciso que a consciência não apenas atinja na experiência o *ser* ou fenômeno da lei, mas que também, como Razão, forme em si o *conceito* (necessário e universal) da lei.

1.4. *A experimentação.* É uma pesquisa que se destina a descobrir as puras condições da lei: parece mergulhar a lei cada vez mais no ser sensível, mas de fato a eleva à sua forma conceitual, eliminando toda a aderência ao ser determinado. Por exemplo, a eletricidade positiva foi descoberta como 'do vidro' e a negativa como a 'da resina'. Através da experimentação, deixaram de pertencer a uma espécie particular de coisas ou corpos. O predicado se libertou do sujeito. A física atual

(1807) chama de "matérias livres" essas entidades (eletricidade, calor, íons) que concebe como universais, ou segundo o modo do conceito, por estarem presentes no ser sensível e, ao mesmo tempo, desligadas dele, movendo-se de forma independente. Nessas "matérias livres", a lei vem a tornar-se uma nova espécie de objeto, um objeto à imagem e semelhança do conceito. Este movimento de objetivação da lei se consuma no ser orgânico, como passamos a ver.

2. AS CIÊNCIAS BIOLÓGICAS

2.1. Um ser que reflete. A lei rege os seres inorgânicos determinando uns em relação aos outros; estes seres, no processo em que se determinam reciprocamente, se alteram e perdem sua própria determinação. Ao contrário, num organismo: embora esteja aberto em direção aos outros, tudo está subordinado à sua unidade interna, que o conserva idêntico a si mesmo em suas interações com o meio. Com efeito, o ser vivo mantém estreitas relações com o meio ambiente, não o tem apenas frente a si, mas, de certa forma, também representado dentro de si mesmo. A adaptação que faz de seu ser ao meio é como uma *reflexão* orgânica. Não se trata de uma conformação automática, como se o ar determinasse as asas das aves e o frio, o pelo dos animais: a adaptação é feita com uma margem de liberdade, que possibilita a variedade imensa dos organismos vivendo num mesmo nicho ecológico.

A causalidade eficiente não oferece um esquema explicativo adequado quando se trata de seres vivos e assim a Razão observadora apela para a explicação teleológica.

2.2. O problema da finalidade. Sendo ainda apenas "instinto de razão", concebe a finalidade como algo extrínseco, que se acrescenta à natureza do ser vivo; quando na verdade, esta finalidade imanente é a própria essência do organismo. O ser vivo é organizado de tal modo que ele é o seu próprio fim: conserva-se a si mesmo na sua relação com tudo o mais, porque nele coincidem numa unidade e convergem num só ponto, os momentos que costumam encontrar-se um fora do outro: causa e efeito, ativo e passivo etc. Não é apenas uma coisa que emerge como *resultado* de uma necessidade: pois quando a coisa emerge de si mesma, o resultado está no começo como projeto que desencadeia todo o processo.

O ser vivo não produz outra coisa senão a si mesmo: ele se *conserva*, quer dizer, o que vem a ser produzido é o mesmo que produz e que, portanto, estava presente desde o começo. A Razão observadora, porém, observa o ser vivo tal como surge da percepção sensível e postula uma necessidade (teleológica) nos moldes do entendimento. Distingue assim um exterior e um interior; dentro, no íntimo do ser vivo, estão as funções vitais que se exteriorizam nos sistemas ou aparelhos através dos quais se exercem e onde se podem observar. Se em vez de recorrer a estes esquemas da consciência (percepção e entendimento), a Razão procurasse conceber o ser vivo nos moldes da consciência-de-si, veria uma natureza que é um conceito; nesse ser vivo que retorna sobre si mesmo, o fim vem a recair no seu princípio: é reflexão. E, como a consciência-de-si distingue-se de si mesma sem se diferenciar, assim também o ser vivo. Portanto, a consciência, encontrando-a, encontra-se apenas a si mesma no ser vivo. É o que faz, sem se dar conta, o instinto da Razão. Merece mesmo o nome de instinto; como o instinto dos animais que ao se alimentar produzem apenas a si mesmos, também o instinto da Razão, ao observar, só encontra a si mesmo em sua busca. Mas enquanto o animal se contenta e se satisfaz, o instinto da Razão, não se reconhecendo como consciência de si, objetiviza e diferencia e vai prosseguindo sua busca...

2.3. O exterior expressa o interior?

Recorre por isso àquela distinção "interior/exterior", que já encontramos ao estudar o entendimento. Distingue, por um lado, a coisa (que, como já sabemos, não passa de conceito objetivado); e por outro lado (já que é instinto de Razão), busca instintivamente o conceito e o encontra sob a forma de um duplo da coisa: a sua finalidade interna. Distingue, do lado de fora, o que é fixo e permanente no elemento do ser: os aparelhos ou sistemas (nervoso, muscular e genital); e do lado de dentro, a realidade íntima do ser vivo, suas funções vitais (sensibilidade, irritabilidade, reprodução). Formula suas relações através de uma "lei": "o exterior expressa o interior". Estranha lei, que não põe em correlação (como as leis que regem o mundo inorgânico) dois termos determinados no elemento do ser, diferentes e observáveis; mas que relaciona a realidade observada com seu conceito: os dois termos têm exatamente o mesmo conteúdo. Ao legislar sobre o orgânico, a Razão, em lugar de leis propriamente ditas, o que apresenta é o "conceito da lei"; isto é, a si mesma.

2.4. A passagem do Universal ao Singular

— Gênero, Espécie, Indivíduo

Entre o interior concebido como unidade (o gênero, o conceito simples e universal da Vida) e o indivíduo singular (a figura, que cai sob a observação) medeia o universal determinado (as espécies, que são como números).

A difração da unidade do gênero em universalidades formais (ou diferenças sem essência) que são as espécies, faz com que a universalidade verdadeira (a do gênero, a Vida) se ponha do lado da individualidade, como sua essência interior. Efetua-se como um curto-circuito, em que o Universal — a Vida — se precipita imediatamente na singularidade do ser individual.

— O silogismo da figuração orgânica

Para a Razão que observa a passagem da Vida universal à figuração do ser vivo singular se faz através de um silogismo de quatro termos. (Não admira, pois, que a Razão nele se perca e não consiga reabsorver a contingência da Natureza no conceito).

Os dois extremos deste silogismo são: a Vida Universal, como gênero; e o Indivíduo Universal, a Terra. Os meios-termos são também dois: de um lado, as espécies que se desenvolvem a partir do gênero, (sistemas de conceitos e diferenças indiferentes); de outro lado, o organismo singular, em que o Indivíduo universal faz valer sua própria ordem de diferenças, independentes do gênero e em conflito com a sistematização de diferenças que dele procedem. Seu impacto é tão violento que só de dentro dele a Vida consegue atuar. A resultante dessas duas séries causais (ou variáveis independentes) apresenta uma série de lacunas e fracassos.

3. CONCLUSÃO

— Recapitulação

Como consequência do que dissemos, vemos que a Razão só se pode manifestar na realidade observável como Vida em geral. Nas suas múltiplas diversificações, esta Vida não consegue apresentar uma organização racional, ou seja, um sistema de figuras fundado sobre si mesmo. Para tanto, seria preciso que o meio-termo daquele silogismo — a espécie — tivesse em si a universalidade interior do gênero; e o indivíduo singular possuísse a individualidade universal da Terra. Então, o meio-termo seria, no movimento de sua realidade efetiva, a expressão natural da universalidade, o desenvolvimento sistematizando-se a si mesmo. Isso é o que ocorre na consciência, como este livro mostra: entre o Espírito universal e a singularidade espiritual, existe o meio-termo que é o movimento das figuras da consciência, quer dizer, a vida do Espírito se ordenando até tornar-se Tudo. A história do mundo é seu "ser-aí" objetivo. A natureza orgânica, porém, não tem história: de seu universal, a Vida, precipita-se imediatamente na singularidade do "ser-aí", como vimos, e ali produz o "devir" como movimento contingente. Neste, a universalidade da Vida e da Terra só estão presentes como um ponto determinado; não estão presentes como totalidade por lhes faltar o momento da negatividade e do para-si constitutivo da consciência.

— Esforço inconcluso

Na observação do orgânico, a razão só pode intuir-se como Vida universal em geral, cujo desenvolvimento em sistemas e séries não são acessíveis a partir do desdobramento interno do gênero em espécies; ela só alcança as determinações que a Vida estabelece através das injunções impostas pelo meio, a Terra. Esta descida abrupta da universalidade da vida orgânica à realidade efetiva singular exclui toda mediação autêntica.

— Sucedâneos sem valor

Por isso a Razão fica reduzida a supor a intenção ou o capricho da Natureza, que passa a descrever sob a forma de embrião de leis, vislumbres de necessidades, engenhosas classificações e relações aparentes. Na verdade, quando se refere aos seres do mundo físico, não vai muito além, de asseverar "uma grande influência". E quando tenta relacionar os organismos individuais com a unidade imanente da Vida orgânica, o discurso é ainda mais pobre: notas argutas, correlações interessantes, homenagens prestadas ao conceito. Tudo esforço vão ou gestos infantis.

Capítulo 2° — A OBSERVAÇÃO DA CONSCIÊNCIA-DE-SI EM SUA PUREZA E EM SUA RELAÇÃO COM A EFETIVIDADE EXTERNA: LEIS LÓGICAS E PSICOLÓGICAS

Sumário:
1. **Leis Lógicas**. A Razão começa por observar as leis do pensamento; porém, ao tomar como coisas o próprio movimento do espírito, não chega a entender seu objeto.
2. **Leis Psicológicas**. Procura então observar e catalogar as outras atividades do espírito; tenta encontrar uma correlação entre o espírito e seu mundo. O que produz é uma ciência psicológica falha pela base, pois não estabelece as leis que pretende.

INTRODUÇÃO

A Razão observadora encontrou no mundo *inorgânico* o Conceito sob a forma de leis; mas faltava-lhe a simplicidade refletida sobre si mesma. Observando o mundo *orgânico*, encontrou o Conceito como Vida, que é simplicidade refletida sobre si mesma. Restava apenas encontrar o Conceito que tivesse o movimento do gênero: que de sua própria universalidade se desdobra em momentos e diferenças, permanecendo para-si e idêntico nas suas realizações singulares. Este Conceito como Conceito, a observação descobre agora quando se volta para a *consciência-de-si*.

1. OBSERVAÇÃO DO PENSAMENTO PARA DESCOBRIR AS LEIS LÓGICAS

A observação passa a se observar da mesma forma que observa a Natureza: procura as "Leis" que regem o pensamento. Não as toma como leis da realidade, mas apenas do próprio pensamento; não lhes atribui a verdade total e sim uma verdade "formal". Nisso a Razão Observadora se engana, pois essas leis são, no fundo, o próprio movimento puro do Conceito, que não somente tem um conteúdo, mas que é todo o conteúdo. Só não é mesmo a exterioridade sensível; porém é um conteúdo que é essencialmente a própria forma, já que a forma é o Universal, separando-se em seus momentos puros.

Essa forma (ou conteúdo) parece um "achado", um "dado" para a Razão observadora, a qual imerge tudo que toca no elemento do ser: um ser calmo, estruturado em relações fixas, determinadas e múltiplas. Ora, na verdade, essas "leis" lógicas não passam de momentos evanescentes na unidade do pensamento; nem são mesmo leis, senão o próprio saber ou movimento pensante. "A observação não é, porém, o saber, nem o conhece; ao contrário, inverte a natureza do saber dando-lhe a figura de ser, isto é, concebe sua negatividade somente como leis do ser".

Um desenvolvimento mais preciso desse ponto fica para a Filosofia Especulativa, a "Lógica".

2. OBSERVAÇÃO DO PSIQUISMO HUMANO EM RELAÇÃO COM O SEU MUNDO

Depois de indagar as leis da atividade pensante, a Observação passa naturalmente a outras operações da consciência: julga estar descobrindo um novo objeto, pois ignora que a unidade negativa da consciência

— seu ser-para-si — é a realidade, tanto das leis do pensamento, quanto da consciência operante.

Procura captar toda a multiplicidade das leis que regem, de um lado, o espírito; e de outro, os hábitos, costumes, maneiras de pensar, como outros tantos dados objetivos aos quais o sujeito se adapta, — quando não trata de adaptá-los a si mesmo. No primeiro caso, nega sua singularidade em benefício da universalidade; no outro, faz prevalecer sua individualidade sobre o mundo que encontra e isso de duas maneiras opostas: pelo *crime* que subverte essa realidade de forma apenas singular; ou pelo *heroísmo* que a transmuda universalmente e para todos, produzindo outro mundo, uma nova ordem jurídica e social em lugar da antiga.

Causa espanto a multiplicidade de faculdades, inclinações e paixões que a psicologia descritiva encontra no espírito, tanto mais que essas coisas não se manifestam como inertes ou mortas e sim como processos inquietos e instáveis. Como pode, na unidade da consciência-de-si, coexistir uma multidão de coisas contingentes e heteróclitas?

Ao enumerar as diversas faculdades, a observação examina o lado da universalidade: a unidade reside então na individualidade concreta. Descrever a diversidade dos indivíduos, classificando-os por seus diversos dotes, é tarefa menos interessante que fazer a taxonomia dos insetos. Por outro lado, tomar a individualidade consciente como um fenômeno singular no elemento do ser, é esquecer que a essência dessa individualidade é a universalidade do espírito.

A "lei" da individualidade

A Razão observadora busca algo mais: apreender, captar a individualidade sob a forma de universalidade, descobrindo a "lei" que a rege. Tal lei seria a correlação entre o indivíduo e seu mundo, quer dizer, suas circunstâncias e situação. Parece que esses elementos se prestam à formulação de uma lei, por conter algo de determinado, universal, presente e dado à observação; e assim, junto com a individualidade, podem constituir os dois momentos da "lei".

Ora, essa "lei" deveria formular o gênero de influência que as circunstâncias exercem sobre o indivíduo; mas não consegue. Exige do indivíduo comportamentos absurdos face a sua situação: que se deixe tranquilamente compor, como um universal, com os universais das circunstâncias; que aja como oposto a elas, subvertendo-as; que lhes seja de todo indiferente, não atuando sobre as circunstâncias, nem deixando que atuem sobre si. De fato, só depende da individualidade o que vai influir sobre ela e como; dizer que por tais influências se tornou esta individualidade determinada é dizer que já o era. Claro, não fossem as circunstâncias, situações, estado do mundo, o indivíduo não seria o que foi. Contudo, para poder se particularizar neste indivíduo determinado, o estado do mundo deveria também se particularizar em-si e para-si, da forma em que se manifesta na individualidade.

Teríamos então uma dupla galeria de quadros, sendo uma reflexo da outra: uma, representando o complexo das circunstâncias externas; outra, sua cópia no seio da essência consciente. A superfície da esfera; e o centro que em si mesmo a representa. Essa superfície, o mundo do indivíduo, tem um sentido duplo: é um mundo (em-si e para-si) e é o mundo do indivíduo: seja porque o indivíduo o acolheu em si tal e qual, limitando-se a conhecê-lo; ou então porque o presente dado foi subvertido e transformado pelo indivíduo. De qualquer forma, o mundo do indivíduo só pode ser concebido a partir do próprio indivíduo e a "influência" não significa mais coisa alguma, já que o indivíduo tanto pode deixar que o curso da realidade o influencie, quanto pode desviá-lo.

Assim desaparece um dos momentos da lei — o que deveria constituir o lado universal — porque a individualidade é seu mundo, e o círculo da própria operação: a unidade do ser enquanto dado e enquanto construído. Os dois lados não caem um ao lado do outro, como representa a "lei" psicológica; e já não resta necessidade, nem lei.

Capítulo 3° — OBSERVAÇÃO DA RELAÇÃO DA CONSCIÊNCIA-DE-SI COM A SUA EFETIVIDADE IMEDIATA: FISIOGNOMIA E FRENOLOGIA

Sumário:

1. **A Fisiognomia** é uma falsa ciência, que não consegue estabelecer uma correlação entre o corpo tomado como linguagem exterior e o interior do espírito.
2. **A Frenologia** leva mais adiante as aberrações da Razão que observa a consciência-de-si; mas ao afirmar que "o espírito é um osso" revela o equívoco básico da Razão Observadora e possibilita sua "conversão".

INTRODUÇÃO

Verificando que não há lei que exprima a relação entre a consciência-de-si e o mundo — dada a indiferença mútua dos dois lados — a observação reflui para a individualidade enquanto totalidade concreta, consciência-de-si e corpo.

1. A FISIOGNOMIA

Parte da ideia que o corpo tem de ser uma expressão produzida pelo indivíduo, um *signo* no qual dá a conhecer o que é, pondo em obra sua natureza originária. Encontra-se aqui aquela noção corrente de que "o exterior expressa o interior". O interior atua: sua atividade o manifesta, mas pode-se dizer que o expressa demasiado e demasiado pouco. De um lado, a atividade é o próprio interior; de outro, enquanto obra consumada, é uma realidade livre e distinta do interior. Devido a tal ambiguidade, o órgão em que o interior está unicamente como operação em ato, não garante a expressão do interior, porque pode representá-lo ou não. E se a figura exterior, excluída a atividade, devesse significar o interior, recebendo-o passivamente, então recairíamos na *arbitrariedade do signo linguístico*, pois assim os sons podem significar qualquer coisa por convenção; não haveria lugar para nenhuma lei, já que a conjunção de momentos é arbitrária.

A Fisiognomia, pelo menos, tenta correlacionar o exterior e o interior de um mesmo indivíduo, que são momentos unidos num conceito, e assim se entende que procure uma "lei" que os ponha em relação. Há outras falsas ciências piores, como a astrologia e a quiromancia, em que o exterior se refere a outro exterior ou a algo estranho: a constelação e o dia do nascimento; as linhas da mão e a duração da vida e seu destino. Pode-se considerar, de outro ponto de vista, o órgão como meio-termo entre o ato de operar e a obra realizada. As linhas da mão, o timbre e o volume da voz, a determinação individual da linguagem, a escritura manuscrita, são um exterior em relação à personalidade, mas se comportam como um interior em relação à exterioridade multiforme da ação e do destino. Quer dizer: o indivíduo se exprime primeiro através de seu corpo e depois através de sua ação no mundo externo. A expressão primeira é como uma linguagem do indivíduo consigo mesmo a respeito de sua operação; um ser reflexo que se exterioriza e pode ser captado pelos outros. É distinto da operação e pode ser algo diferente, como se vê pela fisionomia se o homem é sério no que faz ou diz. Essa expressão, que cai no elemento do ser, é absolutamente contingente para a consciência-de-si: é um signo; portanto, arbitrário. Um interior pode ter outra manifestação, como outro interior pode ter a mesma. A individualidade impregna sua figura, nela se move e fala; mas abandona esse ser reflexo em si mesmo e põe a essência na *sua obra*.

Ora, a Fisiognomia pretende conhecer o verdadeiro interior, que se manifestaria melhor nos traços fisionômicos, manuscritos etc., que na ação concreta, já que revelariam a capacidade, a inclinação; uma natureza "suposta". Com isso enuncia "leis" tão contingentes e subjetivas como as do diálogo do feirante com a lavadeira: "É só eu armar a feira que vem chuva". "Eu também: basta pôr a roupa para secar, e a chuva cai".

Quem diz a um homem de brio: "Procedes como gente honesta, mas está na cara que não passas de um canalha", arrisca-se a levar um soco na cara, que é aliás, a única réplica à altura... O verdadeiro ser do homem é seu agir; nele a individualidade é real e suprassume as duas "suposições" opostas em que se baseia a Fisiognomia: 1) o ser corporal calmo, já que na *ação* a individualidade se apresenta como essência negativa, que só é enquanto suprassume o *ser*. 2) E suprassume também a inefabilidade do indivíduo infinitamente, determinado e determinável: na ação consumada se aniquila este "mau infinito". A ação *é*, e é *isto*: um crime, um ato heroico etc.; não é *signo*. E o homem individual é o que ela é: na simplicidade de seu ser, este homem é, para os outros homens, uma essência universal no elemento do ser e deixa de ser apenas uma essência "suposta". Querer explicar essa realidade por intenções ou inclinações é voltar a conjeturas ociosas.

2. A FRENOLOGIA

A Razão-que-observa pretende, na Psicologia, conceber o espírito através do mundo externo; e na Fisiognomia, através do corpo, enquanto constitui uma linguagem — invisibilidade visível — da essência espiritual. Na Frenologia, o exterior é uma realidade completamente inerte, uma coisa: o crânio. O Interior, no caso, é a atividade espiritual e orgânica, a consciência-de-si mais o seu "órgão": o sistema nervoso central, (cérebro e medula espinhal). Como não fica bem colocar o espírito nas costas, situam-no na cabeça...

Para que um momento da lei possa ser expressão do outro, é verossímil supor que haja entre eles uma relação de causa e efeito. Em que direção? Pode-se conceber que as circunvoluções do cérebro, ao desenvolver-se, modelem o crânio; ou então que os ossos cranianos — porque mais rígidos — conformem o cérebro; ou então, que o sistema nervoso e o sistema ósseo, ambos sejam desenvolvidos pelo crescimento do organismo humano, havendo entre eles apenas harmonia preestabelecida: a causa que os faria combinar estaria fora deles.

Mas tais problemas não preocupam a Frenologia: o instinto de razão que a inspira precisa encontrar um "ser", uma "coisa" que seja o lado da efetividade e do ser-para-outro dessa consciência-de-si que é apenas em-si e para-si. Nada melhor para isso que o osso: *a efetividade e o ser deste homem é sua caixa craniana*.

Quando desce aos detalhes, a Frenologia tem dificuldades em estabelecer correlações. Uma melhor inteligência corresponde a um crânio maior (e mais pesado) ou menor (e mais delicado)? Como pode o crânio significar alguma coisa, se nada tem de gestual ou sensível, mas é um ser "puramente e somente imediato"? De que forma a multidão de faculdades e atividades, catalogadas pela psicologia descritiva, corresponde à pluralidade de protuberâncias e depressões do crânio? Se cada descendente de Israel se apropriasse do grão de areia que lhe corresponde segundo a profecia, a distribuição não seria mais arbitrária que a topologia craniana das atividades... Por outro lado, como é que de tantas bossas e cavas que tem a cabeça do assassino, só uma o caracteriza, como criminoso nato? A "frenologia natural" é mais generosa, pois quando prevarica a mulher, as protuberâncias nascem na cabeça do marido...

Nesse campo, a imaginação não encontra limites; mas o que é possível para a representação, não é uma possibilidade interior ou possibilidade do conceito, onde o objeto é uma realidade efetiva tal como ela é. "A Frenologia não encontra nenhuma relação necessária de um lado ao outro, e nenhuma indicação direta sobre tal relação. A relação postulada se reduz, portanto, a uma harmonia privada de conceito (livre e preestabelecida), entre as determinações respectivas dos dois lados; e um desses lados tem de ser uma realidade efetiva privada e espírito; somente uma coisa".

Para escapar a essas constatações, a Frenologia recorre a "disposições", ou a um suposto ser originário do homem que o crânio expressa. Este homem, se não é um assassino, tinha a "disposição" de sê-lo. E como a lavadeira que diz: "Não choveu quando estendi a roupa, mas bem que ameaçou chuva". Má desculpa, que vem refutar o que queria estabelecer. Contudo, a opinião que diz o contrário do que pretende, e termina afirmando que, pelos ossos do crânio, algo é indicado mas também não é, vem revelar um pensamento de fundo: de que *o ser como tal não faz a verdade do espírito*. O que é, sem a atividade espiritual, para a consciência é uma coisa e não a sua essência; é tão pouco sua essência, que antes, é o seu contrário. A consciência só é efetiva para si mesma pela negação e abolição de um tal ser.

Abjuração total da Razão, fazer passar um osso como o "ser-aí" efetivo da consciência: ora, faz justamente isso quem considera o crânio o exterior do espírito. Não adianta corrigir: "desse exterior apenas se infere o interior", "não é ele próprio, mas apenas uma expressão". Porque, na sua relação mútua, do lado do interior cai a determinação da efetividade que se pensa e é pensada; mas do lado exterior, cai a determinação da efetividade *essente*.

Ao atingir esse ponto, parece a Razão-que-observa ter chegado ao cúmulo, a partir do qual deve abandonar a si mesma, e efetuar uma reversão. Mas justamente porque essa etapa é a pior de todas, tanto mais necessária e imperativa se faz sua "conversão".

CONCLUSÃO

Recapitulemos a dialética da Razão-que-observa. Na observação do inorgânico atingiu *leis*, em que o ser sensível desaparece frente às puras abstrações que constituem os momentos da lei. Essa formula um processo que como *unidade* não existe no âmbito do mundo inorgânico. No ser vivo, ao contrário, a unidade existe, no elemento da singularização absoluta; o processo orgânico é livre em si mesmo, mas não o é *para-si*: o fim existe como outra essência, como uma sabedoria consciente de si que estivesse fora do processo. "A Razão-que-observa volta-se agora para essa sabedoria, para o espírito — conceito existindo como universalidade, fim existindo como fim — e sua própria essência é agora objeto para si mesma".

Primeiro, considera o novo objeto em sua pureza; mas por tomar seu objeto como um "ser", as leis do pensamento são vistas ao modo de relações permanentes, quando na verdade o conteúdo de tais leis são apenas momentos que se perdem na unidade da consciência-de-si. Passa a tomar então por objeto a consciência-de-si, entendida como um "ser" singular e contingente e trata de estabelecer correlações entre a realidade efetiva consciente e uma efetividade inconsciente. A Fisiognomia observa o corpo como uma *linguagem* que expressa o interior do espírito, sem encontrar a necessidade requerida para a formulação de leis, porque todo sistema de signos é arbitrário. Assim procura a observação um ser fixo e sólido, e enuncia que a exterioridade, como coisa morta, constitui a efetividade externa e imediata do espírito. Com isso, restabelece o que já estava suprassumido desde os primeiros passos da observação da natureza inorgânica: que o conceito deva estar presente como uma coisa. Com efeito, a enunciação: "O Espírito é", só pode significar que o espírito é uma *coisa*; pois se o ser, ou o ser-coisa são feitos predicados do espírito, queira ou não, o que se está dizendo é que o espírito é uma coisa o que se faz expressamente ao enunciar que "*o espírito é um osso*". Recuando um pouco mais, vemos aí um resultado que completa a dialética da consciência-de-si. A consciência infeliz alienava sua independência a ponto de converter seu ser-para-si numa coisa; regredia assim da consciência-de-si à consciência, cujo objeto é precisamente um ser, uma coisa. Entretanto, como a coisa é a consciência-de-si, temos a unidade do eu e do ser, ou seja, a *categoria*. Chegada a essa altura, a consciência *tem* a Razão, o que é bem diferente de saber o que é a Razão. A categoria, unidade imediata do Ser e do Seu, deve percorrer ambas as formas: a Razão-que-observa é aquela para a qual a categoria se apresenta sob a forma de Ser: seu resultado exprime como proposição aquilo que é certeza inconsciente, o que está incluído no próprio conceito de Razão. Tal proposição "o Si é uma coisa" é um juízo infinito que suprassume a si mesmo. Com isso, acrescenta-se à categoria a determinação de que essa oposição se suprassume: o juízo infinito é a passagem da imediatez à mediação ou negatividade. A categoria, que percorreu a forma do *ser* na observação, agora vai ser posta na forma do *ser-para-si*: a consciência não busca mais se encontrar imediatamente, mas sim, produzir-se a si mesma por meio de sua própria atividade.

O resultado, a que chegou a Razão-que-observa, contém uma lição que importa destacar. De fato, era "uma ignomínia o pensamento nu, privado de conceito, que tomava um osso pela efetividade da consciência. O conceito dessa representação, vem a ser: "a Razão é para si mesma, toda a coisidade, mesmo a coisidade pura e somente objetiva". Contudo, a Razão é isso no *conceito*, ou seja: o *conceito*, e só ele, *é sua verdade*. Quando o conteúdo de um conceito, puro como esse, se degrada em representações tolas; quando o juízo que suprassume a si mesmo não é tomado com a consciência de sua infinitude, senão como proposição permanente em que tanto sujeito quanto predicado valem de *per se*; então o Si é fixado como Si e a coisa como coisa; em que, na verdade, um devia ser o outro".

A Razão, essencialmente Conceito, é imediatamente cindida em si mesma e em seu contrário; oposição que é, por isso mesmo, imediatamente suprassumida. Apreendê-la irracionalmente é apresentá-la como ela mesma e seu contrário, fixada no momento singular de sua desintegração. E quanto mais puros forem os momentos da oposição, tanto mais abrupta é a manifestação do conteúdo, o qual, ou é somente para a consciência, ou então é enunciado ingenuamente por ela. Na ignorância dessa consciência a respeito do que realmente diz, existe um misto de sublimidade e de baixeza...

SEGUNDA PARTE
(A razão que-opera)
A efetivação da consciência-de-si racional por obra de si mesma

Capítulo 1º — TEORIA GERAL DA RAZÃO QUE-OPERA

Sumário:

A Razão que antes observava coisas, passa a considerar sua própria **atividade** espiritual: em primeiro lugar, como Razão individual; em seguida, como Razão universal; enfim, — quando a Essência espiritual chega ao mesmo tempo à luz da consciência e à substancialidade, — como espírito.

A consciência-de-si individual se vê reconhecida por outra no seio de um povo livre: é o **Mundo Ético**, onde o indivíduo vive imerso no "ethos" e costumes de um povo livre; se implementa e é feliz. Na **Moralidade**, está longe dessa tranquila harmonia: anseia conquistar a felicidade como produzida por sua ação, posto que não a encontra, (mais ou ainda) no seio da sua Comunidade. Com efeito, a inquietude moral pode ser tomada como se o calmo Reino da Eticidade tivesse sido perdido; ou então, como se ainda não tivesse sido atingido. O movimento em sua direção se manifesta nas três figuras morais que examinamos no capitulo seguinte.

1. **ARTICULAÇÃO DA DIALÉTICA DA RAZÃO QUE-OPERA**

No termo da Razão observadora, vimos a consciência-de-si encontrar a coisa como a si mesma; e encontrar a si como coisa. Já não era a certeza imediata de ser toda a realidade: o imediato fora suprassumido, a objetividade tornara-se uma tênue superfície, que abrigava a consciência-de-si. O objeto então é outra consciência-de-si, sob forma de coisidade (ou seja, independente), mas a consciência-de-si sabe que não lhe é estranho; e sabe que ele a reconhece. Quer dizer que esta certeza de ter sua unidade no desdobramento de duas consciências-de-si e na independência de duas consciências-de-si já é *espírito*? Sem dúvida. Mas falta elevar esta certeza à verdade. O que a consciência-de-si é em-si, precisa *devir* para ela. É esse o movimento dialético da Razão que-opera: uma *efetivação* que passa pelas seguintes etapas ou momentos universais: assim como o movimento da Razão-que-observa repetia no elemento da Categoria o movimento que a consciência executava no elemento do ser (Certeza sensível, Percepção, Entendimento), assim também a Razão que-opera vai, por sua vez, recapitular o duplo movimento da Consciência-de-si, passando da dependência à liberdade da consciência-de-si. Deste modo: 1°) Como indivíduo, vai buscar e produzir sua própria efetividade num Outro. 2°) Depois, consciente-de-si como Razão Universal, nela unifica toda a consciência-de-si. 3°) No final, é espírito, essência espiritual simples, transparente à consciência e, ao mesmo tempo, substância, à qual retornam — como a seu fundamento — todas as figuras anteriores, que não passam de momentos de seu devir; que só no espírito têm "ser-aí", efetividade e verdade.

2. O REINO DA ETICIDADE

Temos, pois, a consciência-de-si reconhecida, que encontra sua certeza e verdade em outra consciência-de-si livre. Nesta fase da Razão que-opera, o Espírito ainda está como interior, porém nele já se vislumbra o Reino da Eticidade. Tratemos assim de explicitá-lo como se a substância já tivesse chegado à maturidade. Para nós, filósofos, o Conceito já surgiu e podemos começar pelo ponto de chegada.

O Reino da Eticidade é a unidade absoluta dos indivíduos na sua realidade efetiva independente: uma consciência-de-si, em si universal: tão certa de ser efetiva em outra consciência, quanto esta é independente em relação a ela, como outra coisa. Mas nessa independência, está consciente de sua unidade com o outro: de forma que só é consciência-de-si na unidade com essa essência objetiva.

Essa substância ética universal é, imediatamente, consciência-de-si efetivamente real: é o "ethos", são os costumes de um povo. E a consciência singular só existe como Uno, quando na sua própria singularidade é consciente da Consciência Universal como de seu próprio ser; quando sua operação e existir são o "Ethos" Universal.

É na vida de um povo que isso se realiza plenamente: aí, a Razão está presente como a substância fluida universal, uma "coisidade" simples e imutável que se irradia numa multidão de essências perfeitamente independentes, como a luz celeste se refrata em inumeráveis estrelas. Sabem que são essências singulares e independentes pelo fato de sacrificarem sua singularidade e de terem sua alma e essência nessa substância universal, que é a operação dessas essências como singulares, a obra por elas produzida.

Até as operações puramente singulares do indivíduo, referentes à satisfação das necessidades de seu ser natural, para se realizarem, precisam do meio universal que o sustém: o poder de todo o povo. O trabalho do indivíduo produz para todos, e suas necessidades são satisfeitas pelo trabalho de todos. O trabalho singular já é universal sem o saber; há, porém, outro trabalho — este sim, explicitamente universal — que o indivíduo efetua consciente disso: o Todo se torna então, como totalidade, sua obra; sacrificar-se por ele é recuperar-se de volta, a partir dessa totalidade. Dar-se é receber-se; aqui tudo é recíproco: a independência ganha seu sentido positivo na negação de si mesma.

Esta substância universal é a unidade do ser-para-outro (ou fazer-se coisa) com o ser-para-si: fala a linguagem universal em leis e costumes de seu povo e os indivíduos singulares encontram sua expressão e se reconhecem nela. Só no Espírito Universal cada um tem a certeza de si mesmo e a certeza dos outros como de si mesmo. Realiza-se, pois, num povo livre a verdade da Razão, como presença do Espírito vivo em que o indivíduo encontra sua essência e cumpre seu destino. Por isso os sábios da antiguidade nos legaram a máxima: "Sabedoria e Virtude é viver de acordo com os Costumes de seu Povo".

3. A ESSÊNCIA DA MORALIDADE

No entanto, a Razão tem, necessariamente, de sair dessa condição feliz, porque a vida de um povo livre é a ordem ética real somente em-si (ou como um *ser*); por isso a substância ética se encontra afetada de uma limitação absoluta, como uma totalidade concreta de leis e costumes determinada e singular. Essa limitação só é abolida no momento superior, na consciência de sua própria essência, porque é só no conhecimento, e não no ser imediato, que a substância ética tem sua verdade absoluta.

Além do mais, a consciência singular não passava de uma confiança compacta, já que o Espírito não se resolvera para ela em seus momentos abstratos; o indivíduo ainda não se dera conta de que é pura singularidade para-si. Uma vez que se conscientiza disso, tudo está perdido: sua unidade imediata com o Espírito; seu ser nele; sua confiança. O momento dessa singularidade da consciência-de-si está no Espírito Universal como grandeza evanescente, que apenas surge, logo se dissolve nele, deixando somente na consciência um sentimento de confiança. Cada momento da essência deve, por seu turno, apresentar-se como essência: por isso, quando vem à cena o momento da singularidade, o indivíduo enfrenta leis e costumes como se fossem teorias abstratas e irreais, enquanto o eu particular é, para si mesmo, a verdade viva.

Pode-se, por outra, dizer que a consciência-de-si ainda não atingiu essa felicidade da substância ética, do espírito de um povo. Neste enfoque, ao retornar da observação de si mesma, ainda se acha como essência interior e abstrata; sem se atualizar como substância ética, persiste numa forma imediata ou singular. É consciência ou Razão prática que percorre o mundo recém-descoberto pela observação, querendo nele produzir um duplo de si mesma como *ser* e, desse modo, adquirir a consciência da unidade de si mesma com a essência objetiva. A Razão prática já tem em si a certeza dessa unidade; mas para fazer da certeza verdade precisa tornar efetiva por meio de si mesma, a harmonia do Si com a "coisidade". A Felicidade é uma unidade que tem de ser produzida por sua ação; o indivíduo é impelido a procurá-la no mundo por seu Espírito. Para nós, a verdade dessa consciência-de-si racional é a substância ética; para ela, porém, apenas começa sua experiência ética

Razão / Vernunft / Certeza e verdade da razão

no mundo. Comparemos as duas formulações, que ambas dão conta dessa dialética: *a primeira*, diz que a Razão ainda não atingiu o Reino da Eticidade; *a segunda*, que já o abandonou. Vejamos, ponto por ponto, as duas posições.

a) Quanto aos *momentos*:
   1ª: não tendo ainda alcançado a substância ética, para ela apontam os momentos da consciência singular. A substância suprassume em sua unidade os momentos — antes tidos por válidos em seu isolamento — na sua forma de impulsos naturais, cuja satisfação dá lugar a novo impulso;
   2ª: como já atingiu — mas já perdeu — a felicidade de estar em sua substância, então os impulsos naturais se acham unidos à consciência de seu fim, tido como verdadeiro destino e essência; enquanto a substância ética se esvazia e os indivíduos têm de compreender, por si mesmos, sua universalidade e destino.

b) Quanto às *"figuras da consciência"*:
   1ª: essas figuras sendo o "devir" da substância ética, a precedem;
   2ª: ao contrário, a sucedem, revelando à consciência-de-si qual é seu destino.

c) Quanto aos "impulsos naturais":
   1ª: perdem a imediatez e a rudeza, adquirindo conteúdo mais elevado no movimento em que a consciência atinge sua verdade;
   2ª: o que se perde é apenas a falsa representação da consciência que colocava o próprio destino nesses impulsos.

d) Quanto ao *"fim"*:
   1ª: a substância ética imediata é o *fim* desses impulsos;
   2ª: o *fim* é a consciência dessa substância; e uma consciência cujo conteúdo é o saber dessa substância como sua própria essência. Tal

movimento seria o devir da moralidade, que é uma formação mais elevada que a substância ética.

4. TRANSIÇÃO

Na exposição que segue, optamos pela 2ª formulação, quando nada porque parece mais consentânea à mentalidade de nosso tempo. Fazemos, contudo, a ressalva de que essas figuras, apresentadas como o "devir" da moralidade (uma formação superior ao "Mundo ético" enquanto tal) são, de fato, apenas um lado desse "devir": o que concerne ao ser-para-si; e não o outro lado, em que a moralidade jorra da substância mesma. Portanto, esses momentos não podem ser erigidos em fim, contrapondo-se à ordem ética perdida: com efeito, valendo aqui por seu conteúdo espontâneo, o "fim" a que apontam é a substância ética.

A consciência-de-si tem por objetivo neste movimento: dar-se efetividade como espírito singular e desfrutar dessa efetivação. Tem por determinação: ser, para si, essência *para-si-essente*. Mas então, é a negatividade do outro. No entanto, julga em sua consciência defrontar-se com algo positivo, que também *é*, sem dúvida; mas que tem para ela a significação de *em-si-não-essente*. Portanto, apresenta-se a consciência cindida, nessa *efetividade* encontrada e no *fim* (que alcança suprassumindo-a e convertendo em efetividade em lugar daquela).

Trata-se de um movimento que se articula em três momentos ou Figuras: na 1ª, seu fim é *intuir-se* como *este indivíduo singular* em um outro e intuir a outra consciência-de-si como se fosse ele mesmo; na 2ª, como resultado dessa experiência, sobe de nível: agora é *fim em si mesmo*, enquanto *consciência-de-si universal*, possuindo a Lei imediatamente em si mesma. Entretanto, ao cumprir esta *"Lei do Coração"*, experimenta que a essência singular não se mantém aqui, pois o Bem só se realiza através do sacrifício; na 3ª, a consciência-de-si é *"Virtude"*. O resultado da experiência virtuosa, é que seu fim já está atingido, porquanto a Felicidade se encontra imediatamente na operação e o Bem é a operação mesma.

Capítulo 2° — AS TRÊS FIGURAS MORAIS

Sumário:

1ª — **Prazer & Necessidade**. O indivíduo se desencanta com o Saber da Verdade e o Amor do Bem, e passa à busca frenética do **Prazer**: porém, no fundo, só encontra a **Necessidade**, e termina identificando-se com ela, como o seu Universal.

2ª — **A Lei do Coração e Delírio da Presunção**. Quer agora imprimir a Lei que encontrou no íntimo de seu **Coração**, ao mundo real; mas, ao descer ao mundo, se torna tão perverso quanto ele, e entra em **desvario**. Para sair dessa, quer sacrificar sua própria individualidade, principio de todo o mal, à Lei Universal.

3ª — **A Virtude e o Curso do Mundo**. A **Virtude** empreende realizar tal sacrifício; todavia, é derrotada pelo **Curso do Mundo**, termina constatando que é a Individualidade que dá vida e efetividade ao Universal.

Primeira Figura: O PRAZER E A NECESSIDADE

1. INTRODUÇÃO

A consciência-de-si, certa de ser toda a realidade (a "Razão"), tem em si mesma seu objetivo, embora, de início, como um objeto para si mesma e não como um "ser", pois esse ainda lhe parece uma realidade estranha à sua. Seu primeiro fim é tornar-se cônscia de si como essência singular noutra consciência-de-si; ou fazer desse Outro ela mesma (como aliás sabe que ele já é, em-si).

Quando se elevou do mundo ético e do calmo reino do pensamento ao seu "ser-para-si", deixou para trás as ciências da observação e as leis da ética: agora lhe parece sombra evanescente qualquer conhecimento de realidade que não coincida com a consciência-de-si. Não lhe interessa a universalidade do saber e do agir: para ela a única realidade válida é a consciência singular. Como o Dr. Fausto, de Goethe, se lança na vida em busca da plena realização do indivíduo que, em vez de construir sua felicidade, desfruta-a como se fosse um fruto maduro ao alcance da mao. Ciência, princípios, leis, tudo se desvanece como névoa sem vida.

2. O PRAZER

No entanto, essa busca do *prazer* difere do *desejo*, tal qual o analisamos antes.

1°) Porque não tende a eliminar a essência objetiva em seu todo, mas apenas sua forma de alteridade e independência; o que, para a consciência-de-si não passa de uma aparência inessencial: sabe que seu Outro lhe equivale, é sua mesma essência e sua própria "mesmice".

2°) Porque o desejo e seu objeto subsistem no elemento do ser (vivo), independentes e separados. O gozo do desejo, quando frui seu objeto, o suprassume. Aqui, porém, o elemento que dá a ambos sua realidade particular é a categoria: um ser essencialmente representado; no caso, a *consciência da independência*. A consciência-de-si não toma essa separação como real, já que reconhece no Outro sua "própria mesmice". No gozo do prazer chega à consciência de sua autorrealização numa consciência independente, ou à intuição da unidade de duas consciências independentes.

Ao atingir seu fim, experimenta sua verdade: descobre que realizar o fim é suprassumi-lo. E assim, uma consciência que em seu conceito é uma "essência singular para-si-*essente*" não se torna objeto para si mesma enquanto singular, mas justamente enquanto unidade de si mesma e de outra consciência-de-si; portanto, como singular suprassumido ou como universal.

3. A NECESSIDADE

O Prazer satisfeito tem uma conotação positiva, enquanto se tornou cônscio de si mesmo, ao objetivar-se. Mas também, uma conotação negativa, enquanto se "suprassumiu" a si mesmo. Ora, para quem só tinha expectativas de autorrealização, tal experiência traz um sentimento de contradição e aniquilamento, como se a "essência negativa" o devorasse.

Examinando essa *"essência negativa"*, vemos que não passa do "conceito" do que a individualidade é em-si. Com efeito, individualidade aqui equivale a unidade imediata do ser-para-si e do ser-em-si; portanto, uma categoria abstrata. Representa, no entanto, um progresso comparado ao ser imediato e simples da observação, por abranger o *ser-para-si* e a *mediação*. Atualizar-se, para essa individualidade, consiste em projetar o círculo das abstrações que a constituem, do meio acanhado da subjetividade para o elemento mais amplo da objetividade.

No gozo do prazer, o que a consciência-de-si objetiva como sua essência é a expansão de abstrações vazias: a pura unidade, a pura diferença e sua inter-relação. Ou seja: o objeto que a individualidade experimenta como sua essência não tem conteúdo algum.

"Necessidade", "Destino" são o nome desse vazio; não se lhe podem determinar as leis, o conteúdo, o resultado, já que se trata do puro conceito absoluto intuído como *ser*; a relação simples e vazia (mas contínua e inflexível) cuja obra é apenas o nada da individualidade. Claro que a Necessidade tem de ser uma "conexão sólida", por ser um jogo de categorias inseparáveis que só têm sentido em oposição com seus contrários. Então, a individualidade puramente singular, que no Prazer esperava fugir da teoria morta e lançar-se na vida, só conseguiu experimentar-se a si mesma como necessidade vazia e estranha. Não faz experiência da vida, mas da morte.

4. CONTRADIÇÃO NA CONSCIÊNCIA-DE-SI

Nesta figura se dá a passagem de um abstrato num outro: o caráter abstrato e a ausência de mediação levam a contradição para o íntimo da consciência-de-si. Com efeito, ao passar do Um à Universalidade, do puro ser-para-si desvinculado dos outros ao seu contrário, o ser em-si igualmente abstrato, o indivíduo leva uma queda, onde a rigidez de sua singularidade se pulveriza contra o chão duro da realidade efetiva. Ora, o indivíduo, como consciência, é unidade de si mesmo com o seu contrário; assim essa queda é *para-ele*, já que para ele são seu fim e sua efetivação, como também a contradição entre a essência para-ele e a essência-em-si. Quer dizer, experimenta o duplo sentido da expressão "levar a sua vida": de fato, quando "se leva" a vida, o que resta é a morte.

A ausência de *mediação* é patente. Por uma *inversão*, passa imediatamente do ser vivo à necessidade morta. Num mediador, os dois termos se unificariam, como seria a consciência conhecendo no destino, seu fim e seu agir; e o destino, neles. No prazer, a consciência não consegue unir a unidade com a universalidade, porque o *sentimento* não é capaz disso: só o *Pensamento*, que é um puro Si e um Universal, pode realizar a unidade dos dois momentos.

5. CONCLUSÃO (Resultado da 1ª Figura)

Como a consciência não reconhece, nas consequências de seus atos, suas próprias operações, em vez de desenvolver nesta experiência sua verdade, torna-se um enigma para si mesma. O mesmo conteúdo, ora intuído como essência da consciência, ora como objeto-em-si, é a Necessidade abstrata, representada como potência puramente negativa, contra a qual a individualidade se despedaça.

O último lampejo dessa consciência consiste em perder-se na Necessidade, identificando-se com uma essência absolutamente estranha. Contudo, em-si, a consciência sobreviveu à sua perda, porquanto a Necessidade e a Universalidade são sua própria essência. A nova Figura que passamos a examinar é essa consciência que reflete sobre si mesma, sabendo-se como Necessidade.

Segunda Figura: A *LEI DO CORAÇÃO E O DELÍRIO DA PRESUNÇÃO*

Esta consciência sabe que tem em si mesma o Universal e a Lei (diz-se "Lei do Coração" por ser dada imediatamente no ser-para-si da consciência). Figura mais rica que a anterior, devido à determinação de um para-si, válido como necessário ou universal. Seu objetivo é trazer à efetividade a Lei que possui em si. Vejamos se a efetivação corresponde a esse conceito; e se a consciência-de-si fará nela a experiência da Lei como sua essência.

1. A LEI DO CORAÇÃO E A LEI DO MUNDO REAL

Frente ao coração, a efetividade. Dentro do coração, a Lei. No início, só para-si, ainda não efetivada; algo outro que seu conceito. A efetividade é constituída *por uma Lei* que oprime o indivíduo (i.é: uma ordem do mundo violenta, que contradiz a lei do coração) e também *por uma humanidade* oprimida por essa ordem, não seguindo a lei do coração, mas submetida a uma necessidade estranha. Aqui reponta a oposição da Figura precedente: a cisão entre a Individualidade e sua Verdade; a opressão da Necessidade contra a Individualidade. Para nós, filósofos, a oposição anterior devia reaparecer nesta figura pois que dela procede. Contudo, ignorante de sua origem, ela julga tratar-se de um "achado". O indivíduo tende a suprassumir a Necessidade que contradiz a Lei do Coração, e o sofrimento que provoca. Ao contrário da frívola Figura precedente, absorta na busca do prazer singular, agora o objetivo é sério e sublime: o Bem da Humanidade, onde coloca sua própria felicidade e realização. Julga inseparáveis seu prazer e a Lei, o bem singular e o Bem Universal; e só pode ser assim, na imediatez onde a Lei é a do Coração e o Individual é o Necessário. Note-se a ausência de *mediação*, que seria a *disciplina*, conformando o indivíduo à Lei e produzindo a unidade de ambos: aqui o indivíduo "indisciplinado" pretende realizar a perfeição humana e o Bem da humanidade.

    A Lei, seja divina ou humana, que se oponha à Lei do Coração, não traz felicidade à humanidade que se sente reprimida, quando obedece; e culpada, quando transgride. Não é válida; deve perder sua força coercitiva e efetividade.

2. INTRODUÇÃO DO CORAÇÃO NA REALIDADE EFETIVA

    Quando o indivíduo age segundo a Lei do Coração, esta se torna ordem universal; e o prazer, uma efetividade conforme à lei. Todavia, ao efetivar-se, a Lei deixa de ser do "Coração": toma a forma de ser, é a potência universal a que este coração é indiferente. Quando se faz efetiva, a ordem deixa de ser sua; escapa-lhe, torna-se hostil. O indivíduo queria conhecer a Universalidade apenas como ser-para-si imediato e se desconhece nessa Universalidade em estado livre; contudo esta lhe pertence como sua operação. Eis a contradição: a operação é do coração *singular*, oposta à realidade universal; e no entanto, operar é necessariamente efetivar-se como *realidade universal*; é pôr sua essência como realidade efetiva livre.

Ocorre que, ao tentar estabelecer como Lei universalmente válida o conteúdo singular de seu coração, e bel-prazer, entra em conflito com os outros indivíduos que não reconhecem essa Lei como deles, e passa a considerar abomináveis não apenas a Lei rígida, mas também os corações dos outros homens.

Ao postular uma universalidade *imediata*, uma necessidade do *coração*, essa consciência desconhece a verdadeira natureza da efetivação e da eficácia: a efetivação como *essente* é em sua verdade o *Universal em si* em que soçobra o singular; a consciência em lugar de ter ali o seu ser, tem apenas a alienação de si mesma.

A consciência *não se reconhece* nela por tomar como necessidade morta o que é necessidade vivificada pela Individualidade Universal: a Ordem Divina e Humana, vivificada pela consciência de todos; Lei efetiva dos corações. Não obstante, ao querer realizar a Lei do Coração, é isso que a consciência *experimenta*, já que atualizar-se só significa para o indivíduo tornar-se objeto para si mesmo como universal.

3. A REVOLTA DA INDIVIDUALIDADE OU O DELÍRIO DA PRESUNÇÃO

Faz a experiência de uma contradição intrínseca, porque só se reconhece na Lei deste coração singular; mas ao mesmo tempo, vê que pela efetivação dessa Lei, a Ordem universalmente válida se tornou sua essência e efetividade. Isso a leva a um desvario, a uma perversão íntima. Já seria uma "loucura" tomar o irreal pelo real, e vice-versa. Trata-se de algo pior: a consciência está desvairada em si mesma e para si mesma, já que, a partir dessa experiência, sua realidade efetiva se lhe tornou estranha, e enquanto real, está consciente de sua irrealidade. Poderia haver desvario mais profundo? Um coração, que só pulsa pelo bem da humanidade, possesso furioso de louca presunção?

Para não implodir, a consciência representa como fora de si sua perversão constitutiva e a erige em Outro. Denuncia a Ordem Universal como perversão da Lei do Coração, da Felicidade; inventada por déspotas corruptos, ou padres fanáticos, para humilhar e corromper a humanidade iludida.

Mas, então, a individualidade é a fonte da perversão e não apenas uma individualidade estranha e contingente, e sim a da própria consciência, ou seja, o "Coração", a singularidade na sua pretensão de ser imediatamente universal. A operação vem apenas patentear a contradição.

4. CONCLUSÃO (Resultado desta 2ª Figura)

Resulta assim dessa experiência não somente que o coração é pervertido e pervertedor, mas também que a Ordem Universal é pervertida e ambígua. Com efeito: 1°) de um lado, se apresenta como Lei de todos os corações; protegida contra a de um indivíduo isolado, por não ser necessidade morta, e sim universalidade espiritual: a ordem pública se mantém pela vida mesma dos indivíduos conscientes, que, embora se queixem, sabem que sem ela perderiam tudo. 2°) De outro lado, porém, essa "Ordem" é o domínio da perversão: cada consciência (coração) propõe sua lei, que é contestada por todas as demais, e no conflito geral as leis se dissolvem. Ora, é isso que toma aparência de "ordem pública"; a suposta marcha regular e constante do "curso do mundo" tem por conteúdo o jogo, vazio de essência, das singularidades que vêm à tona para logo se dissolverem. Desse ponto de vista, o conteúdo do "Universal" é a individualidade irrequieta, para quem o efetivamente real não tem realidade efetiva, e vice-versa. Não obstante, é ali, no ser-para-si do indivíduo, que está o lado de realidade dessa ordem.

O enfoque, considerado acima como 1°, vê no universal — essência calma e estável — somente um Interior, que pode não ser nada, mas também não chega a ser nenhuma realidade efetiva sem suprassumir a Individualidade que usurpou sua efetividade real. Corresponde a uma nova Figura da consciência — a Virtude — que possui a certeza de si mesma na Lei, na Verdade, no Bem-em-si. Reside sua essência no Universal, ao qual deve sacrificar a individualidade pervertida, a singularidade da consciência.

Terceira Figura: A VIRTUDE E O CURSO DO MUNDO

Situemos a nova Figura em relação às anteriores. Todas equacionam o problema das relações entre o indivíduo e o universal, mas de maneira diversa. No "Prazer e Necessidade", a consciência-de-si era a individualidade pura enfrentando a Necessidade vazia. Na "Lei do Coração", cada elemento da antítese possuía ambos os momentos, Lei e Individualidade, presentes no coração em sua unidade imediata, mas opostos no mundo. Agora, na "Virtude e o Curso do Mundo" cada um dos polos é unidade e oposição entre os dois termos, que se movem em relação um do outro, embora em sentido oposto.

1. VIRTUDE E CURSO DO MUNDO: Contrastes e Confrontos

Na consciência virtuosa, a Lei é o essencial, a Individualidade, o que deve ser suprassumido (tanto na consciência quanto no Curso do Mundo). A disciplina submete a consciência-de-si ao Universal, ao Verdadeiro, ao Bem-em-si, desprendendo-o de toda a singularidade. No Curso do Mundo sucede o contrário: aí a individualidade se faz Essência e submete o Bem e o Verdadeiro.

No Curso do Mundo, a Individualidade busca seu próprio prazer, e assim, sua própria decadência, com o que satisfaz o Universal. Mas por outro lado, ao querer a Individualidade tornar-se Lei, perturba a ordem estabelecida. A Lei universal se mantém contra essa presunção pessoal, emergindo não como necessidade morta (ver 1ª Figura), mas como necessidade da própria consciência. Contudo, ao existir enquanto efetividade completamente contraditória em estado *consciente*, ela é a Loucura; e como efetividade *objetiva*, é o ser-pervertido-em-geral. Portanto, o Universal, embora sendo a alma do movimento de ambos os momentos, só vem a tornar-se efetivo como perversão universal.

2. A LUTA ENTRE A VIRTUDE E O CURSO DO MUNDO

A tarefa da Virtude é dar ao Universal sua autêntica efetividade, suprassumindo a Individualidade, princípio da perversão. Sendo assim o "avesso do avesso", a Virtude é uma volta à Essência que fora desnaturada no Curso do Mundo. A Virtude vive e antecipa na Fé uma efetividade ainda não dada; esforça-se por elevar tal Fé à presença visível, sem gozar os frutos de suas penas e do sacrifício próprio. Definindo-se "operação de luta contra o Curso do Mundo", o fim e a essência da Virtude consistem em conquistá-lo; mas o Bem, ao ser produzido ou trazido à existência, extingue a operação da Virtude e a consciência da Individualidade.

Eis uma luta em que os combatentes têm por armas suas essências, reveladas no confronto mútuo: para a Virtude o Universal é da ordem da Fé, do Em-si, ainda abstrato; presente na consciência como um *fim*, e no Curso do Mundo como um *interior*. Para o Curso do Mundo esse "Bem" que a Virtude concebe, privado de sua efetividade, só pode surgir na luta como um ser-para-outro; um Bem abstrato, um ser de relação, que precisa estabelecer sua verdade sobre a repressão de seu contrário.

"Dons", "Capacidades", "Forças" são os nomes dados a tal Bem ou Universal que necessita do princípio da Individualidade para ter efetividade. A consciência virtuosa sabe utilizá-lo bem; porém, o Curso do Mundo o desperdiça, pois o Indivíduo ali usa e abusa de seus talentos, como se fossem matéria ou instrumento inerte, até para sua própria destruição.

Como espera a Virtude vencer o Curso do Mundo, se as armas são as mesmas do adversário (forças e capacidades)? A Virtude tem um recurso de reserva: a Fé de que, no fundo, seu próprio objetivo e a essência do Curso do Mundo se identificam e que essa unidade deve ao fim e ao cabo, reduzir o inimigo e absorvê-lo. Mas, então, para que as andanças do Cavaleiro da Virtude? Nem ele se toma a sério: sabe que está blefando. A arma, lançada contra o inimigo, não pode atingi-lo sem ferir quem a atirou. Aliás, a Virtude nem quer atingir o Bem no adversário, pois luta para sua preservação. Quer destruir apenas "dons e qualidades indiferentes", sem ver que o Universal é justamente isso. A própria luta efetiva o Universal, ao fazer com que seja também para-outro o que era somente para-si. Com efeito, na separação dos dois termos, o Universal se tornava uma abstração; agora, na luta e por ela, entram os termos em contato e em ambos, o Bem (ou universal) se efetiva.

A Virtude é aquele lutador, cuja única preocupação no combate é manter intacta sua espada; como se o objetivo da luta fosse preservar suas armas e as do adversário, por serem todas partes nobres do Bem, pelo qual se entrou em combate.

O Curso do Mundo, ao contrário, goza de total liberdade na luta: para ele, nada é tabu, tudo pode arriscar, porquanto a individualidade é um princípio negativo, para o qual nada é subsistente, nem em-si. Tudo é para-ele; inclusive o Cavaleiro da Virtude, como um momento que pode ser conservado ou jogado fora.

Em vão aposta a Virtude numa eventual emboscada onde o Bem iria colher o Curso do Mundo: esse, de tão lúcido e alerta, não pode ser surpreendido pela retaguarda, já que tudo é *para-ele, frente a ele*. Nessa luta, pois, o Bem (ou Em-si) *é-para* seu adversário — o Curso do Mundo — e de tal forma que, abstraindo dessa relação, o puro Em-si, não passa de um instrumento passivo ("dons e capacidades") sem efetividade: uma consciência que ficou adormecida Deus sabe onde.

3. DESFECHO DA LUTA

A Virtude tem de ser vencida pelo Curso do Mundo, necessariamente, devido a sua pretensão de tornar o Bem efetivo à custa do sacrifício da individualidade; quando, de fato, o lado da efetividade é o mesmo da individualidade.

Todavia, ao vencer a Virtude, o Curso do Mundo não está triunfando sobre algo efetivo, mas sobre abstrações, ficções declamatórias e pomposas, frases ocas que "edificam", porém nada constroem. Que diferença entre essa Virtude quixotesca e a Virtude antiga (*areté, virtus, virtù*) que tinha uma significação precisa e segura, um conteúdo sólido, na *substância de um povo*; propunha um Bem efetivo, ou seja, existente. Não era revolta contra o mundo real, como se fosse uma perversão universal. A virtude quixotesca é toda representação e palavras, sem conteúdo, discurso moralista, vazio, que para a cultura contemporânea só provoca tédio.

4. CONCLUSÃO (Resultado desta 3ª Figura)

Como resultado dessa oposição, a consciência se livra da representação irreal de um Bem em-si. Na luta, fez a experiência de que o Curso do Mundo não era tão mau como aparentava, já que sua efetividade era a mesma do Universal. Já não tem sentido produzir o Bem mediante o sacrifício da Individualidade, porque a Individualidade é precisamente a efetivação do que é em-si. No Curso do Mundo, o Bem não se encontra pervertido, e sim "convertido" em efetividade: o movimento da Individualidade é a "realidade" do Universal.

A consciência agora vê que existe entre eles uma união inseparável, e que só por abstração se podem separar os dois termos. Quando a Individualidade no Curso do Mundo pensa que está agindo por puro egoísmo (ou para-si), está sem o saber, levando à efetividade o que era apenas em-si.

A operação e o empreendimento da Individualidade são, pois, um fim em si mesmos; a utilização de suas capacidades, o jogo de suas exteriorizações são o que lhes confere a vida. O Em-si não é um Universal inexistente e abstrato e sim a presença e a efetividade do processo da Individualidade.

TERCEIRA PARTE
(A razão que unifica)
A individualidade que se sabe real em-si e para-si

Sumário:

Agora a consciência chega, na sua experiência, ao conceito que nós tínhamos dela: "ser, na certeza de si mesma, toda a realidade". Compenetração da Razão-que-observa e da Razão que-opera, agora é a Categoria consciente de si mesma.

Cap. 1º — O REINO ANIMAL DO ESPÍRITO, A IMPOSTURA E A "COISA MESMA".

1. **O conceito** da individualidade real em-si e para-si. Sua natureza originária e os momentos de seu agir (fim, meio, obra), têm conteúdo idêntico: é como um círculo que se abre e fecha no vácuo.
2. **Efetivação** na obra. Ao efetivar-se como obra, surgem no entanto oposições por todos os lados. Acentua-se a contingência da ação —, que por sua vez é desmentida pela necessidade do agir, em seu próprio conceito.

3. A "COISA MESMA". A consciência procede então à compenetração do **conceito** e da **obra** nesta unidade do ser e do agir que é a "Coisa mesma" (ou a Obra verdadeira, "pragma"), consciência da sua substância.

— Mas ao surgir — ainda imediata e abstrata —, a integração de seus momentos está antes pensada que efetivada.

— Na prática, há uma alternância de momentos, dando lugar à impostura que impera no "Reino dos animais intelectuais".

— Esgotada e suprassumida essa experiência negativa, chega-se enfim à autêntica "Coisa Mesma", que não é predicado, mas sujeito: Essência de todas as essências, ou Essência espiritual.

Cap. 2º — A RAZÃO DITANDO AS LEIS.

Essa substância é a substância ética; e o para-si (ou consciência) dela, é a consciência ética: a qual em sua forma imediata é a "sã razão", ditando imediatamente leis éticas, que na verdade não passam de leis contingentes.

Cap. 3º — A RAZÃO EXAMINANDO AS LEIS.

Desiste, pois, de fazer leis, e se contenta com examiná-las. Tenta corrigir a contingência dos mandamentos apelando para a tautologia da Razão. Debalde: a coerência dos enunciados é indiferente à verdade dos conteúdos. Para sair dessa cisão entre querer e poder, só mesmo a volta ao Universal, à Substância ética: a passagem ao Espírito.

INTRODUÇÃO

Até aqui, o conceito da consciência-de-si como Razão — que na certeza de si mesma é toda a realidade — era o conceito que nós, filósofos, tínhamos dela. Somente agora este conceito é atingido na "experiência que a consciência faz de si mesma". Se desde que chegamos à Razão, seu movimento se efetuava no elemento da Categoria, no entanto, na Razão observadora, a categoria estava determinada pelo lado do Ser; e na Razão operante, pelo lado do Si. A partir de agora é que se dá a compenetração dos dois momentos, e a consciência-de-si tem a pura categoria por objeto; melhor, é a Categoria tornada consciente de si mesma.

A Individualidade unifica então o Universal e o Particular; já não visa produzir-se como *fim*, em oposição à efetividade, porque o Agir é agora sua própria efetividade e verdade; e o fim é a expressão da individualidade. As figuras anteriores ficaram para trás, no olvido. O Agir, livre de toda oposição e condicionamento, lembra um círculo que abre e fecha no vácuo sem obstáculos. A unificação é tal que a matéria e o fim do agir nele mesmo residem; o elemento em que se move é a luz que o manifesta sem alterar.

Vejamos primeiro o "Conceito" dessa Individualidade; depois, sua efetivação, quando passa a objetivar-se em uma *Obra*.

Capítulo 1° — O REINO ANIMAL DO ESPÍRITO, A IMPOSTURA E A "COISA MESMA"

1. O CONCEITO

Consideramos a Individualidade previamente à sua expressão e à implementação numa Obra; portanto, ainda realidade abstrata, pensamento de Categoria.

a) Apresenta-se como uma *natureza determinada e originária*. Note-se que está *determinada como consciência*, que é pura relação consigo mesma, e não uma limitação propriamente dita, por ser um elemento transparente, universal, no qual a individualidade permanece livre e igual a si mesma; e onde imerge todas as coisas que assimila (através do conhecimento) mantendo-as e mantendo-se em sua unidade. Essa natureza é o único conteúdo e fim de qualquer ação possível.

b) Os *Momentos da ação* (fim, meio, obra) são apenas diferenças formais, concebidos aqui como tendo conteúdo idêntico: *Fim*, é a própria individualidade que deve passar da forma não manifesta à forma de manifesta. Age-se para fazer com que seja para-a-consciência o que é apenas em-si. Agir é o devir do espírito como consciência. O indivíduo não pode saber o que ele é antes de traduzir-se em realidade mediante a ação. Parece haver um círculo vicioso: para agir, deve existir um fim; o qual só se conhece como resultado da ação. A individualidade não fica presa em tal círculo, pois sabe que sua natureza é princípio, meio e resultado da ação e assim pode passar imediatamente a agir. Está resolvido o problema: se é preciso agir e que fazer, pois a natureza sendo o fim, é também o princípio da ação; está presente nas circunstâncias e no interesse que algo lhe desperta.

Os *meios* estão também determinados pela natureza originária: o *talento* é nada mais que essa natureza concebida como meio *interior* da ação. O interesse está do lado do conteúdo da coisa; a união de ambos, talento mais interesse, é o meio efetivo; e enquanto compenetração do ser e da ação, constitui a individualidade mesma. Estão todos os elementos presentes: as circunstâncias dadas (que são a própria natureza originária do indivíduo); o interesse, que põe essas circunstâncias como o que é seu, ou como fim; a conjunção e suprassunção dessa oposição, no meio.

A obra. Ao pôr essa unidade do Ser e do Agir como exterior, a individualidade se torna efetiva como obra. E com a obra vem à tona a diferença, da natureza originária: abandonada e deixada livre no elemento do ser, como uma efetividade, a negatividade constitui uma qualidade da obra. Contudo, como a obra expressa a individualidade, as diferenças entre as obras possíveis não passam de diferenças de grau — portanto inessenciais —; não têm cabimento aqui diferenças como a de Bem e Mal, que seriam essenciais. O indivíduo na Obra se traduz da noite da possibilidade para o dia da presença. Não tem de que lamentar-se nem gloriar-se: só pode alegrar-se, na certeza de sua verdade e na segurança de alcançar sempre o seu fim.

2. A EFETIVAÇÃO

É assim no conceito, que forma de si mesma, essa individualidade certa de ser a absoluta compenetração da Individualidade e do Ser. Mas quando põe mãos à obra, as coisas mudam.

Eis aí a Obra já efetuada, posta no Ser. Agora a consciência vai recolher-se dela — que é uma particularidade como outra qualquer —, para a sua universalidade de consciência.

a) Na obra efetuada, está presente a determinidade da natureza originária, oposta a outras naturezas, que com ela interferem e mutuamente se anulam. A obra é algo efêmero, que se extingue pelo jogo contrário de outras forças, e deste modo representa a realidade individual, mais como se esvaziando do que chegando à plenitude. A obra *é*: quer dizer, *é para* outras individualidades, como efetividade estranha, em lugar da qual elas devem pôr a sua própria, para através de seu agir alcançar a consciência de sua unidade com a efetividade. Seu interesse pela obra é diferente do que a obra tem em si.

b) Surge então um leque de oposições, quando no Conceito havia um feixe de identidades. A começar pela oposição entre Ser e Agir. O puro agir é forma igual a si mesma, distinta portanto da determinidade da natureza originária que passa para a obra. Além disso, Ser é distinto de Devir, e o Agir, como passagem absoluta, é puro devir. Ora, se o Agir, como unidade negativa, retinha prisioneiros todos os momentos, agora o Ser da obra solta para a liberdade a todos: efetividade e conceito se separam como fim e essencialidade originária; o meio se desvincula do fim, como contingente em relação ao mesmo; o próprio agir se torna contingente em relação à efetividade; e a "sorte" passa a decidir (pró ou contra) sobre os fins e os meios.

c) Nessa oposição que ressalta na obra, entre querer e efetuar, fins e meios, interioridade e efetividade, o que transparece é a *contingência* da ação. Contudo, a necessidade da ação está também presente, já que a experiência da contingência é, por sua vez, contingente. Com efeito, a obra, contingente em relação ao querer e ao agir, contradiz o conceito da ação. A obra, como efetividade oposta à consciência-de-si, se desvanece no momento em que aparece. O que permanece não é o sumiço, mas o sumiço do sumiço; quer dizer, desfeito esse momento que era apenas para a consciência, mas que não tinha nenhuma verdade em-si, o que fica é a unidade da consciência com o Agir. A Obra verdadeira é a unidade do agir com o ser, do querer com o efetuar. A consciência retorna a si a partir da obra e toda essa oposição se desvanece, em virtude da certeza que está na base do seu agir.

3. A "COISA MESMA"

a) Este passo integra os dois anteriores: a Ação em seu Conceito, e a Efetivação na Obra. Aqui a consciência faz experiência de seu conceito num puro Agir, que sendo agir em geral, é agir deste indivíduo particular: é a "Coisa Mesma", que se afirma e experimenta absolutamente como o que permanece, independente da coisa que é a contingência da ação individual, de suas circunstâncias, meios e efetivação. A "Coisa

Mesma" unifica os vários momentos (fim, passagem, efetivação), como unifica a individualidade e a efetividade: todos são nela suprassumidos como válidos ou universais, são a própria essencialidade espiritual. Nela, a certeza de si mesma é, para a consciência, uma essência objetiva; porque a "Coisa Mesma", como compenetração objetivada da Individualidade e da própria objetividade, faz a consciência atingir o verdadeiro conceito de si; ou seja, a consciência de sua substância.

Contudo, aqui lidamos com uma consciência que acaba de surgir e que, por isso mesmo, é imediata e abstrata. A "Coisa Mesma" não é ainda sujeito, mas predicado; é gênero, que está em seus momentos como espécies, igualmente livre em relação a eles. Sendo assim, meios, fins, agir, efetivação são todos momentos singulares que o indivíduo pode deixar de lado, ou pode suprassumir, pela "Coisa Mesma".

b) Isso dá ensejo à hipocrisia típica da consciência que se diz "honesta". Sua honradez consiste em fazer da "Coisa Mesma" seu Ideal. Busca em toda a parte; não encontrando num dos momentos, salta para outro, e acaba sempre por achar sua satisfação e a "Coisa Mesma". Se não alcança seu objetivo, consola-se porque se esforçou. Se nada fez, tranquiliza-se, porque não foi possível; e a Coisa, para se efetuar, devia ter sido possível. Um evento em que não tomou parte, lhe dá contentamento, porque seu interesse pelo fato vale para ela como uma participação. Veja-se a impostura: toma a inação por ação, passividade por atividade. Se há algum agir totalmente mau, é este agir que não é agir nenhum.

O que salva a consciência honesta é não ser tão honesta quanto pretende. Por mais que queira, não consegue fazer como se os diversos momentos da ação fossem indiferentes uns aos outros, pois bem sabe que são correlativos. O puro agir só pode ser o agir de um indivíduo determinado: uma "coisa". Inversamente, a ação do indivíduo só existe como ação em geral. Quando pensa ocupar-se da "Coisa Mesma" está, de fato, lidando com sua própria operação. Mas quando se concentra na própria operação, na verdade o que faz é ocupar-se com a coisa e como 'sua'. Pensando que só trata de seu agir e de sua coisa, está se dedicando a "Coisa" em geral (efetividade permanente em-si e para-si).

Sucede que nessa etapa, a totalidade só é obtida — e de forma abstrata — quando a consciência reflete sobre si mesma: então unifica os momentos, compenetra Universalidade e Individualidade, chegando à "Coisa Mesma". Contudo, quando age, esses momentos emergem apenas para sumir: se efetuam na determinidade de suprassumidos; só se esgotam e apresentam como um *todo* mediante a alternância separadora que os expõe ou retém para si. Como nessa alternância a consciência tem um momento reflexivo (ou para-si) e outro somente exterior (ou para-os-outros) surge então um jogo de individualidades que enganam, são enganadas e se enganam a si mesmas: é a Impostura.

Um indivíduo age. Parece querer transformar algo em coisa; sua obra é para os outros, como efetividade. Os outros pensam que o agente se interessava pela efetuação da coisa: se a mostram já efetuada ou se oferecem ajuda para isso, ele já está pensando apenas em sua própria atividade. Os outros se sentem ludibriados, mas de fato, sua ânsia em colaborar era para mostrar sua própria atividade; queriam também enganar. Inversamente, quando o indivíduo parece desligar-se da coisa, e concentrar-se somente em sua própria atividade, está produzindo a coisa como um universal e se imiscuindo na Obra dos outros, tomando seu interesse por ela como uma participação na Coisa Mesma. Ao ser exposta à luz do dia, a obra de cada um torna-se de domínio público, sem deixar de ser de seu autor: é a "Coisa Mesma".

c) Assim, ao fazer experiência de que ambos os lados são momentos igualmente essenciais, a consciência experimenta a "Coisa Mesma": que nem é uma coisa em oposição ao agir; nem um agir em oposição à subsistência; nem um gênero livre em relação a seus momentos/espécies; mas sim, "uma essência cujo ser é o agir de um indivíduo e de todos os indivíduos; cuja operação é imediatamente para os outros; é uma Coisa e uma Coisa somente como operação de todos e de cada um; uma Essência que é a Essência de todas as essências, ou a Essência Espiritual".

Com isso, a Coisa Mesma deixa a função de predicado, universal abstrato e sem vida: é agora Sujeito, no qual a individualidade está como *esta* individualidade, e como todas as individualidades; é o Universal que só é um ser enquanto Agir de todos e de cada um; é efetividade porque *esta* consciência o sabe como sua efetividade singular e também a de todos. "Era a Coisa Mesma que se determinava acima como categoria: o Ser que é Eu, o Eu que é Ser; embora fosse ali pensamento, e portanto distinto da consciência-de-si efetiva". A Essência espiritual é um ser simples, a consciência pura e *esta* consciência-de-si. A natureza originária do indivíduo não é mais o elemento e o fim da atividade: é um momento suprassumido, pois o indivíduo é um Si universal. Inversamente, a Coisa Mesma formal tem sua implementação da Individualidade que age e se diferencia em si mesma, porquanto as diferenças dela constituem o conteúdo daquele universal. Cessa a oposição entre certeza e verdade, universal e singular, fim e efetividade. Seu objeto vale como verdadeiro, porque reúne em sua unidade a consciência-de-si e o ser; vale como Absoluto, pois a consciência-de-si não pode e não quer ir além desse objeto. Não pode: ele é todo ser e poder. Não quer: esse objeto é o Si e a vontade do Si.

Capítulo 2° — A RAZÃO DITANDO AS LEIS

Esta Coisa é a substância ética, e a consciência dela (o ser-para-si dessa essência) é a consciência ética. A forma imediata dessa consciência é a "sã razão", que julga saber imediatamente o que é bom e verdadeiro. Assemelha-se à certeza sensível, que pretendia exprimir de forma imediata o *essente (seiende)*. Para a "sã razão" a substância ética se divide em leis ou massas, imediatamente evidentes, que não precisam ser justificadas. Examinemos algumas.

1°) Cada um deve dizer a verdade.

A sentença supõe a verdade conhecida. E se não for? Corrige-se o princípio para valer universalmente, ajuntando "conforme sabe e acredita". Mas, assim fazendo, se introduz a contingência completa, e o princípio se desvanece.

2°) Tomemos então outro: Ama o próximo como a ti mesmo.

Deve tratar-se de um amor inteligente, pois um amor obtuso faz mais mal que bem. Mas, como saber o que é bom para cada um e para todos? O Bem Comum é da alçada do Estado, cuja ação tem outra força e alcance, frente a qual a beneficência privada é irrisória.

Em ambos os casos, tais princípios se revelaram à análise como desprovidos de necessidade, e de efetividade. Não são leis, mas sim mandamentos. Assim a Razão renuncia ao conteúdo e apela para a forma, que pelo menos é universal. Recorre ao "padrão de medida" que a consciência fornece, para ver se um conteúdo é ou não capaz de ser erigido em lei. Temos:

Capítulo 3° — A RAZÃO EXAMINANDO AS LEIS

Encontrando nos mandamentos uma contingência total (do saber, da efetividade e da operação) a pura consciência se põe em oposição aos mesmos, como verdade necessária e universal; e se propõe a comparar o conteúdo deles com o seu próprio, para lhes julgar a coerência e sanear a contingência, à luz da tautologia da Razão. Já não quer dar Leis, apenas examiná-las. Ocorre porém que a tautologia da Razão é indiferente ao conteúdo; nela cabem sucessivamente uma coisa e seu contrário, ambos coerentes consigo mesmos. Por exemplo: a propriedade privada não é contraditória, em si; nem tampouco a ausência de propriedade (ou a coletivização). Contradizem, sim, uma a outra, e a seus pressupostos respectivos. A Razão, porém, não tem condições de dirimir entre elas. "Seria bem estranho que a tautologia (ou o princípio de contradição, reconhecido pela Razão teórica como um critério puramente formal, ou seja, de todo indiferente à verdade e à não-verdade) tivesse de ser *algo mais* para a razão prática".

Aqui chegados, parece que nem Leis determinadas, nem o Saber dessas Leis satisfazem. São processos que, tomados isoladamente, não passam de momentos precários da consciência ética, ou da substância ética que, através deles, se apresenta como consciência. São formas de *Honestidade*, preocupada em dar um conteúdo bom e justo à sua ação e em usar a Razão para encontrar um critério de validez para os mandamentos. Sem esta honestidade, a Lei é apenas conteúdo contingente, os mandamentos são despóticos e arbitrários e o exame das leis não seria meio de fundá-las, mas de dissolvê-las. Contudo, esses momentos são a substância em negativo; quer dizer, a consciência contém a substância sob forma imediata, como um *querer* e um *saber* de um indivíduo particular; como um "dever-ser" sem efetividade, cuja universalidade é só formal: suprassumindo estes momentos, a consciência volta ao Universal onde as oposições desaparecem.

Mas, então, estamos na substância ética, onde as leis subsistentes e eternas não se apresentam como um mandamento a cumprir, mas como algo que *existe* e que *é válido*. A consciência se identifica com a substância ética (o que não se compara com o esforço da fé, esperançosa de vir a atingi-la um dia). As diferentes Leis — divina e humana; da família ou da Cidade — são transparentes e harmoniosas; e também é harmoniosa e clara a relação que a consciência mantém com elas. Pois elas *são*: não tem sentido indagar sua origem, nem querer legitimá-las a nossos olhos. É justo, porque assim é.

Não se trata de fazer Leis, nem de examiná-las: seria descaracterizar esta relação e terminar servindo-se do saber tautológico para erigir em Lei o seu contrário. Quando se começa a examinar já se tomou uma via "aética" (não-ética). "É quando o Direito é para mim *em-si* e *para-si*, que estou no interior da substância ética e esta substância ética é assim a *essência* da consciência-de-si. Mas esta *Consciência-de-si* é, por sua vez, a efetividade dessa substância: seu 'ser-aí', seu Si e sua vontade".

(BB)

SEÇÃO VI
O ESPÍRITO / Der Geist /

INTRODUÇÃO GERAL À SEÇÃO VI
E À ETICIDADE EM PARTICULAR

PRIMEIRA PARTE
O espírito verdadeiro: a eticidade / Sittlichkeit /

Sumário:

O Espírito — O espírito — verdade da certeza da Razão é um mundo real, objetivo. As figuras anteriores são abstrações do espírito, que se analisa em seus momentos singulares; enquanto as que vamos considerar nesta Seção são figuras de um mundo. Nesta Primeira Parte, examinamos o Espírito Verdadeiro, ou seja, a Eticidade, que abrange o Mundo ético, com sua dualidade de Leis (humana e divina) até seu ocaso no Estado de Direito.

1. DEVIR DO ESPÍRITO, MOVIMENTO QUE SUPRASSUME AS ETAPAS DA RAZÃO

O Espírito é a verdade da certeza que tem a Razão: a de ser toda a realidade. O movimento (anteriormente visto) da Razão era, de fato, o devir do Espírito: a Razão Observadora encontrando pelo lado do *Ser* a unidade da pura categoria; a Razão Operante, realizando-a pelo lado do *Si*; e, enfim, a Razão unificante reunindo ambos os aspectos, embora ficasse no nível da *Consciência* espiritual. Agora, porém, a substância consciente de si mesma é um Espírito que é um mundo: mundo efetivo objetivo, mas que perdeu toda a significação de algo estranho, como o Si perdeu todo o significado de um "para-si" separado deste mundo. Como *substância*, o Espírito é princípio e fundamento de todo agir e Obra universal. Como *ser-para-si*, é "essência bondosa que se sacrifica, na qual cada um leva adiante sua própria obra que despedaça o ser universal e leva a sua parte". "Ora, é precisamente porque é ser dissolvido no Si que o Espírito não é essência morta, mas efetividade".

2. RETROSPECTIVA: O ESPÍRITO E AS FIGURAS DA CONSCIÊNCIA FENOMENAL

Essas figuras são abstrações do Espírito: surgem porque o Espírito se analisa e *demora* em seus momentos singulares. Só no Espírito existem, pois o Espírito é a *Existência*; e a *essência* do Espírito é o movimento e a dissolução de seus momentos, que dele procedem e a ele retornam.

Assim, o Espírito é *consciência* (certeza sensível, percepção e entendimento) quando, na análise de si mesmo, retém apenas seu momento de *em-si* ou *ser*. É *consciência-de-si* quando se fixa exclusivamente no momento contrário, quando o objeto é seu *ser-para-si*. É consciência imediata do ser-em-si e para-si na Categoria, quando tem a *Razão*, embora ainda não se identifique com ela. Enfim, é *Espírito* em sua verdade, quando se intui como a Razão que é, que nele se efetiva e que é seu mundo.

3. PROSPECTIVA: FIGURAS DE UM ESPÍRITO QUE É UM MUNDO

Estas "figuras se diferenciam das anteriores por serem espíritos reais, efetividades autênticas: em vez de puras figuras de consciência, são figuras de um mundo", cujo movimento descrevemos nesta seção VI.

Partindo do *Mundo ético*, realização imediata nos costumes de um povo, o Espírito passa ao saber abstrato de sua essência e à universalidade formal do *"Estado de Direito"*. Daí, fica cindido em dois mundos: o *"Reino da Cultura"*, no elemento objetivo ou na dura efetividade, e o *"Mundo da Fé"*, no elemento do pensamento ou reino da essência. O Espírito procura uni-los no Conceito e retornar a si: primeiro na "intelecção" e "Iluminismo" que revolucionam e confundem esses mundos; e depois na "Moralidade" em que se apreende como seu mundo é fundamento e é o "Espírito certo de si mesmo".

4. O ESPÍRITO VERDADEIRO: A ETICIDADE

O Espírito em sua verdade simples é consciência; e como esta possui a propriedade de cindir-se em momentos distintos, temos, de entrada, a dualidade substância/consciência. A "fissão" prossegue: a substância dividindo-se em essência universal e efetividade singular. O Singular é elevado a universal na ação ética e faz descer o universal em sua *Obra* em que torna efetiva a unidade de seu Si com a sua Substância.

Numa nova cisão, a substância se reparte em "massas": Lei humana e Lei divina. E daí decorre outra dualidade na consciência: ao saber a Lei a que adere, ignora a outra; a contradição entre as Leis acarreta contradição no saber: o que é ético em-si e o que é ético para o indivíduo em situação. E como resultado desse movimento, a substância ética se transforma em consciência-de-si efetiva; e a eticidade é suprassumida na universalidade do Direito.

**Capítulo 1º — O MUNDO ÉTICO: A LEI HUMANA E A DIVINA;
O HOMEM E A MULHER**

Sumário:

O Mundo Ético está polarizado em Lei humana/Lei divina, representadas respectivamente pela Comunidade e pela Família; o Homem e a Mulher. Seu movimento é a passagem de uma Lei à outra. O Mundo Ético é o conteúdo verdadeiro das figuras vazias da Moralidade: Prazer e Necessidade, Lei do Coração, Virtude; e também da "Coisa Mesma". Realiza a Justiça porque tem dinamismos que restabelecem o equilíbrio entre o universal e singular. Mundo de calma unidade, suas leis se interpenetram; e a Comunidade e a Família, o Homem e a Mulher nele se complementam e unificam.

1. ESTRUTURA DO MUNDO ÉTICO

A certeza ética imediata enfrenta a multiplicidade de seu objeto, da mesma forma que o fazia a certeza imediata sensível: gerando uma percepção em que a dispersa multiplicidade se polariza na oposição de singularidade/universalidade. Aqui, a Lei da singularidade e a Lei da universalidade correspondem às massas em que se cinde a substância ética; porém, agora nos movemos no Espírito que está todo em cada um dos seus momentos.

1.1. A Lei humana

O Espírito na Lei humana é Comunidade, essência ética consciente: como substância efetiva é um povo; como consciência efetiva, cidadão de um povo. A Comunidade é o Espírito que é para-si, enquanto se mantém refletindo-se nos indivíduos; e que é em-si, ou substância, enquanto os mantém em si mesmo. A verdade desse Espírito está em todo o povo; é um espírito que tem existência e validez. Pode chamar-se de Lei Humana. Na forma de universalidade é a Lei conhecida; na forma de singularidade, é o indivíduo em geral, a certeza efetiva de si mesmo. No Governo, é certeza como individualidade simples. Sua verdade é o que vigora manifestamente e se expõe à luz do dia (Ordem *pública*).

1.2. A Lei divina

A potência ética do Estado — movimento do Agir consciente de si — tem seu Outro, seu oposto, na essência imediata da eticidade: no para-si individual ou essência interior. O momento de consciência-de-si da Lei Divina é uma comunidade natural — a *Família* — que exprime a eticidade na imediatez do ser, em confronto com o Espírito universal. É conceito não consciente e ainda interior que contrasta com a efetividade consciente de si e o trabalho em prol do universal.

A eticidade da família não reside no comportamento *natural* de seus membros, ou seja, em seu relacionamento de sensibilidade e amor. Nem tampouco na aquisição de poder e riqueza, que por um lado satisfazem necessidades naturais; e, por outro, apontam para a sociedade total. A família se orienta para o singular; ora, como o ético diz respeito ao universal, deve tratar-se de um singular total, ou de um singular como universal. Não pode a ação ética ter um conteúdo contingente, como seria um "serviço" ou "ajuda"; nem pode ser uma "educação", que visa produzir o indivíduo, para um fim que está além da família, como cidadão. Então? Uma ação que tem por objeto e conteúdo este singular pertencente à família, enquanto universal, quer dizer, subtraído à efetividade sensível (ou singular) não "concerne ao vivo mas ao morto, o qual, saindo da longa série de sua existência dispersa se recolhe numa única figuração acabada e se eleva da inquietude da vida contingente à quietude da universalidade simples". *(Tel qu'en lui même enfin l'éternité le change)*. O singular — só efetivo e substancial enquanto cidadão — pertence à família apenas como sombra irreal evanescente.

1.3. A justificação do singular

Assim, a universalidade que o singular alcança pela morte é a volta à natureza nas suas formas elementares; ora, somente o *agir* produz o universal racional que não pertence à natureza apenas. Portanto, é dever da família acrescentar sua própria operação, para dar ao membro defunto a quietude e a universalidade da essência consciente de si mesma, que não pertence à natureza.

A morte é o resultado do movimento do singular como *essente (seiende)* que, como tal, não retorna sobre si. Embora possa ser a suprema tarefa do indivíduo em prol da comunidade ética, não tem conexão necessária com ela. A consanguinidade vem pois complementar o movimento natural abstrato, acrescentando o movimento da consciência; arrancando da destruição os consanguíneos, ou melhor, assumindo o ato da destruição, já que é necessário. Dessa maneira o ser-morto vem a ser algo que retornou a si, um para-si. A família pondo sua operação em lugar da ação das forças destruidoras, une o parente ao seio da terra, e o faz membro de uma comunidade. Os deveres fúnebres constituem a Lei divina completa: porque qualquer outra ação ética, a respeito do singular, pertence à Lei humana.

2. O MOVIMENTO DAS DUAS LEIS

As duas leis são essências que contêm o momento da consciência; por isso a diferença se desdobra dentro delas, como seu movimento vital. Examinando-lhes as diferenças, percebe-se o *modo de atividade* dessas essências universais do mundo ético; sua *articulação*, e a *passagem* de uma à outra.

2.1. O movimento da Lei humana

A Lei de cima, ou diurna — a Comunidade — tem no Governo sua vitalidade efetiva: aí é indivíduo, pois a substância ética total se concentra nesse Si simples, é a força que faz a essência ética articular-se num organismo, com membros dotados de vida própria. Nele o Espírito tem sua *Realidade* e seu *Ser-aí*; a família é o *elemento* dessa realidade.

Como força do todo, porém, o Espírito reúne de novo as partes no Uno e lhes dá a consciência de que sua vida está na dependência do Todo. Os múltiplos sistemas em que a Comunidade se articula (independência pessoal, propriedade, direito pessoal e real) podem ter autonomia em seu nível estrutural específico e para fins próximos, como a aquisição e o desfrute das riquezas. O Espírito vela para a autonomia relativa não se transformar em isolamento: para isso, de tempos em tempos, recorre à guerra, desorganizando a ordem estabelecida e as autonomias, fazendo desprender-se de tudo, no sentimento de que o Senhor é a Morte. Com isso impede o naufrágio do "ser-aí" ético no "ser-aí" natural; a essência negativa se revela como a potência propriamente dita da Comunidade; a qual encontra a verdade e a força na Lei Divina e no Reino ctônico.

2.2. O movimento da Lei divina

A Lei divina, que impera na Família, tem também diferenças internas, em especial as três relações que a caracterizam: 1) marido e mulher; 2) pais e filhos; 3) irmão e irmã.

A relação marido e mulher — conhecimento imediato de uma consciência noutra e seu mútuo reconhecimento — é natural e não, ética; embora represente o Espírito efetivo. Representar é ser imagem: é ter sua efetividade noutro. Aqui, o outro é o filho, em que a relação se realiza e desaparece.

A relação pais e filhos está afetada pela "comoção" (*Rührung*) da parte dos pais, por terem sua realidade noutro ser, donde não podem retomá-la; da parte do filho, por alcançar o seu ser-para-si através de outro que com isso "fenece". Portanto, tal relação está numa passagem, distendida pela assimetria de seus polos.

Na relação irmão/irmã, o sangue encontra o equilíbrio e a calma. Relação sem mescla, de individualidades livres em sua relação mútua, porquanto não se deram, nem receberam uma da outra, seu ser-para-si. O feminino tem, como irmã, o supremo *pressentimento* da essência ética, embora não a consciência, já que essa lei interior reside no plano do sentimento. A relação da filha com os pais é afetada pela "comoção" natural de ser através de seu desaparecimento. O relacionamento da mulher, como mãe e esposa, tem a singularidade do outro como algo indiferente, contingente: não se trata deste marido e destes filhos, mas de um marido ou filhos, em geral. Portanto, aí a mulher carece do momento do reconhecimento num outro como *este Si*. Contudo, no irmão, a irmã alcança o reconhecimento puro, sem mescla de relação natural: o Si singular aqui reconhece e é reconhecido, num equilíbrio de sangue imune ao desejo. Por isso, a perda do irmão é irreparável e o dever para com ele, o dever supremo.

2.3. Alternância dos dois movimentos

A relação irmão/irmã é, ao mesmo tempo, limite e ponto de passagem da família para outra esfera: pelo irmão, passa à consciência da universalidade, emigrando da eticidade imediata, elementar, da Lei divina para o campo da Lei humana. Compete à irmã, à mulher, ser guardiã da Lei divina. Sobrepõe-se uma diferença ética à diferença natural dos sexos. No homem, porém, permanece a unidade da substância ética; sendo destinado à comunidade, a família nele alcança sua essência ética, consciente de si. Por outro lado, a comunidade tem na família o elemento formal de sua efetividade, e na Lei divina sua força e convalidação. A Lei humana procede da divina; a Lei do céu aberto vem da Lei ctônica; o consciente brota do inconsciente, a mediação deriva da imediatez; e do mesmo modo retornam ao lugar donde provêm. Ao inverso, a potência ctônica tem sua vigência sobre a terra; é por meio da consciência que se torna "ser-aí" e atividade.

3. CONCLUSÃO: O MUNDO ÉTICO É PLENITUDE E EQUILÍBRIO

3.1. As figuras da moralidade têm seus fins realizados no mundo ético: o que a Razão via antes apenas como objeto, agora se torna consciência-de-si; o que para a Observação era somente um "achado", passa a ser visto como operação e obra de quem encontra (os costumes). O *prazer* se realiza no seio da família e a *necessidade* é a consciência do cidadão. A *Lei do coração* consegue ser a lei de todos os corações, como ordem universal reconhecida; a *Virtude* goza aqui dos frutos de seu sacrifício, pois consegue produzir aquilo a que tende. A *Coisa Mesma* ganha nas potências éticas um conteúdo verdadeiro, que toma o lugar dos *mandamentos* vazios e fornece um critério para *examinar* não mais as *leis*, mas a conduta.

3.2. Essa totalidade e plenitude está num equilíbrio dinâmico: a desigualdade que nela surge é sempre reconduzida à igualdade pela *justiça*. Não se trata de uma justiça externa; na Lei humana, a *justiça* é o *governo do povo*, na qual a vontade do indivíduo é reduzida à vontade universal. E quando a universalidade se torna prepotente contra o singular, o espírito de quem sofreu a afronta, assume a vingança; pois é sua Erínie, sua potência subterrânea que vem restabelecer o equilíbrio. Que afronta o reino da eticidade pode cometer contra o indivíduo? Fazer que "algo lhe aconteça", ou seja, fazer dele uma coisa qualquer. Ora, não é a Comunidade, mas sim a natureza que assim procede. Contra ela, pois, a vingança se dirige e a reparação da injúria consiste em transformar o indivíduo em *obra sua*, aquilo que lhe sucedeu; de forma que o estado final (o de finado) seja algo querido, e portanto, gozoso.

3.3. Recapitulando

O Mundo ético — em sua *subsistência* — é um mundo sem mancha de nenhuma cisão. Igualmente, seu *movimento* é um calmo devir, em que suas potências passam uma pela outra; se mantêm e produzem mutuamente.

A união do homem com a mulher constitui o meio ativo dessa Totalidade, e o elemento que, cindido em Lei humana e Lei divina, é também sua união imediata. No *homem*, a Lei humana desce ao perigo e à prova da morte; na *mulher*, a Lei subterrânea sobe à luz do dia e à existência consciente.

Capítulo 2° — A AÇÃO ÉTICA. O SABER HUMANO E O SABER DIVINO, A CULPA E O DESTINO

Sumário:

— **Introdução**: A tranquilidade do mundo ético é rompida pela **ação** que provoca sua dissolução e passagem para outra figura.
— Seu solo é a eticidade; seu dinamismo, a consciência-de-si, como dever, caráter, decisão unilateral por uma das Leis, sem conflitos.
— Cisão entre o Si e a efetividade, a ação é essencialmente culpa; — comete delito violando a outra Lei. Reconhecendo-se culpada, admite outra Lei como efetiva; perde seu caráter, e declina; a outra potência sofre igual declínio, e tudo some no abismo do Destino...
— No fundo deste conflito entre Lei humana e divina, está a Comunidade reprimindo — e com isso suscitando — a singularidade. Ao recorrer à guerra para liquidar a oposição, ela é que se dissolve. A corrupção

estava em germe na imediatez que era a ingerência da natureza no coração da ordem ética. Agora não são só os penates que fundem ante a "polis": é a cidade antiga que cede lugar à nova ordem onde quem impera é o indivíduo singular.

INTRODUÇÃO

No mundo ético, a Individualidade está ainda por surgir; ali vale apenas, por um lado, como vontade universal; e por outro, como sangue da família. É que não produziu ainda nenhuma ação, que, sendo o Si efetivo, perturba a quieta organização e movimento do mundo ético, aquela harmonia das duas essências que se confirmam e complementam. Ação é passagem de opostos um para o outro; mais anulação que confirmação dos extremos; rege-a o movimento da eterna necessidade, destino terrível que devora ambas as leis no abismo de sua simplicidade, junto com ambas as consciências-de-si em que têm seu "ser-aí". Para nós, esse movimento vem a dar nos Impérios e no Individualismo que lhe corresponde.

1. O PRÓPRIO MOVIMENTO DO MUNDO ÉTICO É TRANQUILO

1.1. O movimento do mundo ético tem por *solo* a eticidade; e por *dinamismo*, a consciência-de-si, que, como *consciência ética*, é *dever*, isto é, simples e pura orientação para a essencialidade ética. Não há lugar para conflitos de deveres: (é de fato cômico esse "absoluto" que se esfuma ao chocar contra outro "absoluto"!) nem também conflito entre paixão e dever (que se reduz ao conflito anterior, porque a paixão veste a pele do dever).

A consciência-de-si ética está decidida *a priori*; é decidida, tem "caráter". O que a ela se opõe não tem valor, nem direito: para a Lei divina, o que se lhe opõe é violência e arbítrio; para a Lei humana, é teimosia e desobediência.

1.2. Por que esse unilateralismo? Porque, embora *como consciência*, ache que a efetividade tem essência, *como substância*, é unidade de si e de seu oposto. Então, para a consciência ética, que é consciência da substância, o objeto, como algo oposto à consciência-de-si, perde toda a significação de ter uma essência para si. Mais ainda: não se afasta desse unilateralismo por mais que a realidade objetiva se alie com a verdade contra ela: a consciência ética segue achando que a ação apenas vai dar cumprimento à lei ética, que como essência e potência absoluta não pode sofrer perversão de seu conteúdo. A passagem do pensamento à efetividade pela ação é vista como um movimento, cujos momentos não têm nenhum conteúdo específico que os distinga.

2. A AÇÃO ROMPE ESSA TRANQUILIDADE POR SER CISÃO, CULPA E DELITO

2.1. A passagem à ação

A essência ética está dividida em duas leis; a consciência se decidiu por uma delas, porém a essência insiste em seu direito de ser dupla, e esse direito não é algo externo à consciência-de-si: nela reside, e sua oposição é o ato mesmo da consciência-de-si. Quando ela passa à ação, quando é mesmo um Si, rompe a imediatez e cria a cisão. Não é mais a certeza simples da verdade imediata, como no Reino ético. Põe a separação em si mesma: entre seu Si, princípio ativo e uma efetividade oposta, e, para ela, negativa. O que equivale a tornar-se *culpa*.

A consciência-de-si é seu agir, e portanto, sua culpa; já que o agir é essencialmente cisão. Só é inocente o ser da pedra; a criança, não.

No seu conteúdo, a ação ética é delito, porque quando a ação tem a culpa de assumir apenas um dos lados, comete o delito de violar o outro lado da essência. Na verdade, o culpado não é *esse ser* singular, o qual, de um lado, é sombra apenas; e de outro, é o Si universal. O conteúdo da ação são as leis e costumes do povo, ou da categoria social a que o indivíduo pertence. Assim, o indivíduo age baseado na firme confiança no Todo, "sem medo nem ódio".

2.2. A tragédia grega ilustra essa análise

O herói, ao seguir uma só das Leis, transgride a outra, que como potência ofendida clama por vingança. Em geral, só um dos lados é conhecido: Édipo não sabe que o pai era o ultrajante que matou, nem a mãe, a rainha que desposou. A outra potência espreita nas trevas, e surge ante o fato consumado para lavrar o flagrante. O agente não pode negar a culpa e o delito: sua ação trouxe a possibilidade à luz do dia, o inconsciente ao consciente; faz experimentar o outro lado da essência como seu, mas agora, como potência violada que ganhou como inimiga. Pode acontecer também que conheça, como Antígona, a Lei e a Potência que enfrenta: neste caso, a consciência ética é mais completa e a culpa, mais pura.

Agir exprime cabalmente a unidade da efetividade com a substância: enuncia que a efetividade não é para a consciência algo contingente. Assim, a consciência ética deve reconhecer seu oposto como efetividade sua: deve reconhecer sua culpa: "Porque sofremos, reconhecemos ter agido mal" (*Antígona* de Sófocles, v. 926).

2.3. Um reconhecimento fatídico...

Com esse reconhecimento, entretanto, o agente renuncia a seu caráter, deixa de pôr na sua lei a sua substância e cai na inefetividade da "pura disposição" (*Gesinnung*), a qual fica na convicção de que só o Direito tem valor.

Ora, como a individualidade ética forma uma unidade com seu universal, não pode sobreviver a seu declínio. Resta a certeza de que a potência oposta, a que representa a outra Lei, sofre um dano igual ao seu. Ambas as potências — e as individualidades que as animam — sofrem o mesmo declínio: nenhuma é mais essência que a outra. Assim, a vitória de uma delas é sempre provisória, pois o movimento avança até o equilíbrio, quando se efetiva o Direito absoluto, que a ambas absorve como Destino onipotente e justo.

3. DISSOLUÇÃO DA ESSÊNCIA ÉTICA

3.1. Esse conflito que a ação provoca no mundo ético é, *quanto à forma*, a consciência-de-si e ordem ética contra a natureza inconsciente e seu espírito particular; mas, *quanto ao conteúdo*, é Lei divina *versus*

Lei humana. Ilustrando com a tragédia *Antígona*: os dois irmãos lutam pelo poder, com igual direito; embora a lei considere delito arrebatar o poder de quem o detém. Quando ambos sucumbem na luta, a comunidade não soçobra com isso; e o novo governante priva de honras aquele que se insurgiu. Mas então a Lei humana entra em choque com a divina e a Lei da obscuridade sucumbe ante a Lei da luz e da força: sua essência é consumida. Então, o defunto desonrado mobiliza contra o ofensor forças de eficácia igual: as outras comunidades que vêm vingar-se de seus altares profanados pelos animais que devoraram o cadáver insepulto. A tragédia dá uma representação contingente e individual ao choque necessário das duas Leis. Por detrás disso está o conflito da individualidade com a Lei da Comunidade, a qual existe, se move e se mantém, consumindo as famílias, dissolvendo-as em sua continuidade e fluidez. Mas, ao oprimir a mulher, a comunidade está criando um inimigo interior, que lhe é igualmente essencial, como "a eterna ironia da comunidade". A Comunidade só pode subsistir reprimindo — e com isso, incentivando — o espírito da singularidade; além da mulher, o ardor imaturo e a força dos jovens, que ela tanto aprecia.

3.2. Para dissolver de uma vez as resistências da singularidade, a Comunidade recorre à guerra. Entretanto, é justamente aí que soçobra; com efeito, na guerra, o que decide é a força e a fortuna; e não a essência ética.

Só que agora, não soçobram apenas os penates no espírito do povo; mas sim, soçobram os espíritos vivos dos povos e se passa a uma comunidade universal privada de espírito, cuja vitalidade é o indivíduo singular, como singular. Outra figura ocupa o lugar da figura ética do espírito.

3.3. Epílogo

O declínio da substância ética estava implícito na sua imediatez: ser imediato quer dizer, no caso, que a natureza intervém na ação da eticidade. O princípio da corrupção residia na bela tranquilidade que ostentava. Aliás, imediatez, significa, ao mesmo tempo, a quietude inconsciente da natureza e a inquieta quietude consciente-de-si do espírito. Por causa de sua "naturalidade", uma comunidade ética é limitada por sãs determinações naturais e encontra sua suprassunção em outra. Perdida sua determinação, está porém perdida a vida de seu espírito, e a simplicidade compacta de sua substância se dispersa numa série de pontos.

Capítulo 3° — O ESTADO DE DIREITO

Sumário:

O mundo ético se desagregou numa multidão de átomos: as **pessoas**. O processo que percorre o Estado de Direito é homólogo ao das figuras anteriores: "independência estoica do puro pensamento" e "confusão e dissolução universal da consciência cética". Essa pluralidade dispersiva em que se desintegrou o mundo ético converge, de certo modo, no "Senhor do Mundo", sucedâneo e avesso do Espírito. O epílogo do processo traz nova homologia: com a "consciência infeliz", a qual, pondo sua realidade efetiva na perda da própria essência, torna-se estranha a si mesma; se aliena.

1. CARACTERIZAÇÃO DA NOVA FIGURA

O novo tipo de Comunidade que agora surge é um universal fragmentado em átomos da absoluta multiplicidade dos indivíduos; um espírito morto, uma igualdade em que todos valem o mesmo, como *pessoas*. Potências e figuras do Mundo ético soçobraram ante a força do Destino. Agora, quem vale como essência em-si e para-si, é o *Eu*; ser reconhecido é sua substancialidade. Emergindo da substância ética, a personalidade é a independência efetiva da consciência.

2. HOMOLOGIA COM A CONSCIÊNCIA ESTOICA

A consciência estoica surgia da "Dominação e Escravidão", ser-aí imediato da consciência-de-si. A personalidade surge do espírito *imediato*, que é a vontade universal *dominante* de todos e igualmente sua obediência *servil*. Só que agora é um mundo efetivo o que no estoicismo não passava de abstração; é independência realmente válida da consciência, o que lá era apenas pensamento inefetivo dessa independência: O princípio do Estado de Direito acha-se no estoicismo reduzido a uma forma abstrata.

3. HOMOLOGIA COM A CONSCIÊNCIA CÉTICA

O estoicismo descambava no *ceticismo*, um negativo desvairado, vagando de uma contingência (do ser e do pensamento) para outra; dissolvendo-as na absoluta independência e produzindo-as de novo, por não passar de contradição entre dependência e independência da consciência. Ora, a independência pessoal do Direito é a mesma confusão universal: o Uno simples e vazio que aí vale como essência absoluta é a pessoa, forma que deixa o conteúdo em total e desordenada liberdade. Falta o Espírito, que fazia tudo convergir na sua unidade. O formalismo do Direito, como o ceticismo, não tem conteúdo próprio. Assim, ao encontrar. a substância multiforme da *posse*, imprime-lhe a universalidade abstrata da *"propriedade"*. Há uma diferença, porém: o ceticismo dava à efetividade — que chamava "aparência" — um valor negativo. O Direito formal lhe atribui um valor positivo, determinando-o como *Meu*, no sentido da *Categoria*. Na verdade, em ambos os casos, o mesmo universal abstrato se pretende erigir em real efetivo; o conteúdo mesmo, nada tem a ver com essa forma vazia. Liga-se a uma potência distinta: no ceticismo, o acaso; aqui, o arbítrio. A consciência do Direito faz experiência de sua completa inessencialidade; basta ver que chamar alguém de "pessoa" é depreciativo...

4. O SENHOR DO MUNDO, SUCEDÂNEO E AVESSO DO ESPÍRITO

O conteúdo, que se dispersa desgovernado na pura multiplicidade dos átomos pessoais, ao mesmo tempo se concentra num ponto único, que lhes é estranho: o Senhor do Mundo. Ele, que, por um lado, é pura singularidade, por outro, é carregado de todo sentido e conteúdo da essência; potência universal, que se sabe pessoa absoluta, solitária e que enfrenta a todas. De fato, somente no Todo está a validez universal; o singular, separado dela e solitário, carece de efetividade e de força. Assim, o Senhor do Mundo, cônscio de concentrar em si todas as potências efetivas, não passa de um caos de potências desenfreadas e destrutivas que se voltam contra ele mesmo e contra seus súditos. Tem que ser assim, porque uma potência que não é a unidade do Espírito (em que as pessoas reconhecem sua própria consciência-de-si) está em relação puramente negativa consigo mesma e com os outros. Mantém a função de estabelecer a continuidade entre as pessoas; mas, sendo estranho a elas — essência hostil que lhes sequestra justamente a essência —, o modo que tem de fazer a continuidade é consumar a destruição. Mas então, essa suposta onipotência é mera devastação: está 'fora de si', é um dejeto da consciência-de-si.

5. HOMOLOGIA COM A CONSCIÊNCIA INFELIZ

A consciência, retornando a si a partir dessa efetividade, se encontra com sua inessencialidade. Algo semelhante ocorria na figura da *consciência infeliz*, em que o estoicismo, passando pelo ceticismo, vinha achar a sua verdade. Todavia, o que ali era modo de ver unilateral da consciência, aqui ocupa o lugar de verdade efetiva, já que a validez universal da consciência-de-si reside numa realidade que se lhe tornou estranha; quer dizer, a efetividade é imediatamente o seu avesso: a perda da essência. O que no Mundo ético era uno, ao efetuar seu desenvolvimento vai tornar-se estranho a si mesmo, "alienar-se".

SEGUNDA PARTE
O espírito alienado de si mesmo:
A cultura / Bildung /

Capítulo 1° — O MUNDO DO ESPÍRITO ALIENADO DE SI MESMO

Sumário:

Esta figura se distingue das anteriores (Mundo Ético e Estado de Direito), pelo lugar que nela ocupa a **alienação**. Há uma primeira alienação, que é o Reino da efetividade; e uma alienação dentro da alienação, que é o Reino de pensamentos da pura consciência, também bipartido, em Fé e Pura Intelecção.

§ 1° — **A Cultura e seu Reino da Efetividade**. 1) A consciência-de-si, por "extrusão" de sua personalidade, produz seu mundo; mas o toma por algo estranho, de que se deve apoderar. 2) A substância é formada de momentos opostos que mutuamente se dão e recebem a vida. Conforme os níveis ou instâncias, têm determinações diversas. 3) A consciência nobre por sua "extrusão" se cultiva, e por ela, se torna efetivo o poder do Estado. 4) Só a mediação alienadora da Linguagem expressa em sua pureza e dá objetividade e universalidade ao Si; realiza o que significa. 5) A Linguagem eleva ao Si o Poder do Estado, (na forma da Lisonja). Frente à Riqueza, a Linguagem vai da lisonja ignóbil à revolta total. 6) O Discurso Dilacerado diz a verdade do Mundo da Cultura, que a consciência simples não sabe refutar. Epílogo: "Vaidade das vaidades, tudo é vaidade".

§ 2° — **A Fé e a Pura Intelecção** (Reino da Pura Consciência). 1) A pura consciência é fuga da efetividade, essencialmente alienada em si mesma, e tem dois momentos que se separam como dupla consciência: — a Fé, que faz de seus pensamentos representações; — a Pura Intelecção, que quer reduzir tudo a conceitos; cada uma delas é determinada em relação a seu outro. 2) Compara-se, ponto por ponto, como cada uma determina seu em-si e para-si, e como se situa frente à efetividade. A pura intelecção termina apelando para que todas as consciências sejam racionais.

INTRODUÇÃO

1. COMPARAÇÃO COM AS DUAS FIGURAS ANTERIORES

No Mundo Ético, a consciência simples, em unidade imediata com sua substância, não dava lugar à alienação. Esta ocorre quando a substância significa um "ser aí" excludente do Si, com o qual ele só entra em unidade alienando-se e assim produzindo sua substância.

No Estado de Direito, surgia a cisão entre o Si da pessoa e o mundo, (que se determinava como exterior e negativo). Só que a efetividade, ao mesmo tempo presente e estranha, é ainda essência elementar e contingente, "violência externa de elementos desencadeados, pura devastação". E o Si, concebido como válido imediatamente em-si e para-si, (sem alienação, mas sem substância) não passa de joguete dos elementos tumultuosos.

Agora, no Mundo da Cultura, o "ser-aí" da efetividade, a essência da substância vem do "desessenciamento", da "extrusão", da "alienação" do Si; formando um mundo espiritual — compenetração do ser e da individualidade — posto que é obra sua; mas na qual não se reconhece: parece-lhe algo estranho.

2. ARTICULAÇÃO INTERNA DESTE CAPÍTULO

Deste modo, a substância é *Espírito*, e é *Unidade* (consciente de si mesma) do Si e da Essência. Ora, cada um destes termos se situa como alienação um do outro: Espírito é a consciência de uma efetividade, que é objetiva; *Unidade* do *Si* e da *Essência* contrasta com esta consciência, como consciência pura frente à consciência efetiva. De um lado, pela *"extrusão"*, a consciência-de-si efetiva passa ao mundo efetivo e vice-versa. Por outro lado, são suprassumidas efetividade, pessoa e objetividade em puros universais: sua *"alienação"* é a consciência pura (essência). É por isto que este Espírito não forma um mundo único, mas um mundo cindido em dois mundos opostos.

Ao contrário do mundo ético, que era sua própria presença e cuja unidade prevalecia sobre a dualidade das potências, aqui tudo tem um espírito estranho: o Todo (e cada momento singular) repousa numa realidade alienada de si mesma, que se rompe num reino caracterizado pela efetividade da consciência de si e de seu objeto; e noutro reino, o da pura consciência, além do primeiro, e onde reside a Fé. O mundo ético, quando retornava a si, dava no Si singular, a "pessoa" do direito; mas o mundo da cultura encontra em seu retorno o Si universal, a consciência que captou o conceito. É a "pura intelecção" em que a "Cultura" se consuma na "Época das Luzes": reduzindo tudo a conceitos, transmudando todo ser-em-si em ser-para-si, perturbando até a ordem caseira que arrumava o mundo da Fé, leva-se a cabo a alienação. Entretanto, quando a realidade efetiva perde toda a substancialidade, naufragam juntas Cultura e Fé. Surge então a Liberdade absoluta, em que o Espírito, antes alienado, retorna todo a si; e emigra da terra da Cultura para a da consciência moral.

O Mundo do Espírito alienado de si mesmo tem dois reinos: 1°) o da Cultura, ou da alienação do Espírito; 2°) o da Fé, ou da pura consciência. É o oposto ao 1°, e portanto, à alienação; mas é uma alienação à segunda potência, como fuga do reino da presença, como consciência dilacerada entre dois reinos distintos que abarca a ambos.

§ 1° — A cultura e seu reino da efetividade

1 — Gênese do mundo da cultura

A consciência-de-si, por "extrusão" de sua personalidade, produz seu mundo: mas comporta-se frente a ele como se fosse algo estranho, de que ela agora tivesse que se apoderar. Mas a renúncia de seu ser-para-si é idêntica à produção da efetividade e o apoderar-se dela. Quer dizer: a consciência-de-si só é *algo*, só tem realidade, à medida que se aliena e assim se põe como universal. Não estamos mais no Estado de Direito, em que a pessoa era reconhecida pelo simples fato de ser; aqui só vale enquanto, alienando-se, se tornou conforme ao universal.

É uma universalidade "devinda" (*gewordene*), portanto efetiva. O indivíduo vale pela Cultura, alienação de seu ser natural: no mundo da Cultura só alcança efetividade quem "sai" de si mesmo, e portanto chega ao universal. O fim e o conteúdo de sua vontade só podem ser um universal; não o individual, particular, específico, tudo o que denota a natureza e não a cultura. (Notar que em francês *espèce* é um pejorativo para designar mediocridade desprezível. O alemão dá a seus equivalentes um matiz honesto, como para ocultar esta inevitável conotação).

Cultivar-se, para o indivíduo, é fazer de um em-si algo reconhecido e um "ser-aí". O movimento da individualidade que se cultiva é seu "devir" como essência objetiva universal, isto é, "devir" do mundo efetivo; que se apresenta como algo estranho e alienado, na forma de uma efetividade fixa. Contudo, certa, ao mesmo tempo, de que este mundo é sua substância, quer dele se apoderar pela Cultura. Ora, o que se apresenta ao indivíduo como seu poder que subjuga e suprassume a substância, é identicamente a efetivação da substância. A força do indivíduo está em pôr-se como a substância objetiva que é, através da "extrusão" de si. Sua Cultura e efetividade são pois, a efetivação da substância.

2 — Estrutura do mundo da cultura: um reino essencialmente dividido

O *Si* só é efetivo para si mesmo quando suprassumido. Assim: 1°) não constitui, para-si, a unidade da consciência-de-si e do objeto, já que este lhe parece seu negativo; 2°) mediante o Si, como sua alma, a substância é formada em seus momentos, de tal forma que um oposto dá vida a outro, e dele a recebe; mas tem a sua determinidade como um valor insuperável, uma firme efetividade frente ao outro.

A forma mais universal que toma esta diferença é a oposição absoluta do Bem e do Mal. Como se repelem mutuamente, não podem convir no mesmo. Mas como estes seres fixos têm uma alma — que é a passagem pelo seu oposto —, o "ser-aí" é a inversão de toda a determinidade na oposta; e só a alienação é a essência e o sustento do Todo. (Este capítulo analisa justamente o "movimento efetivante" que é a animação dos momentos. Como seu resultado — quando a alienação se aliena a si mesma — o Todo se retoma no conceito: é a Ilustração).

São estes os momentos em que se divide o reino da Cultura, vistos em seus vários níveis ou instâncias:

1°) na estrutura imediata da substância: *"Massas de um mundo"*. A natureza oferece aqui uma homologia estrita com o Espírito: O *Ar* é essência permanente, universal e translúcida; a *Água*, essência sempre sacrificada; o *Fogo*, sua unidade animadora, que dissolve em si seu oposto e desdobra nele sua simplicidade; a *Terra*, fulcro de toda essa articulação, sujeito das essências e de seu processo, ponto de origem e de retorno de tudo. Assim também a Essência interior do Espírito se desdobra, como um mundo, em "massas": a primeira é a essência espiritual, em si universal e igual a si mesma. A segunda, a essência que é para-si; desigual de si mesma, sacrifica-se e entrega-se. A terceira, que sendo consciência-de-si é sujeito, tem a força do fogo. O Espírito, serem-si e para-si do Todo, desdobra-se: na substância como permanente

O espírito / Der Geist /

e na substância como o que se sacrifica; e as retoma, de novo, na unidade. É chama devoradora e figura permanente.

2°) No interior da pura consciência: *essências em-si essentes* (pensamentos). A primeira essência, igual a si mesma, imediata e imutável: é o *Bem*: A seu lado, o movimento da consciência-de-si é algo incidental. A outra, essência espiritual passiva, que se abandona e deixa os indivíduos nela tomarem consciência de sua individualidade, é o *Mal*. A dissolução da essência nestes momentos é permanente (autossustentada); a primeira, é a base, ponto de partida e resultado dos indivíduos que são aí puramente universais; a segunda, essência para outro, é exatamente por isso, incessante retorno do indivíduo a si como singular, permanente "devir" para si.

3°) Para a consciência efetiva: *essências objetivas*. Estes pensamentos, alienados de si, são momentos objetivos para a consciência efetiva. A primeira essência, é o Poder do Estado. A segunda, é a Riqueza.

O Poder do Estado exprime, para os indivíduos, a sua essência: é a "Coisa Mesma" absoluta, em que a singularidade é consciente de sua universalidade. Nesta obra, ou resultado simples, desaparece o fato de que tira sua origem dos indivíduos; permanece como base de sua ação e substância de suas vidas. Mas, então, na inalterável igualdade consigo mesma, é *ser,* portanto, somente para outro e, deste modo, idêntico a seu oposto, a Riqueza.

A Riqueza, inversamente, embora seja o "passivo" e o "nulo", é resultado do agir e do trabalho de todos e se dissolve no gozo de todos. É certo que no gozo a individualidade "devém" para si, como singular; porém, examinando este momento pelo lado de fora, se vê que em seu gozo, dá a gozar a todos; como no trabalho, trabalha para todos. O egoísmo é ilusório; não pode tornar efetivo o que supõe: fazer algo que não redunde em vantagem para todos.

4°) Para a consciência julgadora: *relações de Igualdade ou de Desigualdade*. Soberania e Riqueza estão presentes para o indivíduo como *objetos*, quer dizer, coisas frente às quais o Indivíduo se sabe livre e crê poder escolher uma delas ou nenhuma. Sua própria essência, livre e pura, tem como parâmetros o Bem e o Mal. A relação desta essência pura com a essência efetiva é o *juízo*. Vimos acima um primeiro juízo, que determinava o Poder como Bem e a Riqueza como Mal; não era um juízo espiritual, porque um lado foi determinado como em-si e o outro para-si; ora, uma essência espiritual é a compenetração dos dois momentos, e a consciência que com eles se relaciona é também em-si e para-si. Portanto, é preciso que entrem em relação de forma dupla, pondo para fora sua natureza: a de serem determinações alienadas de si mesmas. Assim, bom para a consciência é o objeto em que se encontra a si mesma; mau, onde encontra o seu contrário. Os critérios do bem e do mal são, pois, Igualdade e Desigualdade. Mais ainda: o que é bom ou mau para ela, é bom ou mau em si; a consciência-de-si é o espírito efetivo das essências objetivas; o juízo demonstra seu poder sobre elas, *faz* delas o que são, *em-si*.

Num novo juízo, ressalta o ser efetivo que estas essências adquirirem: seu próprio espírito. Agora a consciência encontra no Poder apenas seu em-si; mas não seu para-si, já que seu agir singular é negado e reprimido pela obediência. Então, *o Poder é o Mal*, por ser desigual para a individualidade. Ao contrário, *a Riqueza é o Bem*: tende ao gozo universal, quer comunicar-se a todos, doadora de mil mãos.

Mas a consciência, deste modo, se relacionou novamente de forma incompleta com seu objeto: só usou como padrão de medida o *ser-para-si*. Deve levar em conta o outro lado para completar o juízo espiritual: o *em-si*. Agora, o Poder do Estado exprime a essência: Lei estável e Governo que coordena os movimentos singulares do Agir universal; fundamento do ser e do agir do indivíduo. É, pois, o Bem. O Mal então é a Riqueza, na qual o indivíduo só experimenta o gozo efêmero de sua singularidade, em desigualdade com sua essência. Este momento se distingue do primeiro juízo, que embora se movesse no *em-si*, era imediato; enquanto este vem depois da mediação do espírito que o converteu em algo distinto.

5°) Enfim, na "figuração do juízo", *Duas consciências: a Nobre e a Vil*. Há sempre, portanto, uma igualdade (Bem) e uma desigualdade (Mal). Aplicando agora à consciência, que julga, o critério que ela mesma estabeleceu; boa é a consciência da igualdade e má, a da desigualdade. De fato, no mundo da Cultura existem estas duas consciências, a consciência *Nobre*, para quem tanto o Poder quanto a Riqueza são

O espírito / Der Geist /

iguais; e a consciência *Vil*, que mantém relações de desigualdade com ambas as essências.

A *consciência Nobre* considera o Poder a efetivação de sua essência; põe-se a serviço dele com obediência interior. Vê na Riqueza seu outro lado essencial, o que lhe dá consciência-de-si; e reconhece por benfeitor quem lhe dá acesso a ela, no gozo da Riqueza. A *consciência vil* acha que a Soberania é opressão tirânica de seu ser-para-si; se obedece, é com ódio. Gosta da Riqueza, mas a despreza, e acha que com o gozo desaparece qualquer referência ao doador.

A consciência efetiva possui nela os dois princípios: a diferença recai só em sua essência, ou seja: na relação de si mesma com o real. Devido à sua separação, também o juízo espiritual, como um todo, está cindido em duas consciências, cada uma submetida à determinação unilateral. Ainda não se tornaram aquilo que são: são predicados, não sujeitos; não são, nelas mesmas, consciências-de-si. Ora bem: como os dois lados da alienação ("pensamentos" de Bem e Mal; "ser-aí" efetivo do Poder e da Riqueza) se elevaram da mútua indiferença à relação de ambos, no *juízo*; assim também vai efetuar-se outra elevação, para unir os juízos num *silogismo*, por um movimento mediador, em que surgem a necessidade e o meio-termo.

3 — A alienação constituinte do poder do Estado

O juízo da consciência nobre refere-se ao Estado, quando este ainda não é em Si; apenas a substância universal, fim e conteúdo desta consciência: renúncia a seus fins particulares, heroísmo do serviço, virtude que sacrifica o singular ao universal e leva o universal ao "ser-aí".

Porém, pelo mesmo movimento, a consciência "sendo-aí" se *cultiva* para a essencialidade, mediante sua "extrusão"; e pela cultura obtém o respeito de si mesma e dos outros, enquanto o Poder do Estado, de início apenas universal pensado, torna-se potência efetiva. Contudo, só é tal potência na obediência efetiva da consciência-de-si, que o julga sua essência e por ele se sacrifica livremente.

Este movimento ainda é incompleto: a alienação ainda não produziu o Poder do Estado como uma consciência-de-si, que se sabe Poder do Estado: não tem vontade própria, porque ainda não ocorreu a "extrusão" do puro Si da consciência que vivificasse o Poder. Só lhe sacrificou seu "ser-aí" e não seu ser-em-si; graças a este é reconhecida e *honrada*. A honra é representação essencial na opinião geral, único reconhecimento do orgulhoso vassalo que atua para o Poder do Estado. Como o Poder do Estado está ainda sem vontade, não é Governo capaz de decidir, nem, portanto, poder *efetivo* do Estado. E como o vassalo não se lhe sacrificou ainda como vontade, seus conselhos são a retórica do Bem Universal, mas de fato substituem por palavras a ação em prol do Bem, ou então racionalizam interesses particulares de sua classe.

Com efeito, o sacrifício do "ser-aí", a sua completa "extrusão", é a Morte. Como se continua vivo, o interesse particular sobrevive, tornando suspeitos esses Conselhos para o Bem Universal. O ser-para-si se conduz, pois, de forma desigual para com o Estado; isto é, cai sob a determinação da consciência vil, sempre disposta à revolta.

Como o ser-para-si vai encontrar um sacrifício tão perfeito quanto a morte, mas onde consiga permanecer, nessa "extrusão" de si mesmo? Como poderá ser a unidade idêntica de si mesmo e de seu oposto? Como achar uma alienação em que o Si, como tal, estenda-se para fora e se aliene, enquanto o Poder do Estado se eleve a um Si próprio? A resposta é: na *Linguagem* e só nela.

4 — A *mediação alienadora da linguagem*

A Linguagem, como Lei e Mandamento no mundo ético; como Conselho no da efetividade, era apenas a forma que assumia a essência ou conteúdo. Aqui, porém, vale como Linguagem: recebe por conteúdo a sua forma; realiza o que significa. A Linguagem é o "ser-aí" do puro Si, do singular como tal, do Eu como Eu; e não há outro; qualquer outra exteriorização (*Äusserung*), que não a Linguagem, é figura donde o Eu pode retirar-se, retornar sobre si, deixando-a vazia (por exemplo, a ação, ou a expressão fisionômica). Só a Linguagem exprime em sua pureza, e dá objetividade e também universalidade ao Eu. O Eu proferido é escutado; como por contágio, entra em contato com aqueles para os quais existe e é consciência-de-si universal. Mas nisto expira seu "ser-aí": retor-

O espírito / Der Geist /

na então a si mesmo como um "agora" consciente de si, que é um não-estar-aí logo que esteve, e estar na medida em que desaparece. Desaparecimento que é, pois, sua permanência: é seu próprio saber de si como quem passou a outro Si, que foi escutado e que é universal.

A unidade, que é o Espírito, surge como um meio-termo entre os extremos que são consciências-de-si que sabem este puro Si como efetividade e sabem que isso só se dá através da mediação alienadora.

Deste modo, os extremos são purificados como categoria autoconsciente e se tornam momentos do Espírito, que entra no "ser-aí" como espiritualidade. Embora seja meio-termo entre os extremos — dos quais recebe "ser-aí" — é também o Todo espiritual que irrompe entre os extremos, e que só através deste contato produz cada um deles para o Todo. Por estarem os dois momentos já decompostos e suprassumidos em si, sua unidade brota como movimento, que ao rejuntá-los, permuta suas determinações respectivas, reunindo-as em cada extremo. Tal mediação introduz na efetividade de cada extremo o seu *conceito*, quer dizer, eleva o que cada um é em-si a seu espírito.

Assim, Poder do Estado e consciência nobre — que são os extremos de que falamos — são desdobrados e purificados em dois momentos da linguagem: no *Universal* abstrato, (Bem em-si e Vontade em geral), e no *puro Si*, que no serviço ao Poder renuncia a tudo. No *conceito*, são o mesmo: o puro Si é precisamente o Universal abstrato, é sua unidade posta como meio-termo. Contudo, o Si só é efetivo no extremo da consciência e o em-si só é efetivo no extremo do Poder do Estado. Falta ainda: que o Poder do Estado passe à consciência-de-si efetivamente (e não apenas como honraria) e que seja obedecido como uma vontade que toma decisões (e não como Bem universal).

O movimento mediador, cujo ser-aí simples é a linguagem, torna efetivo e eleva ao Si o Poder do Estado. Mas, como não é ainda diálogo entre dois Si, esta Linguagem não enuncia o Espírito de modo completo.

A consciência nobre profere a Linguagem que configura como Todos animados os dois lados da relação. O serviço vira *Lisonja*, sua verbalização reflexiva que eleva o Poder (que antes era só em-si) a seu ser-para-si (ou à singularidade de uma consciência-de-si): o Monarca ilimitado. *Ilimitado*, porque a linguagem depurou seu ser-aí em universalidade do espírito, em límpida igualdade consigo mesmo. *Monarca*, porque a Linguagem levou ao cúmulo a singularidade, à sua pureza de "ser-aí", dando-lhe um nome próprio (Luís XIV). Este singular se sabe singular como Poder Universal, porque os Nobres, sempre dispostos a servir, em volta do trono *dizem* a seu ocupante *o que ele é*.

5 — Inversão e suprassunção dos momentos

Ponto de convergência e de fusão da multiplicidade dos Si, este Poder personalizado deriva sua efetividade do sacrifício que a consciência nobre faz do próprio pensar e agir. Mas é uma independência alienada de si mesma: a consciência nobre recupera a universalidade efetiva em troca da "extrusão" da universalidade do pensamento; e, transferido à consciência nobre, é que o poder se torna verdadeiramente ativo. O Poder do Estado refletido em si, ou tornado espírito, significa que ficou sendo momento da consciência-de-si; quer dizer, só é como suprassumido.

Mas desta maneira é Riqueza, essência cujo espírito é ser sacrificado e distribuído. Não que deixe de existir como efetividade frente à Riqueza, porém nela se converte segundo seu conceito, que é este movimento de passar, através do serviço e da homenagem, em seu contrário, pela "extrusão" do Poder. Através do sacrifício da consciência nobre, a universalidade do Poder efetua uma "extrusão" na completa singularidade e contingência, que se abandona a qualquer vontade mais poderosa; e assim o que resta de sua decantada independência é um nome vazio.

Portanto, a verdade da consciência nobre — que se determinava por uma relação de igualdade com o Poder — é conservar seu ser-para-si no serviço; e, na renúncia de sua personalidade, suprassumir e dilacerar a substância universal. Então é um espírito de suprema desigualdade, e com isso desaparece sua distinção com a consciência vil. E esta última também desaparece, por ter conseguido seu fim: colocar o Poder universal debaixo de si.

A Riqueza é, para a consciência, o universal subjugado: como este acaba de surgir, ainda mantém uma relação imediata de igualdade com a consciência. A consciência nobre recebe no benefício seu ser-para-si tornado inessencial, reconhecendo a Riqueza e agradecendo ao Benfeitor.

No entanto, a Riqueza só tem de essência a forma: é um ser-para-si unilateral, retorno inessencial do indivíduo a si mesmo, no gozo. Precisa ser vivificada, tornar-se em-si e para-si, receber seu próprio espírito. Mas, então, a consciência nobre vai encontrar diante dela o seu Si alienado; com efeito, seu Objeto é seu para-si: porém, por ser objeto, é uma efetividade alheia, com ser-para-si próprio e vontade própria. Vê, pois, seu Si em poder de uma vontade estranha, de quem depende dar-lho ou não. Sua personalidade, seu Eu estão na dependência do arbítrio de outrem, de uma circunstância casual qualquer. A gratidão se acompanha de um sentimento de profunda abjeção e revolta. Vendo seu Eu assim fora de si e dilacerado, tudo o que tem continuidade e universalidade também se rasga: Lei, Direito, Bem. Em lugar da igualdade, só resta a mais completa desigualdade, a inessencialidade do essencial, o ser-fora-de-si do ser-para-si.

Embora tal consciência recupere e suprassuma a riqueza da objetividade do ser-para-si, não é este o seu conceito; além de não se implementar, fica insatisfeita consigo mesma. Quando se recupera pela reflexão como algo objetivo, aí é que sente a contradição que a dilacera. No entanto, esta consciência, como Si, consegue elevar-se acima da contradição: é absoluta elasticidade, que suprassume o ser suprassumido do Si, rejeita a rejeição e rebelando-se contra este receber-se a si mesma, é para-si neste mesmo receber...

6 — *O discurso dilacerado*

Aqui não existe distinção entre consciência nobre e consciência vil: a consciência do dilaceramento é uma só. Cabe, sim, distinção entre consciência benfeitora e beneficiada. A riqueza benfeitora dá aos outros seu ser-para-si: sabe-se potência que domina o Si, independente e arbitrária; e sabe que o benefício que outorga é o ser do outro. Comparte com seu cliente a abjeção, só que a arrogância toma o lugar da revolta. Julga ter ganho um Eu estranho por um jantar, subjugado o que tem de mais íntimo e desconhece a profunda revolta que tudo dilacera, a começar pela opinião do benfeitor. Nada vê neste abismo que tem diante, a não ser banalidades; sua opinião é que é inessencial e fica na superfície abandonada pelo espírito.

Como a consciência tinha uma linguagem frente ao Poder, tem também a sua frente à Riqueza: uma linguagem de revolta. A Linguagem dava à Riqueza consciência de sua essencialidade, e dela se apoderava: mas era então uma linguagem ignóbil, exprimindo como essência o que sabia não passar de uma essência abandonada, que não era em-si. Aliás é próprio do discurso da Lisonja ser unilateral, ter por objeto o em-si, exclusivamente: escapa-lhe o Si e a unidade deste com o em-si, em que se opera sua ação recíproca.

Ao contrário, o discurso dilacerado é completo: é o verdadeiro espírito existente neste mundo total da cultura. A consciência-de-si revoltada, que rejeita a rejeição, é absoluta igualdade consigo no absoluto dilaceramento: o Eu se tem por objeto como si-mesmo e como outro, ao mesmo tempo e de modo imediato. É a linguagem da inversão universal e da alienação da efetividade e do pensamento.

Não encontra verdade nas essências efetivas — Poder e Riqueza; nem nos seus "pensamentos": Bem e Mal; nem nas consciências, Nobre e Vil; porquanto, todos estes momentos se invertem no contrário de si mesmos. Assim, o Poder, quando recebe um Si do princípio da individualidade, é apenas um nome vazio; quando efetivo, não passa de essência impotente que se sacrifica; mas quando se acha no abandono, como uma coisa, então é retorno da essência a si mesma, e verdadeiro ser-para-si e existência do Espírito. Também no curso do movimento, a consciência nobre se mostra abjeta; e a consciência vil — por ser mais culta e livre — tem mais nobreza que a consciência nobre. O ser-para-si é a perda de si mesmo; a alienação de si, sua própria preservação. Os momentos exercem uma justiça universal recíproca: cada qual se aliena de si mesmo, se encarna (*einbildet*) em seu contrário, e deste modo o inverte.

O verdadeiro espírito é a unidade dos extremos absolutamente separados; e também seu meio-termo. O discurso do dilaceramento universal é seu "ser-aí" que reside na dissolução de todos aqueles momentos que se apresentavam como essências, membros vivos do Todo. Discurso verdadeiro e irretorquível, que tudo subjuga: é o único que conta neste mundo efetivo.

A consciência simples e honrada é sem cultura, e assim, fixista e inconsistente; não pode enfrentar a consciência dilacerada. Pois toma os momentos por essências fixas; dispersa os pensamentos, que a consciência da inversão absoluta reúne em conceitos.

O discurso dilacerado inverte tudo; é fraude universal contra si e contra todos, mas no descaramento de proclamar esta fraude, está sua maior verdade. Lembra o músico que misturava árias e tons. A consciência honrada prefere o uníssono do Bem e do Verdadeiro; mas nada tem a dizer que já não esteja dito pelo espírito da cultura. O espírito inverte toda a monotonia, porque a igualdade consigo mesmo é só abstração: na efetividade é inversão de si mesmo. Se a consciência reta quer identificar o Bem e o Nobre, como "o que fica igual a si mesmo na sua exteriorização" (*Äusserung*) e se ali se encontra enredado e misturado com o Mal, é "porque assim pede a sabedoria da natureza"; está apenas resumindo de modo banal o que o Espírito afirma. Se tenta estabelecer a presença do excelente citando um exemplo ou anedota em que ele se mostra, está reduzindo o excelente a um caso singular, exceção do agir invertido do mundo; é o pior que se possa dizer do Excelente...

Quando a consciência simples exorta ao indivíduo a que saia deste mundo, das duas, uma: ou se dirige ao indivíduo singular, e então, além de impossível (pois Diógenes em seu tonel está condicionado pelo ambiente que o cerca), é imoral, porque o Mal está em o indivíduo cuidar de si mesmo enquanto singular. Ou então se dirige ao indivíduo universal, o que é absurdo: pretende que a Razão abandone os progressos da Cultura para voltar ao estado selvagem, nas imediações da consciência animal, a que chamam "Natureza" ou "Inocência"...

Epílogo: "Vaidade das vaidades, tudo é vaidade"

É ao Espírito mesmo da Cultura que a exigência deve ser feita, para que, voltando desta confusão a si mesmo como espírito, aceda a uma consciência mais alta. Aliás, nem precisa: pois quando o espírito volta seu riso irônico sobre a confusão em que se debate, já se estão ouvindo os ecos da agonia desta confusão. A tomada de consciência de sua vaidade dá-se por uma reflexão feita de dois modos: primeiro, o espírito, que caiu em si, dirige seu olhar para o mundo da efetividade, como a seu fim e conteúdo imediato. Segundo, seu olhar se dirige em parte, sobre si mesmo, em parte sobre o mundo do qual se afasta em direção ao céu, tendo por objeto o além. A reflexão na pura universalidade do pensamento será examinada no parágrafo seguinte. Vejamos agora a outra.

No que concerne ao retorno ao Si, a vaidade de todas as coisas é sua própria vaidade. Sabe expressar com espírito brilhante, em sua contradição, tanto as essências fixas da efetividade, quanto as determinações fixas que põe em juízo. Sabe tudo como alienado de si mesmo: o para-si separado do em-si; o fim, da verdade; e sabe expressar cada momento em oposição ao outro. Mas só conhece a substância pelo lado do conflito: *julga* porque é incapaz de *captar*. Sua vaidade precisa da vaidade de todas as coisas para dar-se a consciência de si mesma. Poder e Riqueza são os fins supremos de seu esforço. Pela renúncia e sacrifício se cultiva para o universal; entra em sua posse, e por ela alcança a validade.

Mas note-se que *se apoderar* do Poder e da Riqueza é estar por cima destas potências, que se tornam, assim, *vãs*. Isto se expressa na linguagem brilhante do espírito, que é a verdade de todo o mundo da Cultura; aí o Si como puro Si encontra validez espiritual verdadeiramente universal. Este Si, que é a natureza dilacerada de todas as relações, é consciência dilacerada, que ao saber o seu dilaceramento, se eleva acima dele. E, como todo conteúdo se torna negativo e vão, o objeto positivo fica apenas o Eu para si mesmo: a consciência dilacerada é em si a pura igualdade consigo mesma que retornou a si.

§ 2° — *A fé e a pura intelecção*

1 — *Origem e estrutura*

Quando o mundo da cultura que é o "ser-aí" da alienação se aliena como um Todo, sobe mais *além*, até ao mundo inefetivo da pura

O espírito / Der Geist /

consciência ou pensamento. Pode ser que tome estes *pensamentos por efetividades* autênticas, fazendo deles, *representações*. Isso ocorre porque o processo percorre ainda uma fase de imediatez, onde a "pura consciência" tem ainda em si o princípio oposto, que a condiciona, sem ter ainda dele se apoderado pelo movimento da mediação. Distingue-se a pura consciência da estoica, para quem só valia a *forma* do puro pensamento; embora com um conteúdo qualquer, extraído da realidade objetiva. Aqui, o que vale, *não é a forma*. Diferencia-se da consciência virtuosa, para quem a essência estava na realidade efetiva: agora, está num "além". Difere mais ainda da Razão legisladora e da Razão examinando as Leis, porque o Bem, o justo, o Universal daquelas figuras não eram representados como efetivos.

O movimento do puro pensamento, que constituía um dos lados da alienação, ao atravessar o mundo da cultura se enriqueceu com o momento da efetividade e do conteúdo. Trata-se, porém, de uma efetividade da pura consciência, situada num "além" do mundo efetivo e como fuga dele.

Falamos da Religião, que era a *Fé* do mundo da Cultura. Já encontramos outras figuras da Religião: a consciência infeliz, a crença num mundo ctônico; e vamos dedicar toda uma seção deste livro à Religião tal como é em-si e para si. A *Fé* apresenta determinações peculiares. Precisa porém examinar o seu *outro*, pois só deve ser considerada em relação a este outro.

A pura consciência, como fuga da realidade efetiva, leva consigo a determinidade de seu oposto: é essencialmente alienada de si mesma. A *Fé* é um de seus lados. O *outro*, é a *pura intelecção*. Com efeito, a pura consciência é reflexão, a partir do mundo da cultura, como de um mundo carente de essência e em dissolução; e seu espírito é, numa unidade indivisa, tanto o movimento absoluto da negatividade, quanto a essência satisfeita em si, quietude positiva. Estes dois momentos jazem sob a determinidade da alienação e se separam um do outro, como uma consciência dupla, ou desdobrada. A primeira, é a *pura intelecção*, processo espiritual que se encerra na consciência-de-si. A segunda, confrontando com ela, é a consciência do positivo, a forma da objetividade e da representação. O objeto da pura intelecção é o puro Eu; o objeto da *Fé* é a essência interior como essência. A primeira não tem conteúdo algum, enquanto é o ser-para-si negativo. A segunda é conteúdo sem intelecção. Uma não sai da consciência-de-si. A outra, tem seu conteúdo na pura consciência, embora em *pensamentos; não em conceitos*. Pensar é, pois, o momento principal da *Fé* (embora passado por alto). Mas quando o pensar entra na pura consciência, adquire significação de ser objetivo, para *além* da consciência-de-si, ou seja: desloca-se do pensamento para a representação, torna-se um mundo suprassensível, que é essencialmente *outro* em relação à consciência-de-si. Enquanto a pura intelecção é a passagem do pensar à pura consciência, onde a objetividade vem a significar um conteúdo puramente negativo, que suprassumido retorna ao Si, que é o único objeto de si mesmo; ou seja: para ela o objeto só tem verdade enquanto tem a forma do Si.

2 — *Essência e efetividade*

Analisemos agora, comparando ponto por ponto, a Fé e o seu Outro: a Pura Intelecção. Têm muito de comum, por serem ambas retorno ao elemento da pura consciência, a partir do mundo da cultura. Assim: 1°) cada momento, fora de toda a relação, é *em-si e para-si*; 2°) refere-se ao mundo efetivo (oposto à consciência pura); 3°) refere-se ao outro, no interior da pura consciência (a Fé é objeto para a pura intelecção).

A *fé*

O *em-si e para-si* da consciência crente é o seu objeto absoluto: sendo a Fé apenas o mundo efetivo elevado à universalidade da consciência, conserva as suas mesmas articulações. Seus espíritos (as três pessoas), porém, não se alienam por efetuar seu retorno e permanecerem em si mesmos. O primeiro, que no mundo da Cultura era o Bem ou o Poder do Estado, essência absoluta, é o Espírito em-si e para-si, enquanto substância eterna simples. Na "realização" de seu conceito de ser espírito, porém, passa para um ser-para-outro e se torna efetivo no sacrifício, como um Si, mas perecível. Então, o terceiro é o retorno deste Si alienado, desta substância humilhada, à sua simplicidade primeira: só assim a substância é representada como espírito. Essas essências estão subtraídas ao mundo efetivo; seu ser é pensar a unidade que constituem. Contudo, como não ficam na imutabilidade da primeira, senão que há a "extrusão" da segunda e há o seu espírito, tornam-se coparticipes da consciência crente; e esta pertence ao mundo efetivo.

A consciência crente tem, de um lado, *sua efetividade* no mundo da cultura; mas de outro, a ele se opõe, como vaidade que deve suprassumir. Não tenta invertê-lo no brilhantismo de espírito, que acha também vaidade. Foge dele e se refugia no *serviço* e no louvor divinos (cf. vassalagem e lisonja no mundo da cultura), em busca da unidade com a essência absoluta: meta sempre buscada, nunca alcançada. A comunidade, sim, atinge esta meta, por ser consciência-de-si universal. Para o indivíduo, ela estará sempre num "além" da efetividade; e quando o "além" entrou nela, ficou "além" dos conceitos, por sua extrusão numa realidade sensível, que ainda lhe acrescenta o afastamento no tempo e no espaço. O conceito permanece no interior da consciência crente como o espírito que tudo efetua e que é tudo; mas não vem à tona; ao contrário, na pura intelecção, o único efetivo é o conceito.

A pura intelecção

O *em-si e para-si* da pura intelecção é a consciência-de-si da essência, ou: a essência tomada como Si absoluto. Quer suprassumir qualquer independência que seja outra, reduzir tudo a conceito. Não é só a certeza da Razão que sabe ser toda a realidade, mas *sabe* que é esta certeza.

O conceito já surgiu: resta agora realizá-lo, reduzindo tudo a conceito, e reunindo num só conceito todas as consciências-de-si, que assim entram na posse da pura intelecção. Isso é resultado da cultura, em que se diluíram as diferenças do Espírito objetivo, as determinações do juízo que o exprimiam, e as diferenças de naturezas originárias. Agora a individualidade não tem conteúdo particular, nem fins próprios: só conta pelo seu valor universal, por ser *culta*. Como todas as diferenças foram abolidas, o outro para o Eu, é só o próprio Eu; quer dizer: o Si se sabe seu objeto como puro Si, a igualdade absoluta dos dois lados é o elemento da pura intelecção.

A pura intelecção é o espírito que clama a todas as consciências: "Sede para vós mesmas o que sois em vós mesmas: Sede racionais".

Capítulo 2° — A ILUSTRAÇÃO

Sumário:

Embora desempenhe um papel importante no mundo da cultura, a Ilustração se define e situa por seu conflito com a Fé.

§ 1° — **A luta da Ilustração contra a superstição.** Expansão da Pura Intelecção, a Ilustração é (como a Fé), uma forma da pura consciência. Combate a Fé num conflito cheio de mal-entendidos, tendo em geral razão no que afirma; e não tendo no que nega. Como a consciência crente tem forçosamente de reconhecer as afirmações da Ilustração — já que são patrimônio da consciência-de-si — o mundo da Fé desvanece.

§ 2° — **A Verdade da Ilustração.** Vencedora, a Ilustração vem a dividir-se em dois partidos: Racionalismo e Materialismo, conforme identifique a essência com o puro pensamento ou com a matéria pura: Descartes ainda não apareceu para enunciar que pensamento e ser são o mesmo. Contudo, o Utilitarismo é a doutrina que contém a verdade da Ilustração.

INTRODUÇÃO

A Ilustração tem decisiva importância na superação do discurso brilhante e vazio do mundo da cultura: consolidando numa imagem universal, "enciclopédica", as versões mais pertinentes e penetrantes da época, dissolveu numa intelecção universal a tagarelice infindável dos julgamentos particulares. Sua guerra particular, porém, é contra a Fé ou "superstição" como prefere chamar.

§ *1° — A luta da Ilustração contra a superstição*

1.1. Base comum e dinâmica geral do conflito

Fé e pura intelecção são a mesma pura consciência, que assume duas formas diametralmente opostas. Para a Fé, a essência é *pensamen-*

O espírito / Der Geist /

to, e não conceito; portanto, o absoluto oposto à consciência-de-si. Para a Ilustração — expansão da pura intelecção — a essência é o Si. Desta oposição surge seu conflito fundamental; porém, o elemento comum a ambas — a pura consciência — possibilita um relacionamento íntimo e contagiante.

Na base do conflito está que a Ilustração considera a Fé uma superstição, antípoda da Razão e da Verdade. Atribui sua origem à invenção de padres impostores, aproveitados por déspotas corruptos para abusarem das massas ignaras. A estratégia para debelar a superstição é o esclarecimento das massas; não adianta dirigir-se a padres e tiranos, pois a intenção impura não ouve a voz da Razão.

A Razão penetra na consciência comum de dois modos: 1°) por simples contato, como por osmose. Já que toda a consciência-de-si é racional, a pura intelecção tem uma penetração irresistível através do elemento comum da pura consciência; e quando a Fé se dá conta, já está toda minada pelos princípios racionalistas.

2°) O outro modo é a polêmica declarada, a refutação implacável dos "erros". É um embate cheio de equívocos e contradições; porque, para combater a Fé, pura consciência como ela e cujos conceitos se identificam com os seus, a Ilustração faz dela um Outro absoluto. Para isto tem de assumir um comportamento negativo, ou melhor, ser o negativo de si mesma; e a Fé não deixa de ter razão quando a acusa de ignorância e má-fé.

Com efeito, a pura intelecção carece de conteúdo, enquanto a Fé é cheia deles. Combatendo o conteúdo da Fé, a Ilustração está se contradizendo, negando o que também afirma. Este movimento de combater a si mesma é, porém, identicamente o processo de sua "efetivação" como Razão. Seu resultado será uma intelecção que se tornou conteúdo para si mesma; que reconhece seu conteúdo no que aparecia diante dela como objeto, quer dizer: que se torna conceito que se reconhece a si mesmo.

No conflito que vamos analisar, a Fé só encontra na Ilustração sua face negativa e intenção impura; e a Ilustração, como intelecção vazia, vê no seu conteúdo, que encontra na Fé, o seu Outro. Não superou ainda a fase da alienação.

A pura consciência — como é a Fé — caracteriza-se por apreender o objeto de tal modo que se torne a essência da consciência. A inteligência o penetra, nele se mantém, perto e presente; e o produz — consciente de si mesma como seu movimento mediador — como o agir e o produzir de seu objeto.

Quando a Ilustração critica a Fé por tomar como o absoluto um ser de sua própria consciência, não ensina nada de novo à Fé que pela confiança, pela obediência e pelo culto se encontra em seu objeto como *esta* consciência e como certeza de si mesma. O absoluto da Fé não está num mais-além de essência abstrata, mas é o espírito da comunidade, que implica como momento essencial o agir da comunidade; e não é o espírito da comunidade a não ser produzido pela consciência.

Querer fazer desta essência algo estranho à consciência e fabricado por impostores — quando é o que há de mais próprio da consciência — é não saber o que diz. Como pode haver impostura onde a consciência tem de modo imediato sua verdade e certeza de si mesma? Onde, ao produzir seu objeto, nele se encontra?

1.2. As negações da Ilustração

Nega o Absoluto da Fé. Para a Fé, a essência absoluta é *representada*. Por isso, a Ilustração a toma como o negativo da consciência-de-si, como uma coisa ordinária (*essente*) da certeza sensível: pedra, pau, pão. Rebaixa o que para a Fé é vida eterna e Espírito Santo ao nível das coisas sensíveis que para a Fé não valem nada, pois ela só adora a essência do puro pensamento.

Nega os Fundamentos da Fé. A Ilustração critica a Fé por se fundar em códices e copistas contingentes; e no acaso de sua conservação. Mas a Fé, enquanto relação com o objeto absoluto, não se mediatiza por coisas que tais. Quando põe o problema do fundamento nos termos da Ilustração, é porque já foi contagiada por ela.

Nega o momento do agir da Fé. A consciência crente acha que deve desapegar-se do prazer e da posse, renunciando a eles. A Ilustração julga isto uma insensatez. Mas então, que propõe? Que se fique só no desapego interior enquanto na prática se vive nos prazeres do supérfluo? A Ilustração, para a Fé, não passa de impostura e impureza de consciência.

1.3. As afirmações da Ilustração

O conteúdo, as "verdades" da Ilustração já transparecem nas críticas que faz à Fé.

Afirma a transcendência da Essência Absoluta. Critica a Fé por atribuir ao Absoluto determinidades, que para a Ilustração equivalem a *finitude* e a representações humanas. À essência absoluta não se podem atribuir determinações nem predicados.

Valorização do singular. Em contraste com esta essência vazia, a Ilustração afirma a singularidade em geral (da consciência e do ser) como algo absoluto em-si e para-si. Trata-se de um retorno à certeza sensível, depois de todo o périplo pelas figuras que percorremos. Não é mais a consciência natural e imediata, mas a que é "devinda" tal para si mesma. (Em toda a consciência existe a certeza deste ser outro: sabe que ela é, que há outras coisas além dela e que seu ser natural é em-si e para-si, como tudo o mais).

O conceito de Utilidade. Como a efetividade sensível se relaciona com um vazio de determinações e conteúdo (a Essência absoluta) a forma de sua relação com ele pode ser modelada arbitrariamente: de modo positivo, e então é a realidade sensível ou o em-si; ou de modo negativo, quando é apenas para-outro. De fato, ambas as considerações são necessárias, porque tudo é em-si e para-si, quer dizer, é *útil.* Num momento, abandona-se aos outros para que o desfrutem, mas logo se retoma e quer utilizar o outro para si. O homem saiu bom das mãos de Deus, o mundo é seu jardim de delícias e tem, ainda, o privilégio da consciência; a qual coíbe seus excessos para que possa melhor gozar. (O padrão de medida é o-que-não-tem-medida...) Seu próprio interesse o leva a ser útil à comunidade, pois ajudando aos outros ajuda a si mesmo. Se todas as coisas são úteis uma às outras, a religião então é a utilidade suprema.

Claro que a Fé acha simplesmente abominável reduzir o relacionamento do ser humano com Deus a essa banal utilidade. Além do mais, afirmar do ser supremo que é o ser supremo, é um saber vazio; no fundo, equivale a fazer do finito o único e supremo valor.

1.4. A Ilustração tem razão contra a fé?

Tem razão no que afirma, mas não no que nega. Quando afirma, vem tornar presente o outro lado do conceito que a Fé na sua parcialidade está desconsiderando. Quando nega, é a si mesma que desconhece nas afirmações e cai na mesma unilateralidade que ela. Toma seu conteúdo como algo "estranho", um outro que desconhece; porta-se como consciência alienada. Mas quando afirma, procede como pura intelecção: por ocasião de um momento particular, vê o Todo, donde evoca o pensamento oposto ao afirmado, que forma uma unidade com ele no *conceito*. É por isso que a Ilustração exerce uma "violência" irresistível sobre a Fé, pois o conceito é o direito comum da consciência-de-si; e como a consciência crente não é outra coisa, não pode continuar ignorando este lado do conceito que estava perdido nalguma parte de si mesma.

Diante disso, podemos julgar sobre o mérito da questão, que opõe as partes em conflito.

O Problema da Essência Absoluta e do Agir Humano. Está certa a Ilustração quando afirma que a essência absoluta é a essência da própria consciência produzida como um Si; que o momento do conceito é um agir da própria consciência. No fundo, a Fé, nas suas representações, vem a dizer o mesmo. Mas quando a Ilustração parte para a negação, opondo o agir (e o agir singular), ao ser, ao em-si, então ela se perde, desvalorizando as representações da Fé como ficções sem conteúdo, invencionices.

Quando afirma que a Essência Absoluta é inacessível às determinações e não cabe em atributos, diz algo que a Fé também proclama: que seu Deus habita uma luz inacessível, e que seus caminhos são inescrutáveis.

Ao criticar as representações autropomórficas da Fé, mostra que a consciência crente está cindida, num Além — seu Absoluto, e num aquém — as coisas sensíveis que ora venera como ser supremo ora rebai-

xa como banais e sem valor. Mas a Ilustração também incorre em igual engano, ao "tomar a efetividade como uma essência abandonada pelo espírito; faz da determinidade uma finitude inabalável, quando não passa de um momento evanescente no movimento espiritual da essência".
O Problema do Fundamento do Saber. A Fé, no íntimo, não pode negar um saber contingente: ela mesma se proclama uma consciência inessencial frente ao Espírito que tem toda a verdade e dá testemunho. Mas esquece disso no momento de seu saber espiritual da essência. A Ilustração, porém, é unilateral, quando nega que haja aí outro saber senão o contingente, pois "só pensa na mediação que se estabelece através de um terceiro estranho; e não na mediação em que o imediato é para si mesmo. este terceiro, por meio do qual se mediatiza com o outro, quer dizer, consigo mesmo".
O Problema do Agir. Quando a Ilustração afirma o valor e a legitimidade do prazer e da posse, no fundo, coincide com a consciência crente, cuja renúncia é antes simbólica que verdadeira: há certa ingenuidade em pensar que com um ato singular se inverte uma tendência universal. Mas a Ilustração, ao negar a validez de se tornar efetiva e externa a intenção interior, cai no extremo oposto, igualmente falso e demasiado fácil.

1.5. A fé perde a batalha

No balanço final, a Ilustração sai ganhando; consegue despertar a consciência crente, fixando sua atenção sobre aspectos que não pode desconhecer, porque é consciência-de-si, unidade a que pertencem ambos os lados do conceito, em que se unem no mesmo Si inseparável. Some a Fé, portanto, nesse profundo trabalho de tecelagem que o espírito realiza dentro de si mesmo. Esvaziada de seu conteúdo, torna-se outra Ilustração; dela só restou um puro anelo, uma inquietude: é uma Ilustração insatisfeita. Contudo, a Ilustração propriamente dita não é tão satisfeita quanto aparenta: a falta que lhe faz o mundo espiritual perdido se percebe no vazio que é essa Essência absoluta que tem por objeto; no movimento de seu agir, que sempre quer ir mais além; e naquele *útil*, agora seu objeto: rico de conteúdo, mas carente de Si.

§ 2° — A verdade da Ilustração

2.1. As duas Ilustrações

Como um partido que se divide depois da vitória, a Ilustração vai se dividir em dois partidos, um dos quais toma as bandeiras do adversário vencido, mostrando com isso que possui em si o princípio que combatia ao suprassumir a unilateralidade com que este antes se apresentava. Por sua vez, a Fé foi absorvida na obscura tecelagem inconsciente do espírito, movimento de puros conceitos no qual as diferenças não se diferenciam. Entra em si para além da consciência; e ali — como o outro, ou o negativo da consciência —, é o ser, a pura matéria. Entretanto, enquanto se põe como essência ou objeto frente àquele movimento, é puro pensamento.

Notar que nos movemos na esfera da alienação, na qual a consciência não reconhece, como essência igual de ambos os lados, sua própria substância. Nem sequer suspeita que a pura matéria sem determinação sensível é uma pura abstração: portanto, exatamente o mesmo que o puro pensamento.

Uma Ilustração chama o absoluto carente de predicados "Essência Absoluta". A outra Ilustração o chama "Matéria". A denominação de Natureza era mais rica, por incluir a rica diversidade da Vida; e a denominação de Deus também, por incluir um Si. As duas Ilustrações se hostilizam; mas, no fundo, são o mesmo movimento do espírito, somente que tomado em etapas diversas. Se fossem mais adiante veriam que ia dar no mesmo ponto, o que uma julgava loucura, e a outra, abominação. Mas nenhuma das duas Ilustrações chegou até à "metafísica" cartesiana para saber que o ser-em-si e o pensamento são o mesmo; que o "puro ser" é uma abstração pura, enquanto o puro pensamento é que é o ser. Pensamento é coisidade e coisidade é pensamento.

2.2. A utilidade

Como a essência tem a cisão dentro dela, tem em si mesma a diferença; mas as diferenças e a igualdade consigo mesma se reúnem numa essência só: como se a essência estivesse em rotação em redor de si mesma.

Ora, só há movimento quando se desdobra em momentos distintos. Estes momentos são: o ser-em-si; o ser-para-outro; e o ser-para-si. Sua realidade efetiva tem o nome de *utilidade*. Com efeito, o *em-si* subsistente (a "coisa") é ao mesmo tempo somente momento puro: é portanto absolutamente *para-outro*. Só é para outro, porém, na medida em que é *para-si*. E os momentos opostos retornam à unidade inseparável do ser-para-si.

Contudo, o útil não é a pura intelecção, mas sua representação e objeto, em que se contempla em seus momentos puros, embora não chegados ainda à unidade do ser e do seu próprio conceito. Mas quando as oposições amadurecem na copa do conceito, está em tempo de virem à terra; e de recolher, a Ilustração, os frutos do seu agir.

2.3. Recapitulação

A esfera do "espírito alienado de si mesmo" — a Cultura — consta de várias zonas, caracterizadas por seu objeto específico.

O *mundo da cultura*, cujo objeto era a vaidade da consciência-de-si; seu conteúdo é aquela confusão, apreendida num conceito singular (ainda não universal).

A *pura intelecção*, tem por objeto este conceito retornado sobre si: a pura consciência como puro Si, ou negatividade.

A *Fé* tem seu objeto no puro pensamento ou positividade. Mas aquele Si é o momento que a consuma e consome.

Nas *duas Ilustrações*, surgem dentro da pura intelecção os dois momentos: essência puramente pensada, ou negativa; e matéria, ou *essente* positivo.

Para rematar, falta apenas aquela efetividade da consciência-de-si que tinha a vã consciência: o *mundo*, a partir do qual o pensamento se elevava a si mesmo. É a *utilidade* que o proporciona, dando conteúdo positivo à pura intelecção, e satisfazendo a consciência efetiva. Por isso, é a verdade do mundo real e do mundo ideal de antes. O primeiro era o espírito em sua existência dispersa, em certezas singularizadas de si mesmo, sem que estivesse presente o *gênero* delas. O segundo contém o gênero: reino do em-si ou da verdade, oposto àquela certeza. Agora, o terceiro, o mundo do útil, é a verdade que é certeza de si mesma.

Contudo, o útil é objeto enquanto nele penetra o olhar da consciência-de-si, que vendo a fundo, descobre a verdadeira essência do objeto: a de ser penetrável, ou de ser-para-outro. Mas, então, é um verdadeiro saber: em que a consciência-de-si tem de modo imediato a certeza de si mesma; em que estão juntas a verdade e a presença (ou efetividade). Ambos os mundos estão reconciliados: o céu veio estabelecer-se na terra.

Capítulo 3º — A LIBERDADE ABSOLUTA E O TERROR

Sumário:

A Liberdade absoluta é a nova figura da consciência, que identifica o mundo com sua vontade que é universal. Como nada admite de positivo frente a si mesma, cai numa fúria de destruição e dá lugar ao Terror, onde a morte é a única obra da liberdade universal. Ao enfrentar a morte, porém, o espírito retorna rejuvenescido a si mesmo. Mais que de simples retorno, trata-se de uma inversão absoluta; em que o puro negativo se transmuda no puro positivo e donde, como resultado, surge uma nova Figura: a Consciência Moral.

1. A LIBERDADE ABSOLUTA

Liberdade Absoluta é a nova figura da consciência: corresponde a uma verdadeira revolução, que ocorre quando a *Utilidade* deixa de ser apenas objeto, fim, predicado, e passa a se identificar com o próprio sujeito, com o Si da consciência. Com efeito, o ser-para-si a que retornam o ser-em-si e o ser-para-outro do útil, não é um Si diverso do Eu; é o puro conceito, o contemplar-se do Si no Si, o absoluto contemplar-se duplicado.

O Espírito está presente como Liberdade Absoluta: quer dizer, a consciência-de-si se sabe como essência de todas as massas espirituais do mundo real (estamentos) e do mundo suprassensível (diferenças do puro pensamento). Para ela, o mundo é apenas sua vontade, que é vontade universal. Sua universalidade não vem duma "*representação política*": é uma universalidade *real*, de todos os indivíduos como tais: o que emerge como o Agir do Todo, é o agir consciente de cada um.

A substância indivisa da Liberdade Absoluta se eleva ao trono do mundo sem que poder algum lhe possa resistir. Diante dela ficam abolidos todos os estamentos ou massas espirituais em que o Todo se articulava. A consciência suprassumiu as barreiras dentro das quais cada um dos membros queria e agia: agora, seu fim é o fim universal; sua linguagem, a Lei universal; sua obra, a obra universal.

Como a consciência já não inicia seu movimento a partir do objeto como algo estranho (do qual retornasse a si mesma), toda a oposição que resta é entre a consciência universal e a singular. Mais ainda: a consciência singular tem apenas aparência de oposição: de fato, é consciência e vontade universal. Esta, concentrando-se em si é vontade singular, frente à qual se colocam a Lei e a Obra universais. Sendo, porém, a consciência singular consciente de si como universal, sabe que seu objeto é lei por ela dada e obra por ela realizada. Ao passar à atividade e ao criar objetividade, nada faz de singular, mas apenas Leis e Ações do Estado.

Neste movimento que é ação da consciência sobre si mesma, não há lugar para nenhum objeto livre ou independente frente à consciência. Assim, porém, não pode chegar a nada de positivo: nem no mundo do discurso; nem no das leis e instituições; nem no das realizações humanas. Não se trata de uma liberdade que, tomando consciência de si, desse origem à estrutura político-jurídica dos três poderes da República, ou à estrutura social de classes baseadas no processo da produção. Sendo assim, a Liberdade universal não pode produzir nenhuma obra ou operação positiva: só lhe resta a fúria da destruição.

2. O TERROR

No entanto, essa universalidade que não foi capaz de articular-se em realidades orgânicas — em virtude de sua própria abstração — se quebra em dois extremos igualmente rígidos: uma universalidade inflexível e fria, e uma dureza egoísta do átomo consciente-de-si. A relação entre estes termos não é suscetível de nenhuma mediação; só pode ser a negação pura e simples do singular, sua eliminação como "essente": a *morte*. Portanto, a única obra da Liberdade Universal é a morte; e a morte mais prosaica e sem sentido.

E aí está a "sabedoria" do Governo, sua maneira de entender e de cumprir a vontade universal. Tal Governo também não passa de um ponto individual em que a vontade universal se fixa: excluindo os demais indivíduos de sua operação, constitui-se assim uma vontade determinada, oposta à vontade universal; uma facção, e, por isso, tem de cair.

Se a ação universal caracteriza a ação do Governo como um crime contra ela, o Governo nada tem de exterior para delimitar a culpa da vontade que se lhe opõe: culpa assim por sua *intenção*, e *ser suspeito* substitui o ser culpado. E reage pela destruição pura deste Si, ao qual nada se pode tirar senão o próprio ser...

3. RETORNO

Aqui, porém, nesta sua obra característica, a Liberdade absoluta se torna objeto para si mesma, como *esta* consciência abstrata: o terror da morte é a intuição dessa essência negativa da Liberdade. Bem diferente era o conceito que tinha antes da vontade universal como essência positiva da personalidade. A Liberdade Absoluta, como pura igualdade consigo mesma da vontade universal, tem nela a negação; por sua vez, a negatividade tem o elemento da subsistência ou substância em que seus momentos se desenvolvem. A partir dela, se tornam a articular as "massas" dos corpos sociais, os quais — depois de terem sentido o pavor do Senhor absoluto, a morte — se prestam de novo à negação e à diferença; e, embora numa obra parcelada e limitada, recuperam sua efetividade substancial.

Teríamos então um simples retorno, no qual o espírito, rejuvenescido pelo temor do Senhor, regressa ao mundo ético e ao da cultura para começar tudo de novo? Talvez, se o resultado fosse apenas a compenetração da consciência-de-si e da substância. Mas de fato, na Liberdade absoluta não se tratava de uma consciência-de-si imersa no ser-aí multiforme, relacionando-se com um mundo externo válido. Na verdade, o que ali estava em relação era — de uma parte, um mundo simplesmente na forma de consciência como vontade universal — e de outra, uma consciência-de-si retirada de todo o "ser-aí" para condensar-se no Si simples.

O espírito / Der Geist /

A "cultura" (*Bildung*, formação) que a consciência-de-si alcança em sua interação com esta essência é a suprema cultura, a mais alta formação; precisamente por ver sua efetividade desaparecer no nada vazio. Nas figuras anteriores, a consciência não chegava à intuição de sua negatividade, porque sempre ganhava algo em troca de sua renúncia: alienando-se o Si era cumulado de riquezas e honras; dilacerando-se, a consciência produzia a linguagem do Espírito: tinha o céu da Fé, o útil da Ilustração... A contrapartida da Liberdade absoluta é só a morte, sem sentido nem conteúdo. E esta negação não surge como algo estranho: é a vontade universal na sua última abstração, quando já nada tem de positivo para dar em troca do sacrifício...

4. SUPRASSUNÇÃO FINAL

Mas desta maneira, a vontade universal forma unidade sem mediação com a consciência-de-si: é o puro positivo por ser o puro negativo. A negatividade do Si sem plenitude se transmuda, no conceito interior, em absoluta positividade. A consciência é agora imediatez suprassumida, puro saber e pura vontade; não é mais governo revolucionário, nem anarquia; nem facção ou átomo de individualidade: é um puro saber que sabe o saber como sua essência.

O singular, a efetividade, o ser, para essa consciência são algo não sabido; não são.

Aqui enfim, a Liberdade absoluta resolve a oposição de vontade universal e vontade singular; e o Espírito alienado de si mesmo, chegando a seu cúmulo, reduz a oposição entre a pura volição e o puro volente nesta forma translúcida em que reencontra a si mesmo. E o Espírito se reconforta como pensamento que é e permanece, sabendo como a essência verdadeira e completa, este ser encerrado dentro da consciência-de-si. É a figura da Consciência Moral.

TERCEIRA PARTE
O espírito certo de si mesmo: a moralidade

Sumário:

A Seção "Espírito" tem na Moralidade o ponto alto de seu movimento.
1. A CONSCIÊNCIA MORAL E SUA COSMOVISAO. **Caracterização**. Tem na base um paradoxo fundamental: sua maneira de constituir seu Outro. Daí decorrem os três postulados (de Kant), essa "ninhada de contradições". **Crítica**. Incapaz de chegar ao Conceito, perde-se em representações, e oscila entre constantes deslocamentos, (como sucedia na **Wahrnehmung**). A saída é abandoná-la, trocando-a pela certeza moral da "Boa-Consciência" (**Gewissen**).
2. A BOA-CONSCIÊNCIA. E o espírito moral concreto em que o dever e a efetividade são dados na certeza imediata de si mesmos. Distinguem-se na **Gewissen** o momento da universalidade e o da particularidade; examinam-se no elemento do ser e no da linguagem; em clímax e anticlímax.
3. O MAL E O PERDÃO. (Reconciliação). Quando se passa à ação, o mal e a hipocrisia são inevitáveis. A consciência operante é julgada e condenada pela consciência universal, que lhe nega a absolvição ao ouvi-la em confissão, e só a custo lhe concede afinal o perdão. Mas então já se chega, pela reconciliação total, ao limiar do Espírito absoluto, ao Deus que se revela.

INTRODUÇÃO

Esta Seção "Espírito" pode analisar-se como um movimento que visa unificar o Si com sua substância; o saber com sua verdade; a certeza de si com o objeto.

O "Mundo ético" encontrava sua verdade apenas no Si defunto; a pessoa do "Estado de Direito", por abstrata, tinha sua substância fora dela; porém, a alienação do "Mundo da Cultura" suprassumia esta abstração e produzia como resultado, na "Liberdade Absoluta", a substância que se torna patrimônio do Si, o qual enfim domina a oposição constitutiva da consciência, ao identificar-se com o seu Outro.

A coincidência entre saber e substância implica, ao mesmo tempo, a *Mediação absoluta* e a *Imediatez pura*. O movimento do Si, que suprassume o "ser-aí" imediato, tornando-se universal, é intuição de si mesmo como imediatez e efetividade. Ora, a imediatez clarificada pela negatividade absoluta é o ser em geral, é todo o ser. A efetividade só é como saber; quer dizer, a vontade impregnada de saber absorveu toda a objetividade do mundo. O saber da sua liberdade é, para esta consciência, substância, fim e conteúdo exclusivo.

Capítulo 1° — A CONSCIÊNCIA MORAL E SUA COSMOVISÃO

1.1. Caracterização geral da consciência moral

A consciência-de-si moral repousa sobre um paradoxo fundamental: de tão identificada com seu objeto, nem se dá conta de que é uma consciência e de que seu objeto é objeto. Essa consciência-de-si inclui, porém, em seu conceito a relação com o *ser outro* e é consciência. Por estar tão encerrada em si mesma, toma-se por absolutamente livre frente a seu outro e o toma como absolutamente indiferente para com ela: a independência do objeto e a do sujeito são correlativas.

O Outro surge aqui como uma *Natureza*, com seus fins próprios, indiferentes à ordem moral; enquanto para a consciência moral o dever é essencial e a Natureza, inessencial de todo. Sobre base tão contraditória se constrói uma "cosmovisão moral" cheia de contradições que se desdobra numa série de *postulados*.

1° Postulado

A consciência moral cumpre o dever, mas vê a Natureza indiferente quanto a proporcionar-lhe a Felicidade. Ora, não pode renunciar à harmonia efetiva da moralidade e da Natureza, pois pertence ao conceito do seu fim que esta unidade se realize; e assim, a *postula* como exigência e pressuposto da Razão. Não se trata de simples desejo.

2° Postulado

A natureza agora não é externa ao Si: é a sensibilidade, são os impulsos naturais que parecem opostos ao dever. Postula-se a superação deste conflito, a harmonia final da natureza sensível com a consciência moral, na unidade da mesma consciência. Mas aí surge um paradoxo: esta moralidade, transformada em tarefa, enquanto age, não está efetivada: e quando se efetiva, deixa de existir... O 1° postulado era o fim último do mundo; o 2°, o da consciência-de-si. Um, a harmonia, na forma do em-si; outro a harmonia, na forma do para-si. Cada um destes fins é o Outro do Outro. O meio-termo unindo estes extremos é a *ação moral* efetiva, em que surge a pluralidade de deveres; e por isso se recorre a novo postulado.

3° *Postulado*

O dever sendo uno e simples, como objeto do querer puro; e a ação vendo-se diante de deveres múltiplos e determinados que nada têm de sagrado para a consciência; postula-se uma Consciência Sagrada que os santifique, em que o universal e o particular formem uma unidade e fundamentem a validade destes deveres. Mas então o dever moral cai fora da consciência; em outra Essência. Temos uma consciência moral imperfeita, que espera da Consciência Sagrada que lhe conceda a Felicidade, segundo seus merecimentos.

1.2. Crítica da consciência moral

— *Perde-se na representação e não chega ao Conceito*

Com este 3° postulado, a visão moral se completa, mostrando que não passa de *representação*. Põe a unidade dos dois lados — puro dever e efetividade — como momentos, ou seja, como suprassumidos. Põe-se como não-moral e depois suprassume sua efetividade numa essência absoluta, representada, para não contradizer a moralidade. É que esta consciência não desenvolve seu próprio *conceito*, o qual somente mantém unidos os momentos, capta o ser-Outro enquanto tal e seu contrário absoluto como si mesmo.

Partindo da hipótese de que existe uma consciência moral efetiva, *representa* seu conteúdo como objeto *essente*; não é ainda o conceito, que domina o objeto enquanto tal. Este "objeto" é o fim último do mundo, harmonia da moralidade e da efetividade; porém, a unidade, representada como negativo da consciência-de-si, cai fora dela; num Além, pensado como ser. Mas assim só resta à consciência-de-si a não-harmonia com a efetividade; e a proposição agora é: "não existe consciência moral perfeita". É o que implica o 2° postulado. Contudo, como esta consciência moral é um Si — cujo conceito é a unidade da consciência-de-si com a efetividade — a unidade ou moralidade perfeita é representada como um Além dela, que no entanto é efetivo. Desta forma, a tese "há consciência moral" é restabelecida, mas unida à antítese: "Não há consciência moral", quer dizer, que tem, tem; mas só na representação. Ou seja: não tem coisa nenhuma, mas se faz passar por tal, por uma outra consciência...

— *Oscila entre distorções ou "deslocamentos" constantes.*

A base da cosmovisão moral é contraditória. Criando seu próprio objeto, a consciência moral não o recebe como um dado, nem nele se aliena como em algo estranho: não pode ir além de seu objeto; nem este, além dela. E, contudo, põe este objeto fora de si, como um mais Além. É esta contradição fundamental que a cosmovisão moral desdobra numa "ninhada" (*sic*) de contradições: movimento bizarro, que mal fixa um momento já o suprassume, passando a outro, que logo abandona pelo anterior. E como é consciente dos deslizes que opera, essa consciência moral não é séria.

Os deslocamentos

1°) Partindo da existência de uma consciência moral; ou do 1° postulado.

A harmonia da moralidade e da natureza deve ser efetiva; ora, a ação moral consiste justamente em fazer surgir — como resultado ou fim da ação — uma efetividade que não havia antes. Além disso, ação é consciência efetivando-se como singular: é efetividade que se chama gozo, felicidade. Então: a consciência moral não toma a sério seu postulado de harmonia, que está prejulgado, pois a própria ação já o está realizando. Tal harmonia, que seria efetividade, posta como um mais além, teria que ser algo inefetivo.

Tem mais: ao agir, não se leva a sério a inadequação entre fim e efetividade; agir é que parece sério. No entanto, a ação é apenas singular e contingente. O Fim universal tudo abarca. E porque se deve realizar o bem-maior universal, nada se faz de bom.

Mas logo se deslocam ambas as posições: a ação moral não é contingente e limitada, porquanto sua essência e fim único é o dever puro, o cumprimento do fim total absoluto. No entanto, ao efetivar-se, o que encontra é justamente o contrário: uma natureza com suas leis peculiares. Para que o dever puro seja efetivo, exige-se que a efetividade da natureza seja conforme à Lei moral. Contudo, supor que a Natureza já tem por Lei a moralidade, não é levar a moral a sério: a moral torna-se supérflua, não há lugar para ela: a natureza já tem toda a harmonia que a ação moral deveria produzir.

2°) Partindo da hipótese do 2° postulado, harmonia da moralidade com a sensibilidade.

O fim, ou dever puro, independe de impulsos ou inclinações: eis a sensibilidade suprassumida. Mas quando se passa à ação, a natureza sensível é necessariamente o meio-termo entre a consciência pura e a efetividade: órgão ou instrumento. Então, as inclinações sensíveis não devem ser reprimidas; apenas harmonizadas com a Razão. E são conformes a ela: porque a consciência, que se efetiva, assume a figura de um impulso, ou é representada como mola ou motor de arranque pondo em marcha os dinamismos da natureza sensível.

Vã representação: logo se constata que a sensibilidade tem suas leis próprias e conteúdo específico. Seria antes a consciência que teria de conformar-se com ela; coisa que a Lei moral proíbe. Falhando a tentativa de uma harmonia interna, desloca-se esta para um além da consciência, para uns longes nebulosos jamais atingidos. A perfeição moral não existe: é um ideal, um infinito em que se encontram as paralelas da moralidade e da sensibilidade.

Esta posição sofre novo deslocamento: se a moralidade é pura tendência, então, na perfeição consumada se extinguem a moralidade e a consciência mesma. Ora tender para zero é decrescer e não progredir. Aliás, a própria noção de progresso conflita com a de dever puro, que é ou não é: não admite graus. A noção de moralidade imperfeita destrói pela base o postulado da harmonia entre moralidade e felicidade: como pode reivindicar direito à perfeita bem-aventurança, se é imperfeita? Quem é digno da felicidade? É uma sorte, uma graça, uma "ação entre amigos"? Estamos aqui fora da moral, na contingência pura.

3°) Deslocamentos a partir da hipótese do Legislador Sagrado (3° Postulado).

Hipótese decorrente da anterior: se a consciência moral é imperfeita, postula-se outra consciência, que seja perfeita, para salvar a moralidade. Dela se recebem os múltiplos deveres, como "mandamentos". Posição insustentável. A consciência logo se desloca dela: sabe que só o puro dever é válido e que só é dever o que sabe como dever. Firmar a essencialidade através de outra essência, não tem sentido. Nem se pode deixar à Essência Sagrada a convalidação do dever puro, ficando à consciência imperfeita, como tal, uma relação *positiva* com a natureza e a sensibilidade: porque esta Essência, totalmente separada da efetividade, não mantém sequer uma relação *negativa* com a natureza sensível; e estaríamos de novo fora da moralidade.

Conclusão

A cosmovisão moral, por não conseguir juntar os distintos aspectos na unidade do conceito, só produz um "sincretismo de contradições" (*sic*). Lembra a percepção sensível, deslocando-se entre seus múltiplos "tambéns" (da coisa com múltiplas propriedades). Finalmente, ao confrontá-los todos juntos, a consciência vê que não adianta deslocar-se de um para outro: o que precisa é abandonar a cosmovisão moral, refluir sobre si mesma e refugiar-se na certeza da boa-consciência (*Gewissen*).

Com efeito, a antinomia surgia por se representar a consciência moral como não moral; por admitir um saber e querer contingentes como válidos e esperar a felicidade como uma graça. Não podendo assumir esta representação contraditória, a consciência moral a transferia para outra Essência. Mas deslocar para fora de si o que deve ser pensado como necessário é também contraditório. Na verdade, o ser da efetividade é o próprio Si da consciência, a qual, retornando a si mesma, sabe como si mesma aquela essência na qual o *efetivo* é, ao mesmo tempo, *puro saber* e *puro dever*, e sabe sua singularidade imediata como puro saber e agir, como efetividade e harmonia verdadeiras.

Capítulo 2º — A BOA-CONSCIÊNCIA (*Gewissen*)

2.1. Apresentação: Um Si mais perfeito que os anteriores

O Si da "Boa-Consciência" — espírito imediatamente certo de si mesmo como da verdade absoluta e do ser — é o 3º Si que encontramos, resultado do 3º mundo do espírito. O 1º, era a Verdade do Mundo Ético: o Si da pessoa, cujo "ser-aí" era reconhecido; sem substância, repousava no universal que nem era seu conteúdo nem era por ele implementado. O 2º Si era a verdade do Mundo da Cultura: o Si da Liberdade absoluta, em que o universal era objeto e conteúdo do Si; mas não era nele implementado: não chegava a ser nenhum mundo. Temos agora o 3º, como verdade da consciência moral: o Si da Boa-Consciência, que tem na sua certeza um conteúdo para o dever, o direito e a vontade universal, antes vazios.

2.2. Caracterização geral da "Boa-Consciência"

É o espírito moral concreto: para ele, as oposições entre as quais a consciência moral oscilava não passam de momentos suprassumidos: o em-si e o Si: o dever como fim e a efetividade como natureza sensível. A essência moral e a ação formam nele unidade imediata e concreta.

Seja um caso dado: sabe o que deve fazer, imediatamente: o caso é só como a Boa-Consciência sabe. O agir, sem mudar o conteúdo do saber, apenas muda o registro da efetividade: converte um objeto *essente* numa efetividade operada, produzida pela consciência. Não considera na ação a multiplicidade nem o conflito de deveres, nem oscila entre uma moralidade autônoma ou heterônoma (vinda da Essência

Sagrada). Todas as perplexidades da consciência moral se desvaneceram junto com a falsa antinomia entre dever e efetividade, que no fundo significava que só atua moralmente quem nada faz, já que agir é sempre fazer algo determinado, distinto do puro dever... Para a Boa-Consciência, dever e efetividade são dados na certeza imediata de si mesma; têm por conteúdo o Si, considerado como saber ou convicção própria: é o conteúdo da essência antes vazia. E como a efetividade não é natureza com Leis estranhas à moralidade, dissolve-se a contradição da cosmovisão moral: a diferença, que lhe servia de base, desmorona na pura negatividade deste Si que é tanto puro saber quanto saber desta essência singular. O dever não é mais o universal oposto ao Si, nem este é para a Lei; a Lei é que é para o Si.

2.3. O momento da universalidade

Como se trata de uma *consciência*, a Lei e o Dever que ela tem por *objeto* são também *ser-em-si*, e não apenas, *ser-para-si*, ou seja, são ser, e portanto *ser-para-outro*: uma substância que é em-si, distinta do Si, abandonada pelo Si. O puro dever é um momento essencial: consiste em agir em relação aos outros como universalidade; e assim é o elemento comum das consciências-de-si, o momento de tornar-se *reconhecido* pelos outros.

Este momento caracteriza a Boa-Consciência, mas estava ausente da "consciência moral", que por falta de reconhecimento não era operante nem efetivadora; e sim, abstrata e inefetiva. Na Boa-Consciência, o *agir* traduz apenas seu conteúdo singular para o elemento objetivo, no qual é universal e reconhecido. Não há mais lugar para a intenção inoperante, pois o que é sabido como dever, por isso mesmo se implementa e se torna efetivo; e é o universal de todas as consciências de si.

Reponta aqui a noção de "Coisa Mesma", que surgiu primeiro na *Individualidade em-si e para-si*, como predicado apenas. No *Mundo ético*, já chegava a "Coisa Mesma" à substancialidade. Na *Cultura*, alcançava seu "ser-aí" exterior; na *Moralidade*, a essência do pensamento que sabe a si mesmo. Mas só agora na *Boa-Consciência (Gewissen)* é Sujeito que sabe estes momentos todos em si mesmo: substância, "ser-aí", essência do pensamento, e que sabe e domina todos os seus momentos por ser sua essência negativa.

2.4. O momento da particularidade

No agir se manifesta necessariamente uma pluralidade de determinações singulares. Como a Boa-Consciência as percebe? Como atua frente a elas? Sua atitude característica é agir como *a que sabe*: e como esse saber se pretende universal, teria que abranger as infinitas circunstâncias possíveis. Mas logo se dá conta de que, em contraste com a absoluta simplicidade da consciência pura, essa efetividade de infinitas variações é um *outro absoluto*, um negativo da consciência.

Contudo, o conhecimento e a avaliação delas está presente na consciência como um *momento* (algo que é somente para outro); e essa consciência toma seu saber incompleto, porque é o seu, como suficiente e completo. O mesmo ocorre quanto ao dever, que é a essência deste saber: a multiplicidade dos casos implica multiplicidade de deveres. A Boa-Consciência tem que optar entre eles, e para ser fiel ao "dever puro", que é o único absoluto, refugia-se em sua pura convicção do dever, ou seja, em si mesma. Essa certeza imediata como conteúdo e determinação, porém, é a consciência natural; isto é, os impulsos e as inclinações: a sensibilidade. Nisto é que dá; buscar um conteúdo moral na certeza imediata de si mesma.

Com efeito, toda a esfera moral, o que em figuras anteriores aparecia como Bem, Mal; Lei, Direito, é sempre um universal, ou seja, "um objeto que mediatizando a consciência consigo mesma, se interponha entre ela e sua verdade, e a separe de si mesma, em lugar de constituir a sua imediatez".

A Boa-Consciência faz do puro dever um predicado — cujo sujeito é o indivíduo — dando-lhe um conteúdo arbitrário. Qualquer coisa pode ser tida como dever: basta que o indivíduo tenha a convicção de que deve ser feita. Por exemplo: acumular riquezas. Os outros podem achar isto avareza; para quem o faz, é apenas dever do chefe da família, e condição para ajudar os pobres. A violência, para quem a pratica, pode ser justificada como autodefesa preventiva; a covardia, como prudência para conservar a vida; guiando-se por sua consciência do dever, os outros devem reconhecer isto; e lhe atribuir valor moral.

O problema é mais geral: qualquer ação concreta levará sempre a mácula da determinidade. Mesmo quando se opta pelo bem mais universal contra o particular, este universal tem também conteúdo determinado (enquanto oposto ao singular). Aliás, até quanto à forma — por apresentar-se como válido em-si e para-si, independentemente do saber e da convicção, estaria fora da moralidade. Além disso, aquela oposição entre dever para com o universal, e dever como com o particular, é inconsistente: o que se faz pelo singular é que beneficia o universal; e o singular não conseguiria cuidar de si tão exclusivamente que não redundasse em bem para os demais.

Acresce que esse tipo de cálculo na ponderação de deveres é alheio à Boa-Consciência, que decide referindo-se à pura certeza de si mesma. Mas com isso, o conteúdo, a forma e o saber do dever são somente o que ela pratica: e o puro dever é suprassumido como um momento esvaziado. A Boa-Consciência está plenamente livre na sua "autarquia"; seu dever e seu saber são idênticos: simples "mesmice" e pura igualdade consigo mesma.

2.5. A Boa-Consciência no elemento do ser

"Este puro saber é imediatamente ser-para-outro, porque — como pura igualdade-consigo-mesmo — é a *imediatez ou o ser*. Porém este ser, é ao mesmo tempo o puro universal, a 'mesmice' de todos. Por outra: o agir é reconhecido, e portanto efetivo: este ser é o elemento por meio do qual a Boa-Consciência se acha, de modo imediato, em relação de igualdade com todas as consciências-de-si; e o significado desta relação não é a Lei carente de Si, mas o Si da Boa-Consciência."

Quando age, a Boa-Consciência produz o justo, cujo conteúdo é o Si da consciência. Mas no meio universal do ser, a diferença é posta como subsistente; e as outras consciências não se reconhecem nela. Pois a consciência universal é tão livre quanto a que acaba de operar: o sentido da ação lhe parece incerto; mas ainda, parece mau. E de fato, a que operou não está mais aí, já se *deslocou* desta ação que *colocou* frente aos outros e reassumiu sua liberdade frente àquela determinação. Os outros a "deslocam" também, para preservar seu próprio Si e dissolvem em suas interpretações o sentido que aquela ação teria.

Entretanto, a ação não é só essa determinação do ser, abandonado pelo Si: uma efetividade vulgar. O *saber* e a *convicção* é que a fazem valer como dever e ser apta ao reconhecimento. Por meio deles, o Si entra no "ser-aí"; e o espírito certo de si mesmo existe, como tal, para os outros. Quer dizer: não é a ação imediata, (o determinado, o em-si) aquilo que é efetivo e reconhecido; mas o Si que se sabe como tal. Na consciência-de-si universal, somente a consciência-de-si pode ser reconhecida e adquirir efetividade.

2.6. A Boa-Consciência no elemento da Linguagem

Assim, mais uma vez a linguagem se manifesta como o "ser-aí" do espírito: consciência-de-si que é para-os-outros e que é universal como esta consciência-de-si; o Si que se torna objetivo e mantendo sua identidade, se funde com os outros. Percebendo-se e sendo percebido, o "ser-aí" se torna Si.

Comparando com as figuras anteriores, o conteúdo desta linguagem não é o Si dilacerado e pervertido da *Cultura*, mas o que retornou à sua certeza, à verdade e ao reconhecimento. A Linguagem do *Mundo ético* era a Lei, quando não a lamentação trágica sobre o destino. A consciência moral era muda: seu Si, de tão ensimesmado, não se exteriorizava. Agora a Linguagem surge como deve: mediação entre consciências-de-si independentes e reconhecidas; um Si, cujo ser é ser reconhecido, imediatamente universal, múltiplo e simples em sua multiplicidade.

A Linguagem exprime o Si que se sabe como essência: é seu único conteúdo. A ação não vale para a consciência universal pelo seu "ser-aí", mas pela *convicção* que exprime de ser o dever. Efetivar significa traduzir a ação da forma da certeza imediata à forma da *asseveração*, que assegura apenas que a consciência está convicta de que sabe e faz o dever. Aqui não há lugar para a dúvida; nem mesmo indagação se há dever, se é cumprido etc. A Boa-Consciência é a suprassunção da diferença entre a consciência universal e o Si singular; para ela, o saber imediato certo de si mesmo é Lei e Dever. Ao proclamar-se querer e saber puros e universais, reconhece que os outros o são também. Quando diz agir de acordo com a consciência, diz a verdade; *mas é essencial que o diga*, pois este Si deve ser, ao mesmo tempo, um Si universal. Ora, isto não se encontra no conteúdo da ação, sempre determinado: a universalidade radica na *forma*, ou seja, na *Linguagem*, em que se exprime como a Verdade: na qual reconhece todos os Si e é por eles reconhecido.

2.7. *Clímax e Anticlímax da Boa-Consciência*

Nestas alturas, a Boa-Consciência se encontra divinizada, acima de toda Lei: sua certeza íntima é a voz de Deus, sua ação tem criatividade divina. Seu saber é a contemplação da sua própria divindade, que é também seu "ser-aí" objetivo, enquanto enuncia seu saber e querer como um universal, num discurso em que o Si é reconhecido e expresso como a essência. No entanto, a Boa-Consciência tem de reconhecer que ao chegar à perfeição, suprassumiu a diferença entre a consciência abstrata e a consciência-de-si, estabelecendo uma relação imediata entre o Si e o em-si. Relação *mediata* significa que os termos, um para o outro, não são uma só e a mesma coisa, mas que são um Outro; só são Um para um terceiro termo. Relação *imediata* significa, de fato, apenas unidade. Move-se aqui a Boa-Consciência na órbita da Religião, presença divina imediata e discurso da Comunidade que diz o seu Espírito.

Volta assim a consciência-de-si à intuição do "Eu = Eu", e com isso se volatilizam em abstrações os momentos distintos, que fazem que ela seja consciência. Tanta pureza é uma pobreza extrema: desmoronamento ou naufrágio da consciência na absoluta consciência-de-si. Se o objeto é apenas o próprio saber; se o que se vê é só a transparência absoluta, então, a própria certeza de si, que definia esta consciência, também desvanece. O para-si carece de em-si e de "ser-aí"; o Si não pode chegar à efetividade por "lhe faltar força para extrusar-se, força para se fazer coisa e suportar o ser". Falta-lhe coragem de manchar sua pureza interior na ação e no "ser-aí"; por isso jaz na impotência obstinada de renunciar a seu próprio Si, abstrato até o cúmulo; de dar-se substancialidade; de transformar o pensamento em ser; de confiar-se à diferença absoluta. É a "bela alma infeliz" que se encontra apenas como perdida...

Capítulo 3º — O MAL E O SEU PERDÃO

3.1. Pela ação, o mal entra no mundo...

Quando a Boa-Consciência passa à ação, produz-se necessariamente a oposição de sua singularidade contra os outros singulares, e contra o universal: é o mal que entra em cena. Recapitulemos: o movimento da Boa-Consciência partiu do momento objetivo da consciência universal; passou pelo momento do saber de si, ou de um Si particular; chegou à linguagem, que confere a universalidade do reconhecimento aos Si particulares. Mas o movimento prossegue, e já se desloca para a desigualdade de cada consciência, que recai sobre si mesma desde a sua universalidade. Mas ao isolar-se do universal, o dever fica só nas palavras, e o conteúdo da ação se reduz ao próprio Si tomado como esta individualidade determinada.

Na ação, os dois momentos constitutivos da consciência-de-si, o Si e o em-si, surgem como desiguais em valor. A consciência operante toma o Si, a certeza de si mesma, como essência; e o em-si (o universal, o dever) apenas como um momento suprassumido. Ao contrário, a consciência universal tem o dever por essência e a singularidade por momento suprassumido. Para ela, a consciência operante é o *mal*, como desigualdade entre seu ser interior e o universal; e quando enuncia seu agir como dever, então é *hipocrisia*. A consciência universal trata de desmascará-la. Mas como pode? A tão falada homenagem que a hipocrisia presta à virtude, por tomar sua aparência, não produz esta igualdade: usar a virtude como máscara é servir-se dela, desrespeitá-la. Se a má consciência assume sua maldade, já não há hipocrisia a desmascarar. Se proclama que está cumprindo seu dever, então está se reconhecendo como mal; porque promulga como sua lei a vontade arbitrária e singular, quando a Boa-Consciência efetiva tem no universal o elemento de seu "ser-aí", e exprime na Linguagem seu agir como um dever reconhecido.

O espírito / Der Geist /

A consciência universal não consegue desmascarar a hipócrita pelo fato de denunciá-la como má, e remetê-la à *sua lei* (universal). Ora, é isso também o que faz a consciência má: estribar-se na lei que é *dela*. A consciência universal não pode alegar que sua lei tem reconhecimento universal, pois aqui está quem, não a reconhecendo, a reduz a particular...

3.2. A ação é julgada e condenada

Encontramo-nos frente a um julgamento, e paradoxalmente é ele que nos vai abrir um caminho para sair deste impasse.

Com efeito: a consciência do universal, ficando fora da esfera do agir, não foi colhida pela oposição entre a singularidade e a universalidade que surge necessariamente na ação. É uma consciência inefetiva, que apenas julga. Mantém assim sua pureza, mas também cai na hipocrisia, quando quer que se tome por ação efetiva, juízos e declarações de intenção. Na consciência má, o dever estava só nas palavras, e a ação era egoísta; mas aqui, nada se faz. Então, em ambas as consciências, o discurso é uma coisa, a efetividade é outra.

Como julgar é ato positivo, examinemos seu conteúdo, que é por um lado, contraditório e, por outro, igual ao da primeira consciência.

A consciência operante produz uma ação concreta, que tem inevitavelmente um aspecto universal — que foi tomado por dever — e um aspecto particular, o interesse do indivíduo. A consciência-juíza pronuncia-se sobre o interior, e só vê móveis egoístas na ação alheia. Se a ação traz glória e fama, diz que foi feita por vaidade e ambição. Claro que a ação consumada traz ao indivíduo satisfação, prazer; e eventualmente, renome. Daí fica fácil dizer que seu móvel seja só a busca do prazer e da glória.

"Ninguém é herói para sua camareira", não que não seja herói, mas porque a camareira não passa disto, e sua relação para com o herói é através das necessidades fisiológicas daquele indivíduo. A consciência-juíza é uma camareira da moralidade: é vil, porque divide a ação, produzindo a desigualdade; é hipócrita, pois não toma este julgamento como ele é: uma forma de maldade, mas o proclama justo, e quer que seu discurso inoperante seja considerado como uma efetividade eminente. Equipara-se assim à consciência que ela está julgando. A consciência operante se dá conta disso, e vê que a consciência-juíza tem estrutura igual à sua. (*Hypocrite lecteur, mon semblable, mon frère...*)

3.3. A confissão e a recusa da absolvição

Contemplando e proclamando esta igualdade, a consciência operante se confessa, e espera que a juíza que a ouve em confissão repita o mesmo discurso; já que a Linguagem é o "ser-aí" do espírito, que contribua, de sua parte, para este "ser-aí". Mas a confissão do mal: "É isto o que sou", não suscita o eco esperado. A consciência-juíza tem o coração duro: fecha-se na autossuficiência e no mutismo, rejeitando a continuidade com a que se tinha confessado. Esta, por sua vez, contempla o puro saber que não quer acolhê-la, justamente quando, pela confissão, renunciando ao ser-para-si separado, suprassumira sua particularidade e se pusera como universal.

A consciência-juíza entra em contradição ao não aceitar a rejeição (ao mal) efetuada no discurso, como uma rejeição verdadeira; ela que só tem "ser-aí" no discurso que é o seu julgamento. Sua dureza é que produz a desigualdade e cria obstáculo ao retorno do outro, a partir de seu agir, ao ser espiritual do discurso.

Contudo, porque é incapaz de extrusão, o espírito certo de si mesmo como bela alma, não pode intuir sua igualdade com a outra consciência, nem chegar à unidade de ambas, nem à efetividade. Fica numa imediatez que é o puro ser ou o nada vazio; tomando consciência de sua imediatez não conciliada, entra em desvario, no qual perde a dura obstinação de seu ser-para-si, mas só produz a unidade do ser abandonado pelo espírito.

3.4. A absolvição e a reconciliação final

Felizmente, "as feridas do espírito curam sem deixar cicatrizes". O fato termina por ser absorvido pelo espírito no que tem de singular: a dureza do julgamento é também um momento que vai ser suprassumido. Como o mal se extrusou, pondo-se como um momento na confissão, atraído pelo "ser-aí" que intuiu no Outro, este também deve fazer um movimento semelhante: reconhecer-se na outra consciência, renunciando à dureza de coração em que se obstinava. Isto é o perdão. A palavra de reconciliação é o espírito "sendo-aí" que contempla o puro saber de si mesmo como essência universal em seu contrário.

Este reconhecimento recíproco é o Espírito absoluto, o qual reside nesta culminância em que o puro saber de si é oposição e intercâmbio consigo mesmo. É a confluência dos dois saberes ou consciências que vínhamos analisando:

— o dever que se sabe e toma seu saber universal por essência;

— o saber de si, que toma a singularidade do Si por essência, ambos clarificados até a pureza extrema. A diversidade destes espíritos é absoluta, porque se situam no elemento do puro conceito; e estão cônscios de sua oposição. Embora determinados, têm como âmbito a totalidade do ser que preenchem; um, como seu saber; outro, como sua singularidade; são o puro movimento deste saber posto como consciência.

O movimento desta oposição, porém, prossegue, até efetivar-se como consciência-de-si, em que o Eu = Eu é oposição e igualdade; cada um se suprassumindo na contradição de sua universalidade pura e resistindo à igualdade com o outro, e dele se separando.

Por meio da extrusão, este saber cindido retorna à efetividade do Eu, o saber universal se funde com seu contrário absoluto — este saber-dentro-de-si, que quando atinge sua pureza é também universal perfeito.

O "Sim" da reconciliação em que os dois Eus abdicam no seu oposto; e em que cada um, na completa extrusão de si, tem sua certeza em seu contrário; é o Deus manifestando-se no meio deles, que se sabem como puro saber.

(CC)
SEÇÃO VII
A RELIGIÃO / Die Religion /

INTRODUÇÃO À SEÇÃO VII

Sumário:

A Religião é consciência da essência absoluta. Antes, era a consciência que se tinha dessa essência; agora é a consciência que ela tem de si mesma. Embora seja etapa dialética superior às anteriores, ainda se move no elemento da representação, em direção ao conceito. A consciência passa nela pelos estágios da religião natural, religião da arte, religião revelada, antes de chegar ao saber absoluto ou conceitual.
1ª Parte. **Religião Natural**. Aqui o espírito é objeto para si mesmo, primeiro, na forma de luminosidade; depois, na figura de plantas e animais; enfim, nas obras do artesão, prenúncio da fase seguinte.
2ª Parte. **Religião da Arte**. Essa forma de Religião, que corresponde no espírito efetivo ao mundo ético, o espírito é objeto para si-mesmo na forma de consciência; passa pelas etapas da arte abstrata, da arte viva, enfim, da arte espiritual, em que se distinguem a epopeia, a tragédia e a comédia.

3ª Parte. **Religião Revelada.** Sucedendo às anteriores, nessa forma de Religião a essência divina se torna efetivamente Si, pela Encarnação. A revelação se dá na Comunidade, consciência-de-si universal, e tem três momentos: 1°) A essência, ou o espírito dentro de si. 2°) O espírito em sua extrusão e/ou representação; aqui, o outro do espírito é o mundo, onde o Mal luta contra o Bem até a reconciliação redentora, quando da morte ressurge a vida espiritual da Comunidade. 3°) Retorno à consciência-de-si, quando essa Comunidade produz em si o que veio-a-ser em si. O que vivencia está além da representação; mas esse conteúdo verdadeiro é sabido sob forma ainda não conceitual.

INTRODUÇÃO

Religião é sempre consciência *da* Essência Absoluta. Mas isto pode-se entender de dois modos: ou consciência que se tem desta Essência; ou consciência que a Essência Absoluta tem de si (genitivo, objetivo ou subjetivo).

1. RETROSPECTIVA

No 1° sentido, encontramos muitas vezes a Religião em figuras anteriores. Aparecia no entendimento, sob a forma daquele suprassensível ou Interior; carente de si, e universal apenas, mas não ainda o espírito que se sabe como espírito. Na consciência-de-si, surgia sob forma de Essência Imutável, situada num "Mais-Além" inatingível pela consciência infeliz. Da dor desta consciência, brotava o "ser-aí" imediato da Razão, figura que não dava lugar a nenhuma forma de Religião, por ser toda ela presença imediata. O mundo ético se caracterizava pela Religião do mundo subterrâneo, que sofria a dualidade irredutível entre a Eumênide do espírito defunto e a universalidade fria e carente de Si do destino. Cindida entre uma sombra evanescente e uma noite impenetrável, a consciência-de-si não podia chegar à clareza do saber de si mesma. No mundo da fé, a Religião se voltava para o céu, onde o Si devia unir-se com a sua universalidade. Mas se tratava de um mundo de *representação*, maneira de pensar sem conceber. Daí vinha a sucumbir no livre pensamento da Ilustração, que por sua vez admitia um "Mais-Além" incognoscível, e indiferente à consciência que residia satisfeita no "mais-aquém" mundano. A Moralidade também conhecia uma Religião, que embora atribuindo à Essência Absoluta, conteúdo positivo, possuía, no fundo, a atitude negativista da Ilustração, e oscilava num movimento contraditório, sem nunca unir num conceito a Essencialidade e a Efetividade. Seu destino, onde esse movimento contraditório naufraga e encontra a sua verdade, é o Si consciente de si mesmo, tal como se encontra na Religião (2° sentido) que passamos a analisar.

2. CARACTERIZAÇÃO DA FIGURA PRESENTE

Agora o espírito que se sabe a si mesmo é imediatamente sua pura consciência-de-si. Na seção anterior, através das figuras de espírito verdadeiro; espírito alienado de si mesmo; espírito certo de si mesmo; tratava-se sempre do espírito em sua consciência, que defrontando-se com seu mundo nele não se reconhecia. Aqui, ao contrário, o espírito submete a si tanto o seu mundo objetivo em geral, quanto sua representação e conceitos determinados: é a consciência-que-está-junto-de-si. No entanto, a significação de ser espírito universal (que contém toda a essência e efetividade) nesta consciência está representada como objeto; estamos pois na figura da Religião. Com efeito: seu objeto é representado na forma translúcida de consciência-de-si, cuja efetividade é *pensada*. Dela se distingue, restabelecendo uma dualidade, o "ser-aí", a efetividade própria do espírito, que cai assim fora da Religião. Esta é apenas uma parte do existir humano. A outra parte é o mundo propriamente dito, onde se vive.

Nós filósofos, sabemos que estes dois mundos são um só, e que a realização cabal só se dá quando os dois coincidem: quando o espírito, consciente de si, se tornar efetivo e objeto da consciência. Na religião não se ultrapassa o nível da representação: a própria efetividade é representada. Mais ainda: por ser uma figura determinada, não corresponde ao que devia representar: o espírito consciente de si mesmo. Só ele pode se manifestar tal como é, porque só ele satisfaz a uma exigência paradoxal: ser um *objeto da consciência* e, ao mesmo tempo, uma *efetividade livre e independente*.

3. A RELIGIÃO E O ESPÍRITO

3.1. A Religião, além do espírito efetivo

Distinguimos Religião e espírito em seu mundo, em seu "ser-aí", que apresenta sua totalidade em momentos dissociados, ou figuras em sucessão temporal: consciência, consciência-de-si, razão e espírito. (Espírito imediato, que ainda não chegou a ser consciência do espírito). A Religião, ao contrário, é a totalidade *simples*, o Si absoluto destes momentos, que nela *não podem* ser representados temporalmente.

Dentro destes momentos, há diferenciações singularizadas; por exemplo: a consciência sensível abrange certeza sensível e percepção. Estas figuras são a *singularidade*, à qual a *universalidade* do espírito desce através do *meio-termo* que é a *determinação* dos momentos sucedendo-se no tempo, cada um recapitulando os anteriores

Por ser a Religião a implementação (*Vollendung*) do espírito ao qual estão sempre retornando os momentos (Consciência, Consciência-de-si, Razão e Espírito) para constituí-lo em sua totalidade, ela se efetiva num devir cujo movimento corresponde a esses momentos (Consciência-Religião natural; Consciência-de-si-Religião da Arte; Razão e Espírito-Religião revelada); porém, a determinidade única da Religião penetra a todos eles e lhes confere um caráter comum.

A partir de agora, opera-se uma síntese superior, em que os momentos que antes se apresentavam soltos se reúnem num feixe. Já não é só o conhecimento que os une numa série: o espírito certo de si mesmo é a riqueza total do espírito efetivo, e mantém aglutinados todos esses momentos em sua totalidade, em que cada um deles recebe em si igual determinidade do todo. A série percorrida era marcada por etapas como se fossem *nós*, a partir dos quais o movimento retornava. Agora, como se a linha se rompesse nestes nós, os segmentos se dobram uns sobre os outros, formando um feixe. E, assim, cada ponto (ou figura elementar) de cada segmento (ou momento universal) vem a coincidir com o seu homólogo. (Ver Labarrière, 1968, pp. 154 ss.).

Mas estas diferenças, não sejam tomadas como partes: são apenas momentos do devir, embora relevantes. Em si e para nós, filósofos, todas as formas estão contidas no espírito, e em cada momento seu; porém, no que toca à efetividade, o importante é conhecer a *determinidade* que é para o espírito em sua consciência, e na qual exprime o seu Si ou conhece sua essência.

3.2. A Religião, aquém do espírito absoluto

A distinção entre espírito efetivo e espírito que se sabe como espírito é suprassumida no espírito que se sabe segundo a sua verdade, porque aí coincidem consciência e consciência-de-si. Mas na Religião, que é apenas imediata, ainda não se efetuou o retorno e a reabsorção dessa diferença no espírito. Toma como essência a consciência-de-si que é para si toda a verdade e efetividade; mas procede como consciência, que faz desta consciência-de-si seu *objeto*, quer dizer, toma o espírito na forma da imediatez e o representa na figura de ser. E assim, o espírito, como essência, não é igual à sua consciência.

Com efeito: o espírito só é efetivo como espírito absoluto no qual a verdade e a certeza de si são a mesma coisa. A figura que o espírito toma como objeto de sua consciência, a de pura consciência-de-si, evita sua degradação em mera objetividade; porém, encerrado em sua pura consciência-de-si, o espírito não existe na religião como criador da natureza em geral. No entanto, procede num movimento que é o devir de sua efetividade, e que produz suas figuras como espíritos: estes, em conjunto, constituem a totalidade de sua manifestação. São eles: 1°) Religião imediata, natural: "conceito" mesmo da Religião, em que o espírito é objeto na figura da natureza. 2°) Religião da Arte, em que o espírito é objeto como Si (ou naturalidade suprassumida) através da produção da consciência, que assim contempla no objeto seu Agir, seu Si. 3°) Religião revelada, que apresenta o espírito como é *em-si e para-si*: suprassume, pois, o caráter unilateral das anteriores.

Mesmo esta religião revelada ainda fica no nível da representação. Resta que o espírito passe ao conceito para reabsorver em si a forma da objetividade e encerrar em si mesmo o seu contrário; para ser, para si mesmo, o que nós, filósofos, tínhamos captado desde o início. Quando a figura é o conceito, então é o próprio espírito.

PRIMEIRA PARTE
A religião natural

O espírito que se sabe espírito — e portanto, consciência-de-si — aparece na Religião como um objeto da consciência. Conforme a *figura* em que o espírito sabe a si mesmo, temos uma religião diversa, ou uma forma diversa da religião. Passemos a analisar a série dessas formas; o conceito da Religião já foi produzido acima.

Encontrando-se o espírito cindido entre sua consciência e sua consciência-de-si, entra num movimento que tende a suprassumir esta diferença, dando à figura — objeto de sua consciência — a forma de consciência-de-si. Não basta que estas figuras tenham a forma do Si, nem que o Deus seja representado como consciência-de-si; é preciso que sejam postas como operação da consciência-de-si, porquanto o representado só deixa de ser algo estranho a seu próprio saber, quando o Si o produziu; e, por isso, ao contemplar a determinação como *sua*, nela se contempla.

Além disso, a determinidade superior deve suprassumir a determinidade inferior; ou então, se esta continuar presente, deve retirar-lhe a essencialidade. Cada religião representa uma unidade peculiar da consciência e da consciência-de-si, e se caracteriza pela determinidade da consciência que desta vez a consciência-de-si assumiu como sua essência. Nisto reside a verdade de uma religião: que naquela figura determinada, o Espírito se constitua e tome consciência de si mesmo.

1. A LUMINOSIDADE

O Espírito, representado como fonte secreta e originária de todas as suas manifestações, é a *noite* donde surge como *aurora* luminosa, enchendo tudo com efusões de sua luz, que são criações suas no elemento sem resistência de seu ser-Outro (as Trevas). Constituem as diversas formas da natureza, que por sua vez retornam à origem como torrentes de fogo. (Historicamente, é a religião dos persas, fundada por Zoroastro: Hegel, *Hist. da Filosofia*).

Este objeto universal é, para o Eu, a compenetração de todo o movimento e de toda a realidade efetiva; mas se apresenta numa figura que convém à consciência imediata ou à *certeza sensível*. No registro da consciência-de-si, corresponde à figura do Senhor: o Si imediato se sente esmagado pela majestade de seu objeto. No entanto, a relação entre o Uno de mil nomes e seus atributos não é satisfatória, porque nem esse chega a ser sujeito, nem suas diferenças se afirmam como independentes. É preciso dar consistência a tais figuras evanescentes; ora, só o espírito que se sabe na forma de Si é capaz disso. Surge, pois, uma nova forma de religião, como se a luminosidade sacrificasse sua substância para dar subsistência a uma infinidade de formas separadas.

2. AS PLANTAS E OS ANIMAIS

Agora o espírito, que se elevou da imediatez até o Si em geral, determina a sua imediatez como uma multiplicidade de figuras de seres vivos. No registro da consciência, corresponde à percepção (*Wahrnehmung*) que também opera a dispersão da unidade numa pluralidade inumerável. Mas logo a coexistência pacífica, da inocente religião das flores, dá lugar à hostilidade e à luta mortal da religião dos animais (no registro da consciência-de-si, corresponderia à luta de vida e morte, da dialética do Senhor e do Escravo).

Esta religião, com seus sacrifícios expiatórios sangrentos, corresponde, no espírito efetivo, à guerra generalizada entre povos hostis; cada qual vendo sua essência numa espécie animal (totêmica); e na verdade, se assemelham a tais espécies animais, como consciências-de-si sem universalidade.

Neste ódio, porém, esgota-se a determinidade do puro ser-para-si negativo. Ora, o movimento do espírito prossegue, e assim entra numa nova figura; nela o espírito é artesão.

3. O ARTESÃO

A forma do objeto, em que o espírito agora contempla sua figura, é o ser-para-si suprassumido, produzido pelo Si, ou melhor, o Si produzido, se autoconsumindo e se fazendo coisa. O artesão é superior a esses espíritos animais que se destroem mutuamente: sua operação é positiva e tranquila. A partir de agora, o espírito ultrapassou o *em-si imediato* e o *para-si abstrato*: o em-si, que estava na forma banal do "ser-aí", foi suprassumido. O para-si não é só o que suprassume: é também o que é exteriorizado na forma de objeto, e produz sua representação. A atividade do artesão, porém, não é perfeita por estar condicionada a algo já dado. Tem caráter instintivo, como a das abelhas, porque o espírito ainda não captou todo o pensamento de si mesmo.

Primeiro, o artesão dá à sua obra a forma abstrata do entendimento, produzindo cristais de pirâmides e obeliscos que evitem a incomensurabilidade das curvas. Tanto rigor formal contém a inteligibilidade da forma, mas não a significação espiritual. Esta será algo estranho à obra: quer abrigada no monumento, como Si defunto (múmia); quer projetada pela incidência de um raio de luz. O esforço ulterior do artesão será buscar a convergência entre a *obra*, o em-si material que é trabalhado, e a consciência-de-si que trabalha. Dando alma a essa matéria e dando corpo a essa alma, o espírito chegará, quando a coincidência for perfeita, a saber-se na obra tal como é em-si e para-si.

Por enquanto, o que o artesão elabora com mais alma é ainda a morada circundante, usando para isto as formas vegetais — já despojadas do caráter sagrado que tinham no panteísmo anterior — como elemento decorativo estilizado. São as colunas, onde as formas vivas não têm mais a fragilidade da natureza, mas em seu jogo de retas e de curvas se aproximam das formas universais do pensamento. Nesta morada está contida uma *figura singular*, em que a obra se torna mais semelhante ainda à consciência-de-si que a produziu. No início adota uma forma animal, não por si mesma, mas como hieróglifo (símbolo) de um pensamento. Mais tarde, o artesão mescla na mesma imagem a forma animal com a humana.

Ainda falta, porém, à obra exprimir sua significação interior pela linguagem, que é o "ser-aí" em que o Si existe como tal. A estátua de Ménon emitia um som quando iluminada pela luz da manhã: era uma tentativa em direção da linguagem. Mas ressonância não é linguagem: revela um Si exterior, não um Si interior. Outra tentativa de representar esse interior se encontra, por exemplo, na Kaaba de Meca: um habitáculo inessencial que renuncia à múltipla variedade das formas vivas para abrigar um interior tenebroso.

A religião / Die Religion /

O que o artesão visa nessas duas representações é traduzir os dois momentos do espírito: Interioridade e "ser-aí", ou seja, os dois momentos do Si, o interior e o exterior, numa relação de oposição. Resta unificar estas duas representações, já que a forma humana da estátua ainda não deriva do interior, por não ser linguagem; e o interior ainda é mudo, indiferenciado em si mesmo e separado de suas manifestações exteriores. Ao mesclar na mesma obra a figura animal com a humana, o artesão pretende unificar os dois momentos; porém, o resultado obtido é a luta do inconsciente com o consciente, o conflito da obscuridade do pensamento com a clareza de expressão. Na literatura, produz esses textos sapienciais, profundos, mas enigmáticos.

No entanto, neste ponto cessa o trabalho instintivo e inconsciente do artesão, pois aqui se elevou até a cisão de sua consciência, onde o espírito se encontra com o espírito. Agora, o espírito é figura e objeto da consciência, as mesclas se purificam, os monstros se dissolvem numa configuração espiritual. O Exterior se adentra; o Interior se exterioriza. O "ser-aí" é transparente e o espírito é *artista*.

SEGUNDA PARTE
A religião da arte

INTRODUÇÃO — CARACTERIZAÇÃO GERAL

A figura em que o espírito é objeto para a consciência tem agora a forma de consciência, que o espírito produz frente a si mesmo. O espírito efetivo que corresponde a esta religião da arte é o espírito ético, substância universal em que estão imersos os indivíduos singulares e a reconhecem como essência e obra comum de todos.

Ficou para trás a essência luminosa, na qual o para-si da consciência só estava contido negativamente; superou-se a luta generalizada de povos hostis e o sistema de castas, organização inautêntica por carecer de liberdade; aqui surge um povo livre, composto de indivíduos que reconhecem nos costumes (que são sua substância) a vontade própria e o livre agir de cada um.

Como pode o mundo ético, onde o povo vive em unidade imediata com a sua substância, ter espaço para a Religião, que implica elevação por sobre a efetividade, retorno de sua verdade objetiva ao puro saber de si mesmo?

De fato, a Religião da Arte só surge em sua perfeição no momento em que o povo ético se desprende de sua subsistência. Convém lembrar que a efetividade ética tem dois componentes: em parte, é a sólida confiança nos costumes imperturbados; em parte, é uma articulação de massas e de estados sociais diversos; de uma pluralidade de direitos e de deveres. É a partir deles que o singular, que estava satisfeito com a limitação do "ser-aí", retorna à certeza de si mesmo. Ao tomar consciência de si mesmo e de sua liberdade, o mundo ético encontra sua verdade e capta a sua essência; mas então soçobra no extremo da consciência-de-si da singularidade livre. Lamenta a perda de seu mundo justamente ao produzir sua essência por cima da efetividade; e tendo dissolvido em si todas as essências fixas, chega à alegria sem limites e ao mais livre gozo de si mesmo.

É numa época assim que surge a *arte absoluta*. Antes dela, o que havia era a atividade instintiva do artesão, tão aderente ao seu "ser-aí" que não conseguia elevar-se à atividade espiritual. Mais tarde, para além da arte, virá a religião revelada, na qual o conceito (Verbo) e sua figura humanada são uma só e a mesma coisa; e o sabem.

Quando a substância ética retorna de seu "ser-aí" à pura consciência-de-si, a atividade em que o espírito se produz como objeto é *conceito* ou forma pura: a substância se transforma em sujeito; a figura se liberta tanto da natureza quanto do "ser-aí" do espírito. A suprema realização da arte se encontra no teatro grego, em que o herói, escolhido pelo espírito para receptáculo de sua dor, é o indivíduo senhor do destino que faz do *pathos* sua matéria e conteúdo, numa obra de arte que é o espírito universal individualizado e representado.

Capítulo 1° — A OBRA DE ARTE ABSTRATA

A obra artística é inicialmente imediata, abstrata, singular: ainda não completou seu movimento em direção à consciência-de-si, e esta ainda não suprassumiu a diferença que tinha estabelecido em relação ao espírito, a ponto de produzir uma obra de arte que tenha vida em si.

1.1. As imagens

Em sua primeira forma, a diferença entre a consciência ativa e a obra plástica é a maior possível: esta é uma "coisa". Na arquitetura, as edificações têm o momento da universalidade; na escultura, o de singularidade. A estátua representa um Si individual: as formas vegetais e geométricas do arquiteto têm um toque de incomensurabilidade, que é atributo da vida. O escultor põe no templo a figura de um deus, puramente humana; caso represente algum animal, é como signo ou símbolo, não por ele mesmo.

As figuras divinas, no entanto, encerram como obscuras reminiscências figurações dos elementos da natureza. Estas essências naturais estão suprassumidas, rejeitadas para a margem da realidade efetiva, que se tornou clara a si mesma. Aludem ao reino dos titãs, nascidos da união entre a Luminosidade e as Trevas (Céu, Terra, Oceano, Sol, Fogo ctônico); mas o que representam agora são os translúcidos espíritos morais de povos conscientes de si mesmos. A imagem serena dos deuses reúne, na quietude de sua individualidade, a inquietude da infinita singularização, tanto da natureza mutável a que originariamente aponta, como da multiplicidade dos indivíduos e massas (estados) que compõem um povo. Contrasta com a tranquilidade divina a inquietude da consciência-de-si, cujo ponto germinativo é ser atividade pura.

O artista, como individualidade determinada, não se pôs ainda em sua obra: sente que ainda não produziu a unidade do Agir e do Ser-coisa. Por isso, a obra que cria não é propriamente viva. O momento do ser consciente-de-si mesmo está do lado de quem contempla a obra, e daquele que a produziu. Mas há um descompasso entre eles: assim, quando a multidão glorifica na obra de arte o espírito que é sua essência, o artista não encontra na alegria o sofrimento de seu esforço criador. Quando os críticos querem julgá-lo do alto de seu saber, o artista têm consciência de que sua ação criadora é maior que a crítica. E quando os adoradores se inclinam ante a imagem, como seu Senhor, ele bem sabe que como artista é o Senhor de sua obra.

1.2. O Hino

Mas o deus exige um modo de expressão em que não caia da profundeza da noite criadora para a exterioridade da coisa inconsciente. A *Linguagem* é esta expressão superior: um "ser-aí" imediatamente consciente-de-si, uma presença fluida, que se propaga como contágio universal, atingindo a multiplicidade dos Si. A Religião entoa o Hino, em que a linguagem é o elemento da figuração do deus: tem alma, e assim abrange aquela atividade que antes contrastava com o deus representado como "coisa". Agora, a consciência fica junto de si ao objetivar-se como essência: é puro pensar, ou fervor devoto. É ao mesmo tempo singular, por ser *desta* consciência-de-si; e universal, porque ao ser escutado, forma uma corrente universal no ato fervoroso de todos os devotos.

1.3. O oráculo

O oráculo é outra linguagem do deus, mas que não tem a universalidade do Hino: provém de uma consciência-de-si separada da Comunidade. Já presente nas formas anteriores da Religião, une matéria e espírito: emanações da terra, vísceras dos animais, com a mensagem do deus. Além de singular, o oráculo é contingente: as verdades universais e necessárias pertencem ao pensamento que se sabe. Uma fonte estranha a esse pensamento só informa sobre dados ocasionais e irrelevantes: serve apenas para guiar o indivíduo nas vicissitudes da vida, na sua operação contingente.

Entre a estátua e o Hino — que é linguagem universal e não procede de uma consciência estranha — existe o contraste entre a coisidade imóvel e o "ser-aí" evanescente. Se a estátua, por sua objetividade em excesso, não tem Si próprio, o Hino fica tão encerrado no Si que tem uma figuração precária, e se desfaz no próprio momento em que surge.

1.4. O culto

Mas, o movimento da Religião prossegue: e cada lado termina por abandonar sua determinação divergente, e ambos convergem numa unidade que é o conceito de sua essência: o *Culto*. Nele, desce a essên-

A religião / Die Religion /

cia divina do Mais-Além inefetivo (puramente objetivo) à efetividade da consciência-de-si. Por ele, a alma *sobe* a seu puro elemento divino; purificando seu exterior, segue por um caminho de penas e recompensas numa formação (*Bildung*) que a expurga de sua particularidade até chegar às moradas da Comunidade Beatífica.

Inicialmente, o Culto é apenas atualização representada, inefetiva; mas não é possível ficar só nisso, porque ação inefetiva é uma contradição. Logo a consciência se eleva nele até à consciência-de-si: seu objeto retorna ao Si. A essência desce de sua universalidade, através da mediação do culto, até a Singularidade, em que se articula com a realidade efetiva.

A natureza possui uma significação ambígua para a consciência: por um lado, lhe pertence como posse e propriedade sua; como não-essência a ser suprassumida. Mas, por outro lado, se mostra como a essência em si *essente*, ante a qual a consciência deve sacrificar sua inessencialidade como antes sacrificava a si o lado inessencial da natureza.

"A ação é movimento espiritual porque é bilateral: suprassume a abstração da essência — o modo de determinação do objeto pelo fervor — e a torna efetiva; suprassume a efetividade — o modo como o agente determina o objeto e a si mesmo — e a eleva à universalidade'".

Começa a ação do culto quando o dono deixa ir em fumaça, sem proveito aparente seu, uma coisa que possui: renuncia à propriedade e ao gozo; retorna do agir sobre o Si. É uma ação no universal, na Essência, não em si mesmo. De outro lado, porém, a essência *essente* é negada: o animal sacrificado simboliza o deus: os frutos que se comem são Baco e Ceres, vivos. Então o agir, que é o lado consciente-de-si, retoma a essência em proveito seu, e a desfruta; e assim alcança a consciência de sua unidade com a essência.

Na verdade, quando a essência divina se tornou animal ou fruto, já se sacrificou; o que a ação cultual faz é que isto seja também para a consciência-de-si. O fervor, que contém o significado do culto, não é produzido objetivamente; porém, inspira um trabalho objetivo, ao produzir templos, ornamentos, que redundam na utilidade dos homens, que se servem desses edifícios, e eventualmente de seus tesouros; e que adornam suas casas nas festas religiosas. A beleza das cerimônias é a

215

glória de um povo e dos seus artistas: o deus os recompensa por ocasião do próprio ato feito em sua honra.

Capítulo 2º — A OBRA DE ARTE VIVA

A Religião da Arte é própria do mundo ético: nela se expressa um povo livre e consciente-de-si. Difere da Religião da luminosidade carente de Si, potência dominadora em que os indivíduos se dissolvem, em vez de se tornarem conscientes de si. Contudo, nela havia uma profundidade, na simplicidade absoluta da essência, que a Religião da Arte só poderá conseguir quando se tornar a verdade que se sabe em sua profundeza. A figura que passamos a analisar representa um duplo movimento que tende a recuperar, dentro da Religião da Arte, a qualidade auroral da etapa anterior.

2.1. Os mistérios

O crepúsculo que aqui se alcança não é, porém, uma aurora, mas um ocaso: a Essência já percorreu todo o movimento de sua efetivação. A naturalidade é suprassumida e se oferece à vida do Si; e, ao ser comida e bebida, a substância acede a uma existência mais alta e toca os confins do "ser-aí" espiritual. O espírito da terra passou por metamorfoses e é agora o princípio feminino da nutrição e o princípio masculino consciente-de-si.

Este gozo revela o "mistério" da essência: mistério não quer dizer ocultamento ou ignorância, mas conhecimento, em que o Si se sabe um só com a essência: esta se apresenta como um "ser-aí" que se vê, cheira e toca; é objeto de desejo e de gozo, e faz uma só coisa com o Si. Contudo, o que aqui se desvela é o espírito imediato, o espírito da natureza. Ainda não se sacrificou o Espírito consciente-de-si: o mistério do pão e do vinho é Ceres e Baco, e não ainda o Corpo e o Sangue.

2.2. As Festas

Este entusiasmo, porém, ainda vai acalmar-se, como o entusiasmo do artista que se objetivava numa estátua; só que desta vez não produz

A religião / Die Religion /

uma coisa Inanimada, mas uma obra viva. É o culto das *Festas*, em que o homem toma o lugar da estátua, como figura elaborada do *movimento perfeitamente livre* (a estátua era a *quietude*). Todo indivíduo se apresenta, mesmo como portador de tocha; mas acima de todos, um se destaca, como o movimento tornado figura, obra de arte viva e animada, beleza unida à força. São-lhe atribuídos como prêmio os ornatos do deus, e a honra de ser, em meio a seu povo, a mais excelsa representação corpórea da essência, em vez do deus de pedra.

Comparando as duas representações, delírio místico e bela corporeidade, vemos que, na primeira, o Si está fora de si; mas, na segunda, quem está fora de si é a Essência espiritual.

A bela corporeidade devia incorporar aqueles balbucios selvagens do delírio báquico que, por sua vez, devia absorver-lhe a clareza. Ora, existe de fato um elemento perfeito, capaz de tornar a exterioridade interior e a interioridade exterior: é a *Linguagem*. Já não se trata do oráculo, contingente, nem do hino feito a um deus singular; nem do balbuciar frenético das bacantes. Trata-se de uma linguagem que tem um conteúdo *claro* e *universal*. O artista elabora uma figura, uma forma, que é um "ser-aí" penetrado pela alma consciente-de-si e em convívio com todos: portanto, claro. Nesta festa em honra do homem, desaparece a unilateralidade da estátua, que só contém o espírito nacional. O belo ginasta representa a forma humana na sua beleza universal.

Capítulo 3° — A OBRA DE ARTE ESPIRITUAL

3.1. A epopeia

Agora os espíritos dos povos se reúnem e unificam num Panteão cujo elemento e morada é a Linguagem. Falamos da epopeia, a primeira universalidade a que chega o espírito no mundo ético. Todos se encontram sob o mando (mais que sob a autoridade) de um só; no entanto, essa convergência num único centro, embora ainda na forma de uma relação contingente e amistosa, significa a unidade essencial dos dois mundos.

O *Aedo* é o produtor e o suporte deste mundo: seu *pathos* não é uma forma da natureza, mas a Mnemósine, o rememorar da essência que antes era imediata. Não canta seu próprio Si, mas sua Musa, seu canto universal. Num silogismo, em que o universal são os deuses, o meio-termo são os heróis particulares, sua singularidade (do Aedo) não passa de consequência.

O que na epopeia se atualiza ante a consciência é a relação entre o divino e o humano. O agir perturba a tranquilidade da substância e desperta a essência: como se abrisse uma fenda na terra pacífica, por onde o sangue derramado evocasse os espíritos defuntos; faz a simplicidade da essência cindir-se no mundo múltiplo das forças naturais e das forças éticas.

A representação divide de uma maneira inconsequente estes dois lados: o do Si, ou dos povos efetivos, sob o comando de seus chefes; o do universal, ou das potências substanciais. Os deuses, representados como individualidades humanas, fazem exatamente o que os homens fariam, sendo assim, supérfluos. Os homens, por sua vez, são um esforço inútil, já que as potências divinas tudo dirigem. E, contudo, apesar de nada serem, submetem estas potências universais: ofendem-nas e lhes dão motivação para agir. Todavia, essas divindades impotentes que se nutrem dos dons dos homens, e só graças a eles têm o que fazer, são a essência universal da matéria e de quanto sucede na natureza; e também são a matéria ética e o *pathos* do agir. Porque são o universal, que para agir precisa da individualidade, embora sua unidade superior dissolva em sua fluidez todo o individual.

Além dessa relação contraditória com os homens, os deuses ainda vivem em conflitos entre si. Representam-se como determinados; mas nesta determinação esquecem sua natureza divina. A luta de um deus contra outro — que por definição é força divina invencível — não passa de fanfarronice inconsequente. Frente aos mortais, os deuses são o universal a que não se pode resistir; porém, sobre os deuses paira a Necessidade, diante da qual se comportam como carentes de Si e angustiados.

Esta Necessidade é, na realidade, a unidade do *conceito*, a que se acha submetida a substancialidade contraditória dos momentos singulares; nela o jogo de suas ações adquire seriedade e valor.

Todo esse mundo de representações da epopeia desaba sobre o herói que sente sua vida destroçada no auge da força e da beleza. A singularidade firme e efetiva se acha excluída ou marginalizada: num extremo está o destino abstrato, que se impõe de fora à sua vida. No outro extremo, está o Aedo singular que não participa dos acontecimentos. O movimento vai prosseguir até aproximar os dois lados: a necessidade do destino deve-se implementar com este conteúdo; e a linguagem do Aedo tem de tornar-se participante. Na tragédia, o conteúdo não fica à deriva como na epopeia, mas recebe a certeza e a sólida determinação do negativo.

3.2. A tragédia

A tragédia é a linguagem superior que reúne o mundo da essência e o mundo do agir sob a égide do conceito, o qual comanda a divisão e o movimento das figuras. O conteúdo é racional; a forma já não é narrativa: o próprio herói fala, e os espectadores-ouvintes se mostram no coro homens conscientes-de-si, que sabem o que querem e os direitos que lhes competem. Não expressam só o exterior dos eventos; mas seu interior. Dizem o *pathos* a que pertencem, expurgam os personagens de suas circunstâncias contingentes para expô-las como individualidades universais. São homens efetivos que personificam estes heróis e os apresentam em sua própria linguagem. A presença obrigatória da máscara indica, porém, que a Arte não contém ainda o Si na sua completa autenticidade.

1) O coro

O coro dos anciãos representa o povo: fica-lhe bem a fraqueza dessa idade, pois significa o material passivo e positivo que o Governo defronta. Sem ter a força do negativo, é incapaz de reunir a riqueza multicor da vida divina e a deixa dispersar em seus momentos, exaltando cada um deles nos hinos litúrgicos como um deus independente. Mas quando assiste a seriedade do conceito passar por cima dessas figuras e despedaçá-las, interpreta isto como a força do destino estranho, e as falas do coro tratam de aplacar e de consolar. Vã compaixão, temor e lamento inoperantes, capitulação ante a Necessidade, por ser incapaz de entendê-la como é de fato: ação necessária do caráter e operação da própria essência absoluta.

2) Os heróis

Ante essa consciência espectadora, o espírito entra em cena no desdobramento simples do conceito, nas suas duas potências extremas. Um par de heróis representa esta dualidade: cada um deles põe seu caráter e consciência numa só destas potências e a põe em ação. Direito humano e direito divino: direito do mundo ctônico e do mundo de cima; família e Estado: homem e mulher. O próprio mundo dos deuses se cinde de acordo com esta polarização, que se aproxima muito mais da individualidade verdadeira que a pluralidade antes representada; que constituía, de fato, uma dissolução do sujeito em seus momentos dispersos.

3) O saber e o não saber

O herói só pode agir segundo o seu caráter, determinado por uma só das potências, e desta forma desconhecer a outra. Uma potência se revela; outra se oculta. O que é revelado nos oráculos, leva à perdição quem se guia por eles. A ambiguidade dos oráculos, para ser expurgada, tinha de ser conferida com os saberes da potência oposta; o que não sucede, porque o saber dos heróis é sempre unilateral, só capta uma das potências da substância, com exclusão da outra.

4) Os deuses

O mundo dos deuses do coro tem três figuras: Zeus, que representa a substância e não se individualiza em potência da família e potência do Estado, mas as abrange em sua efetividade única. O saber e o não saber são representados por duas individualidades ou figuras distintas: Apolo, o deus que sabe, que se revela; e as Erínies, que se mantêm ocultas. Ambos gozam de honra igual. Zeus é a necessidade de sua relação mútua: pois a substância, na qual o saber é para-si, tem a sua verdade

A religião / Die Religion /

na essência interior que destrói toda a diferença e tem sua confirmação no olvido (*Lethes*).

5) *O desenlace da tragédia*

O herói segue um oráculo ambíguo, quando tinha tudo para suspeitar de sua ambiguidade; com efeito, o frenesi da pitonisa, o grotesco da bruxa, as árvores e os pássaros que falam são signos admonitórios do engano, e não modos de manifestação da verdade. A potência oposta foi assim lesada. Na consciência do herói não há culpa: não pode renegar o seu agir; mas há crime. Só o olvido pode apagá-lo, no mundo superior pela absolvição, e no inferior pela expiação. Olvido é o *ser-desaparecido* da realidade efetiva, das potências da substância e do pensamento abstrato do Bem e do Mal. A essência é o destino, a honra e a inefetividade iguais de Apolo e das Erínies, e retorna de sua animação espiritual à simplicidade de Zeus. Com isto se provoca um despovoamento do céu.

A eliminação dessas representações carentes de essência — de que os filósofos da antiguidade reclamavam — já começa com a própria tragédia. Nela, o *conceito* afirma seu predomínio sobre as representações, e a única potência suprema que a consciência-de-si admite na tragédia é Zeus, que impera sobre o lar e o Estado, sobre o saber do particular e do universal. Os momentos que continuam se dispersando do conceito na representação são os que o coro recolhe: não constituem o *pathos* nem o caráter dos heróis, senão que descem ao plano das paixões.

Na simplicidade do inconsciente se fundem — ou melhor, soçobram — as figuras divinas e as potências da substância. No nível da consciência-de-si, unificam-se na unidade de Zeus a essência substancial e a necessidade abstrata, pois Zeus é o Si, a unidade espiritual a que tudo retoma. A consciência-de-si efetiva, porém, é distinta ainda da substância e do destino: o herói que aparece ante o espectador usa uma máscara, quer dizer, se decompõe num personagem e num Si efetivo. A consciência-de-si do herói precisa sair dessa máscara, apresentar-se e saber-se como destino dos deuses e das potências da substância; então não estará mais separada do coro da consciência universal.

3.3. A comédia

Na comédia, a consciência-de-si se representa, antes de tudo, como o destino dos deuses, que esvaziados da realidade efetiva, não são um Si, mas apenas momentos universais. A *ironia* faz cair a máscara que apresentava; revelando sua nudez e mostrando ser a mesma coisa que o Si verdadeiro: o do ator e o do espectador.

Esta dissolução universal da essência é ainda mais séria no seu conteúdo que em sua forma; e se torna mais radical à medida que se aprofunda. Com efeito: a substância divina significava essencialidade natural e essencialidade ética. A consciência-de-si efetiva progressivamente se apoderou dessas significações. Primeiro, usou a natureza para adorno e morada; e queimando em holocausto, afirmava-se como o destino da natureza. No mistério do pão e do vinho, apropriava-se dos dois como sua essência interior; agora, na comédia, toma consciência da ironia desse significado.

Quanto à essencialidade ética, encontra-se agora assumida — de uma parte pelo povo (*demos*), como sociedade política ou como famílias — e de outra parte, pelo pensamento racional do universal. O demos se sabe como Senhor e Governante, cônscio de seus direitos; mas sente o contraste entre sua ideia e sua vida; sua necessidade e sua contingência; universalidade e vulgaridade. E, então, quando os interesses particulares se apoderam da comunidade e a governam, o desrespeito com que a singularidade imediata trata a ordem universal é a mais cruel ironia.

O pensamento racional leva a cabo a dissociação entre a essência divina e sua figura contingente (dos deuses do coro). Em lugar de máximas éticas e deveres múltiplos que o coro proclamava, agora tudo é reduzido às ideias simples do Belo e do Bom (*kalòs k'agathós*); formas a preencher por um conteúdo qualquer, como seja, o hedonismo leviano da juventude, ou a pusilanimidade mesquinha da velhice. É um espetáculo realmente cômico, o que oferecem esses pensamentos da Beleza e do Bem esvaziados da firmeza da consciência.

Agora, o destino que antes residia na quietude vazia ou no olvido vem unir-se à consciência-de-si. A Religião da Arte chega a seu termo quando a consciência singular, na certeza de si mesma, se apresenta como potência absoluta. Abandona a forma da coisa representada, a ela estranha: seja como figura plástica de um deus, ou bela corporeidade; seja como narrativas épicas e personagens trágicos; seja, enfim, como unidade inconsciente nos cultos e mistérios. O Si do ator coincide como o do seu personagem e o espectador vê a si mesmo nas cenas a que assiste. Opera-se o retorno de todo o universal à certeza de si mesmo; e como foi abolido tudo o que é estranho, a consciência sente um bem-estar como nunca terá igual fora dessa comédia.

TERCEIRA PARTE
A religião revelada (*Offenbare*)

Capítulo 1° — RECAPITULAÇÃO TRANSITIVA

1.1. O crepúsculo dos deuses

A Religião da Arte foi travessia do espírito da forma de substância à de sujeito, apresentando uma figura que tinha o agir da consciência-de-si. A essência divina se humanava já na estátua; mas só na forma exterior, pois a atividade se situava fora dela. No culto, se processava a união do interior com o exterior; no teatro grego, esta unidade passava toda para o lado do Si. Uma proposição simples expressa este resultado: "O Si é a Essência absoluta". Quer dizer: a essência naufraga na consciência singular certa de si. A essência vira predicado; ela que antes era a substância, e o Si, seu acidente.

Sem dúvida, essa proposição pertence ao espírito efetivo; e não ao religioso. Contudo, a figura espiritual que a expressa contém ao mesmo tempo o movimento que produz sua inversa: rebaixa o Si a predicado e eleva a substância a sujeito. Mas não se trata de um retrocesso à Religião Natural: quando a consciência-de-si produz, por sua extrusão e sacrifício, a substância como sujeito, este sujeito continua sendo o seu próprio Si. Tomando juntas as duas proposições — em que os dois lados estão presentes igualmente, mas com valores invertidos — seu resultado é: a unificação e a compenetração das duas naturezas, em que ambos são igualmente essenciais e são apenas momentos.

Religião da Arte e Mundo Ético soçobram juntos no mundo do Direito; o Si, que fora absorvido na universalidade plena do espírito do povo, ganha leveza e se eleva sobre este conteúdo. Sua singularidade simples destilada é a pessoa, universalidade abstrata do Direito, uma espécie de Panteão, não de imagens, mas de puros pensamentos. Já que o Si está vazio, o conteúdo fica livre: resta ao Si apenas o pensamento de si mesmo; o reconhecimento jurídico da pessoa é uma abstração não implementada. Ela bem sabe, que tal como "é-aí", não passa de consciência inefetiva. É a independência estoica que vimos atravessar o movimento da consciência cética para encontrar sua verdade na consciência infeliz. Esta descobre que a validez da pessoa de Direito era de fato a perda completa; melhor, esta consciência é a própria perda, tornada consciente-de-si. É o avesso (e o complemento) da consciência cômica, completamente feliz e toda dentro de si mesma; enquanto a consciência infeliz é a perfeita extrusão e perda da certeza do saber de si; perda da substância e do Si que se expressa nas duras palavras: *Deus morreu*.

O Estado de Direito assistiu ao Mundo Ético e sua religiosidade soçobrarem na consciência cômica. A consciência infeliz é a consciência desse naufrágio total. Tudo são destroços: personalidade imediata e personalidade pensada; confiança nas leis eternas, nos deuses e nos oráculos; estátuas e hinos sem vida. As obras de arte possuem uma beleza morta, como a de um fruto cortado da árvore que uma donzela nos oferece. Paira em tudo um ar de saudade, na rememoração do espírito que antes existiu. A reconstituição linguística ou histórica tenta dar uma sobrevida a estas belezas mortas. Mas o Panteão que as reúne e contempla é o espírito consciente de si como espírito.

1.2. Pré-condições germinativas da revelação

Estão dadas todas as condições para o nascimento deste espírito. A bem dizer, a totalidade destas condições é o seu devir, seu nascimento e seu conceito. Ei-las dispostas em torno do berço da natividade: primeiro é o *círculo das formas* produzidas pela arte: todas as variantes de extrusões da substância: como coisa (estátua); como linguagem (hino); como agir (culto); como corpo humano (cerimônias); como espírito representado e certeza de si (teatro grego). A seguir, está o *círculo das*

A religião / Die Religion /

figuras: a pessoa do Estado de Direito; as forças devastadoras por ela liberadas; a pessoa pensada estoica; a inquietude cética; enfim, a consciência infeliz que contagia a todas essas figuras com sua ardente expectativa em torno do momento em que o espírito vai se tornar consciência-de-si; a dor dessa consciência infeliz são já as dores do parto... As duas proposições inversas exprimem os dois lados do conceito: nele tanto a extrusão da substância produz a consciência-de-si, quanto a extrusão desta última produz a coisidade ou o Si universal: sua convergência faz a verdadeira unificação. Estas extrusões mostram que em-si, a substância é consciência-de-si, e que esta é substância ou essência universal; e sendo substância consciente-de-si, o Si é espírito. Quer dizer: o espírito abandona a figura da substância e entra no "ser-aí" como consciência-de-si; ou, em termos tomados da geração natural, o espírito tem uma mãe *efetiva*, mas um pai *em-si-essente*, porque a efetividade (ou a consciência-de-si) e o em-si (ou a substância) são dois momentos: pela extrusão recíproca — em que cada um deles se torna o outro — o espírito passa ao "ser-aí" como unidade.

1.3. Falsos encontros de deus no mundo

Importa não confundir religião revelada com certos misticismos ou fantasias religiosas, que imaginam deus manifestando-se na natureza, na história, ou mesmo nas religiões primitivas, às quais dá um sentido que não tinha para quem as praticava. Nestes casos, a consciência-de-si capta sua própria extrusão, mas não a da substância; o "ser-aí" só é essência espiritual do ponto de vista da consciência, e não *em-si*; porquanto o espírito verdadeiro como tal ainda não veio a ser para ela.

É preciso que o espírito absoluto se tenha dado em-si a figura da consciência-de-si; que "seja-aí" como uma consciência-de-si, isto é, como um homem efetivo para a certeza imediata, que veja, toque, e ouça esta divindade. Não se trata, pois, de imaginação como no caso anterior. Além disso, o ser do espírito não é um Si pensado ou *representado* — como na religião natural — ou produzido — como na Religião da Arte —; agora Deus "devém" imediatamente como Si, como um homem singular efetivo, ao alcance da intuição sensível.

Capítulo 2° — CONCEITO DA RELIGIÃO ABSOLUTA

2.1. Encarnação da essência divina

Eis o conteúdo simples da Religião Absoluta, em que esta essência tem consciência de ser espírito: por isso é *religião*; a essência é sabida tal como é, e sendo sabida como espírito, é sabida como essência que é essencialmente consciência-de-si. Para a consciência, só um objeto estranho é secreto. Ora, quando se revela a si mesma na pura certeza de si, nada pode ser estranho, porque o objeto é o Si, unidade inseparável consigo mesmo e universal imediato.

Quando se conhecem os atributos divinos, se conhecem predicados, mas não o sujeito, embora este seja o suporte daqueles momentos universais. Ao ser conhecido o Si, o próprio sujeito é revelado. Ora, ser revelado segundo o seu conceito, é a verdadeira figura do espírito, pois o Si é o interior refletido em si mesmo. O espírito é sabido como consciência-de-si, e é imediatamente revelado a esta consciência, pois é a própria; por isto se diz que a natureza divina é o mesmo que é a humana: e é esta unidade o que se contempla.

Aqui a consciência — ou o modo como a essência é para ela, sua figura — é igual à consciência-de-si, e esta é um objeto essente, mas que tem a imediata significação de puro pensamento, de essência absoluta. O ínfimo é o Supremo, o que na superfície se revela é o mais profundo. Que a essência suprema possa ser vista, ouvida, tocada como ser humano efetivo: nisto reside a perfeição de seu conceito.

2.2. O saber da comunidade, constitutivo da Religião Absoluta

Mas não se trata apenas de uma consciência imediata: é uma consciência *religiosa*; portanto um saber da essência em sua presença imediata. Esta religião sabe que o ser é essência (como o estabelece o saber conceitual) por isso, a religião revelada é um saber especulativo, já que Deus é revelado tal como é: como espírito, como puro pensamento. Ele "está-aí" como é *em-si*.

Todas as expectativas do mundo precedente convergem para esta revelação: e o anelo da consciência de si — de se contemplar na essência absoluta — se realiza, dando lugar a um júbilo que é espírito. No entanto, este espírito se revela na Religião sob uma forma imediata, a de um Si singular oposto ao universal, a forma de um Outro sensível. Não tem ainda a forma do conceito, ou do Si que em sua imediata efetividade é, ao mesmo tempo, pensamento e universal suprassumido. A universalidade, no caso da Religião, não é a do conceito como conceito, mas sim a que dela mais se aproxima no plano da imediatez: a Comunidade, que é universalidade da efetividade, totalidade dos Si, e que opera elevando o "ser-aí" à representação. Esta Comunidade toma este homem singular enquanto desempenha o movimento do ser sensível, e transforma seu *ser* em *ter sido*. A consciência, para o qual ele é presença, o *viu*, o *ouviu*; e porque o viu e ouviu, ela se torna consciência espiritual. Assim como (no Natal) nascia para ela como ser sensível, agora (na Páscoa) nasce no espírito. Com efeito, quando vê e ouve, é consciência imediata, sabe este singular objetivo como espírito, mas não sabe a si mesma. Quando o sensível desaparece, o espírito continua sendo o Si imediato da efetividade, mas como consciência-de-si universal da Comunidade. Já não é o singular (Cristo) mas ele juntamente com a consciência da Comunidade, que constituem a totalidade do espírito.

2.3. Limitações e percalços do saber da Comunidade

No entanto, passado e distanciamento são modos imperfeitos de mediação ou de universalização; são como um mergulho superficial no elemento do pensamento. É a representação, conjunção sintética da imediatez sensível com a universalidade ou pensamento. Contudo, é esta a forma como o espírito se torna consciente de si mesmo nesta Comunidade, já que não chegou ainda ao conceito como conceito. Assim, a essência espiritual está cindida num aquém e num além: o conteúdo é verdadeiro, mas seus momentos são representados como independentes e em relação externa uns com os outros. Falta ainda ascender a uma mais alta cultura (*Bildung*) para elevar ao conceito a intuição da essência absoluta, e igualar sua consciência com a sua consciência-de-si.

Entretanto, a verdade do espírito na Comunidade não consiste apenas em ser sua substância, ou em elevar a interioridade à representação objetiva: consiste em refletir-se dentro de si, em ser sujeito: A vida da Comunidade é este movimento que nela o espírito efetua. Há, porém, o risco de empobrecer esta vida do espírito, por uma equivocada volta às origens, à comunidade primitiva, ou à literalidade dos discursos de seu fundador. Isto é, confundir o retorno ao conceito originário com o retrocesso à origem temporal. O importante é a representação da Comunidade e sua operação sobre esta representação; e não a reconstituição histórica dos eventos ou de um vulto singular.

Capítulo 3º — OS TRÊS MOMENTOS DO ESPÍRITO QUE SE REVELA

O conteúdo deste espírito se revela à Comunidade em três momentos: 1º) pura substância ou pensamento puro; 2º) representação, meio-termo ou ligação sintética por onde passa ao 3º) a consciência-de-si como tal. Estes três momentos constituem o espírito, de tal forma que a reflexão do espírito dentro de si é expandir-se nestes círculos concêntricos e passar de um para o outro.

Na consciência infeliz, este conteúdo era objeto de desejo inatingível, pois não o considerava como substância sua. Na consciência crente (mundo da Fé) era tomado como um conteúdo essencialmente objetivo da representação, mas separado da certeza da consciência-de-si; esta certeza assumia as formas de vaidade do saber, e de pura intelecção. Agora, a consciência da Comunidade tem este conteúdo por sua *substância* e por *certeza* de seu próprio espírito.

3.1. A essência (o espírito dentro de si mesmo)

Primeiro se representa o espírito como essência simples, igual a si mesma. Mas o espírito tem de ser efetivo: pura essência é abstração, é o negativo de si mesmo: é diferença absoluta de si mesmo, seu puro devir-Outro. Portanto, não é só em-si, como essência: é também para-si; é o Si, o Conceito. Mas neste Outro, retorna imediatamente sobre si mesma, porque diferença tão pura é unidade retornada dentro de si.

A religião / Die Religion /

Temos pois três momentos: 1°) essência; 2°) o ser-para-si desta essência (seu saber-de-si, seu Verbo, seu Outro); 3°) o ser-para-si deste Outro: (seu saber-de-si nele). A essência, pronunciando seu Verbo, se extrusa e esvazia. O "ser-aí" do Verbo é somente o movimento de ouvir-se a si mesmo. As diferenças se dissolvem logo que se estabelecem: o verdadeiro e o efetivo é só este movimento que gira em si mesmo (*perichorese*).

É de notar que o saber da Comunidade não opera com estes conceitos, mas com representações: relações naturais de paternidade e de filiação. A essência se manifesta a esta Comunidade como algo estranho, em que a Comunidade não reconhece a natureza da pura consciência-de-si.

A forma representativa tem de ser ultrapassada; deve-se deixar de tomar estes momentos transitórios como sujeitos inabaláveis. O conceito pressiona nesta direção; mas esta pressão atua como um instinto: e assim, por falta de lucidez, se termina por rejeitar com a forma o próprio conteúdo, rebaixando-o a uma representação histórica ou herança da tradição. Ora, isso é reter apenas a exterioridade da Fé; desconhecendo seu interior, que é justamente o conceito que se sabe como conceito.

3.2. A representação (o espírito na sua extrusão)

1) Deus e o mundo

Vejamos o espírito na sua extrusão, para entender como da simplicidade da essência provém a pluralidade das pessoas e a dos seres criados. Esta pura essência é abstração e, portanto, negatividade; negar sua unidade simples equivale a devir-Outro. Contudo, como diferença no puro pensamento é o mesmo que diferença nenhuma, a relação da essência eterna com seu ser-Outro (ou para-si) tem de ser um reconhecimento de amor, em que os dois não se opõem segundo a essência. Mas como o elemento do puro pensamento é abstrato, passa para o seu Outro, o elemento da representação. Ali os momentos conceptuais ganham "ser-aí" substancial e se tornam *sujeitos*, cada um refletindo-se em si mesmo e se opondo ao outro.

É assim que aparece um Mundo, como o Outro criado pelo espírito absoluto. Criar é termo de representação, para traduzir o movimento absoluto do conceito que sabe o Simples, enunciado absolutamente, como o negativo, o Outro, o oposto de si mesmo. Este ser-para-outro, carente de Si, é um *mundo*, onde os momentos contidos na universalidade do puro pensamento se dissolvem na particularidade; onde o espírito é dissociado e jogado na totalidade do ser, com a sua ordem (*Kosmos*) externa.

2) O mal entra no mundo

Contudo, o Si está também presente no mundo, na forma do Si singular, consciente de ser distinto do mundo, seu Outro. De início, inocente, porque ainda não se tornou para si mesmo um outro — como já fez a essência divina ao extrusar-se —, vem depois a adentrar-se em si mesmo, no seu próprio saber. Transmuda em saber seu "ser-aí" imediato; um saber ainda condicionado, porque deriva da imediatez. Não é puro, porque tem nele o seu outro: o pensamento, a si mesmo oposto, do Bem e do Mal. A representação faz disso um evento, uma ocorrência: "Aconteceu que o homem provou do fruto do Bem e do Mal, sendo por isso expulso do paraíso", quer dizer, do jardim dos animais...

Este adentrar em si mesmo se determina de início como Mal; e porque a oposição entre Bem e Mal ainda não foi dissolvida, a consciência é essencialmente o Mal. Contudo, a consciência boa está também presente e defronta a outra em relação recíproca. Para pensar o movimento de adentrar-se ou de "tornar-se mau", se projeta o momento em que a essência se tornou Outro e desigual a si mesma, para antes do tempo. Então Lúcifer, ao adentrar-se sofreu sua queda: mas logo outro Filho foi gerado em lugar do "primogênito da luz". Claro que "Filho" e "Queda" pertencem ao registro da representação, e rebaixam para o seu nível os momentos do conceito.

A representação divide o ser-Outro da essência eterna numa multidão de figuras (angélicas). Através deste recurso, se tem, de um lado, o Filho que sabe a si mesmo como essência; e de outro, a extrusão do ser-para-si que vive no louvor da essência, mas onde também pode surgir o adentrar-se em si, que é o Mal.

É irrelevante contar os momentos: três, quatro ou cinco? A dualidade é que é fundamental. O diferente é só mesmo um: o pensamento da diferença, que abarca o múltiplo no Uno, o qual, como princípio do número, é indeterminado em relação ao número como tal. A numeração, como as diferenças de tamanho e de quantidade, carecem de conceito e nada dizem.

3) A *luta do Bem e do Mal*

O Bem e o Mal estão representados numa oposição irredutível de essências independentes; e o homem, carente de essência, é terreno sintético do seu "ser-aí" e de sua luta. No entanto, o homem é o Si, a efetividade. Sendo assim, o Mal é apenas o adentrar em si do "ser-aí" natural do espírito; e o Bem, uma consciência-de-si "*aí-essente*".

Projetado pela representação na essência divina, o Bem corresponde à humilhação voluntária desta essência, que renuncia à abstração e à inefetividade. O Mal, por sua vez, é uma ocorrência estranha à essência divina; contudo, por uma extrapolação tão extrema quanto estéril, a representação projeta o Mal no íntimo desta essência como a *cólera* divina.

A essência divina se aliena em duas modalidades; em que os dois momentos do espírito, o Si e o Pensamento, têm valor relativo desigual. Na primeira, a Essência divina é o essencial, e o Si (ser-aí natural) o que deve ser suprassumido: (Cristo). Na segunda, é o inverso: o ser-para-si é o essencial; inessencial é o Divino: (O homem). Seu meio-termo, por enquanto, é a simples coexistência dos dois momentos.

4) *A redenção e a reconciliação*

Estas essências (ou modalidades acima) têm "ser-aí" separado e independente: sua confrontação enquanto tais, não tem saída. Mas são também pensamentos e através de sua confrontação como conceitos determinados é que a luta termina; como tais, são pura relação de oposição. Como termos *independentes*, devem mover-se ao encontro um do outro; por isso este movimento é representado como ato de liberdade, muito embora a necessidade de sua extrusão resida em seu conceito.

A iniciativa parte do termo que é determinado como Em-si: este é que se extrusa, vai à morte e se reconcilia com a Essência absoluta. Deste modo, a alienação da essência abstrata num "ser-aí" natural é revogada por um segundo "devir-Outro", já que pela morte a presença sensível é suprassumida e se torna universal: (res)surge como espírito. Esta presença imediata suprassumida é idêntica à consciência universal ou Comunidade; que vai além da representação, por ser um retorno do espírito ao interior de si mesmo.

Quando a representação diz: "A essência divina assume a natureza humana" expressa que em-si não são separadas uma da outra; mas também, se não expressa, implica que ao extrusar-se de seu Princípio e ao adentrar-se em si, esta essência comete uma queda e se torna má. Mas então, o Mal não é algo estranho, já que o momento de adentrar em si é essencial ao espírito; aliás, a essência absoluta seria um *flatus vocis* se não tivesse seu Outro. A representação chega a captar que estes dois momentos conceptuais (a Essência absoluta e o Si) não são separados; e o enuncia como a extrusão da essência divina que se fez carne. Contudo, tal representação só se torna verdadeiramente espiritual quando pelo sacrifício retorna esta figura particular à universalidade da essência; porque, só refletida em si mesma é que a essência é espírito.

A representação quer expressar a reconciliação da Essência divina com o seu Outro; ou mais precisamente com o Mal. No fundo, o conceito de reconciliação supõe que *em-si*, o Mal seja a mesma coisa que o Bem; ou, que a natureza divina seja a totalidade da natureza; e assim, separada dela; a natureza é o nada. Isso se presta a mal-entendidos. Se o Mal é o Bem, então o Mal não é o Mal, nem o Bem é o Bem: estão ambos suprassumidos. O Mal, é o ser-dentro de si; o Bem simples, carente de Si. Só as duas proposições juntas exprimem a verdade, e devem ser mantidas com igual vigor: são o mesmo, e são distintos. É sempre assim quando se trata de conceito: não podem ser tomados como coisas sólidas o *mesmo* e o *não-mesmo*, porque a verdade está no seu movimento, no qual o mesmo, por ser abstração, é diferença absoluta, e esta, por ser diferente de si mesma, é igualdade consigo mesma (identidade da identidade e da não identidade).

Aplicando isto à "mesmice" da essência divina (e da natureza em geral, mas especialmente da humana), aquela é natureza enquanto não é essência; e esta é divina segundo sua essência. No espírito, ambas se põem suprassumidas. Dizer que uma é a outra, é usar o é da cópula, que não expressa este *pôr* que se dá no movimento do espírito. Na verdade, estes momentos tanto *são* quanto *não são*; o que é mesmo, é o movimento que é o espírito.

Na reconciliação, a consciência suprassume estas diferenças numa unidade espiritual; e deixa de ser puramente representativa, porque seu movimento completa o retorno sobre si mesma.

3.3. O retorno à consciência-de-si (a Comunidade do Espírito)

Está, pois, o espírito em seu 3° elemento, na sua Comunidade, a consciência-de-si universal, cujo movimento consiste em *produzir para-si* o que já *veio-a-ser em-si*: o homem divino, a consciência-de-si universal. Quer dizer: esta consciência que representa o lado do Mal (porque nela o "Ser-aí" natural vale como essência) deve elevar-se até o espírito. O primeiro passo é convencer-se de que o "ser-aí" natural é o Mal; pois, mau, já é: o que está faltando é este *saber*, puro agir da consciência dentro de si mesma.

Ora, como a Essência, por um lado, já se reconciliou (em-si e consigo), as representações recebem agora um sinal oposto ao que antes tinham: adentrar-se em si já não é o Mal, mas o saber do Mal, primeiro momento da reconciliação: abandono de sua natureza imediata determinada como o Mal; morte ao pecado. Com efeito: o movimento do conceito que sabe a naturalidade suprassumida como universal e assim reconciliada consigo mesma, é apreendido pela consciência representativa como um *evento*, em que a essência divina se reconciliou com seu "ser-aí" pela ocorrência de sua encarnação e morte. A morte do homem divino já não representa para ela somente o não-ser de algo singular, negatividade abstrata que termina na universalidade natural, mas sim a ressurreição espiritual, ou seja, a elevação de sua consciência-de-si individual ao universal, à Comunidade. A morte se transmuda na universalidade do espírito, que na sua Comunidade vive, e onde cada dia, morre e ressuscita. Antes, a representação encontrava num "ser-aí" particular, a natureza do espírito; agora, é a consciência particular que morre na sua universalidade (em seu saber, que é a essência se reconciliando consigo mesma). O elemento da representação que havia antes, aqui se acha suprassumido; entrou no Si, no seu conceito, e o que era apenas essente, se tornou sujeito. Deste modo, a essência eterna, e o seu espírito, já não estão situados no Mais-Além da consciência representativa ou do Si: a morte do Mediador opera a suprassunção de sua objetividade, fazendo com que este Si particular se torne consciência-de-si universal. Por outro lado, o Universal se torna efetivamente consciência-de-si, porque na morte do mediador não acaba somente um indivíduo particular, mas também a abstração da essência divina: é a morte da essência divina que não foi posta como Si. Daí o sentimento dorido da consciência infeliz: "O próprio Deus morreu". Com isto, retorna-se ao mais íntimo saber de si, às profundezas noturnas do Eu = Eu, onde a consciência nada sabe além dela.

Este saber é "espiritualização" que faz da substância, sujeito; em que morre sua abstração e se torna consciência-de-si simples e universal. Assim o espírito é o que se sabe: o objeto de sua representação é o conteúdo verdadeiro e absoluto. Expressa o próprio espírito efetivo, e não apenas o conteúdo da consciência e seu objeto. Ao chegar aqui, seu movimento através da efetividade é perfeito: é o sujeito de seu movimento; é o mover-se; é também a substância (ou o meio) que atravessa.

Esta Comunidade, porém, só não está consumada porque seu conteúdo ainda reveste a forma da representação. A consciência-de-si espiritual — a Comunidade — não é ainda objeto para si mesma, e por isso a espiritualização efetiva, que é o retorno a partir desta representação, assume para ela o caráter de cisão.

Conclusão

Assim, no termo de seu processo, esta consciência se adentrou em si, e extrusou seu ser natural conquistando a pura interioridade do saber, a negatividade. Contudo, ainda representa como um Outro, como um em-si, a extrusão da substância, porque não encontra, nem concebe nela, a sua operação como tal. Em-si, já se produziu a unidade da Essência e do Si. A consciência tem uma representação desta sua reconciliação, mas como algo distante, a ser realizada nos longes do futuro; assim como a reconciliação que o outro Si (Cristo) cumpria, era coisa de um passado longínquo. Enquanto o homem divino singular tinha um Pai em-si *essente*, mas uma mãe *efetiva*; a Comunidade, homem divino universal, tem por pai seu próprio agir e saber; mas tem por mãe o amor eterno que se limita a sentir, porém, que *não* contempla como objeto imediato *efetivo*.

A reconciliação está no coração; no entanto, a consciência está cindida e a efetividade quebrada. A reconciliação fica num mais além: o presente é o mundo imediato que ainda tem de esperar por sua transfiguração. Como em-si, o mundo já está reconciliado com a essência, esta não o considera algo alienado dela; mas sim, seu igual no Amor.

No entanto, o espírito desta Comunidade continua em sua consciência imediata separado de sua consciência religiosa: proclama que estas consciências em si não estão separadas; só que este em-si ainda não se tornou ser-para-si absoluto.

(DD)

SEÇÃO VIII
O SABER ABSOLUTO / Das absolute Wissen /

Sumário:

Enfim, todas as determinações e figuras são recapituladas e se tornam transparentes ao espírito, como momentos de seu devir. Reconciliação definitiva, em que são recuperadas as reconciliações e as unificações anteriores: as Figuras se transmudam em Conceitos e as Representações em Ciência; — que era o conteúdo subjacente às diversas formas da experiência. O espírito que se extrusa no espaço é Natureza; no tempo, é História. A Re-memoração faz com que cada espírito receba do predecessor o reino deste mundo; e é o caminho para o Espírito Absoluto: — o espírito que se sabe como espírito.

Na Religião, o espírito ainda estava preso à forma da Representação e da Objetividade. O objeto da *consciência* vai ser ultrapassado, não apenas pelo seu retorno ao Si, mas por se revelar evanescente, e mais: uma extrusão da *consciência-de-si*. Essa extrusão não tem só conotação negativa, mas também positiva: suprassume tanto o Si quanto o objeto, mas nela a consciência se põe como objeto, e põe o objeto como Si; e como essa extrusão e objetividade são, por sua vez, suprassumidas, no retorno a si mesma se encontra no Outro como tal. O movimento da consciência, para ser espiritual, tem de abranger a totalidade de seus momentos e determinações, captando cada um deles como o Si.

1. RECAPITULAÇÃO DOS MOMENTOS E DAS DETERMINAÇÕES

O objeto é inicialmente ser imediato (coisa) que a *certeza sensível* apreende. Mas também é a determinidade, ser-para-outro e ser-para-si da *percepção*; o universal ou a essência, do *entendimento*. O objeto, como um Todo, é movimento silogístico que vai e volta do universal ao singular através da determinação que é singularidade suprassumida. Em cada um desses momentos, a consciência deve saber-se no objeto, e ver configurações da consciência nas formas que o objeto assume: é o movimento da consciência fenomenal visto até agora. Foi tentando captar o objeto, que a *Razão observadora* se encontrou numa coisa indiferente, chegando ao cúmulo naquele juízo infinito: "O ser do Eu é uma coisa". Referia-se à imediatez sensível; mas se em lugar dela pensasse numa "alma" ou num "Interior", seria também uma coisa, embora invisível. Tal juízo infinito é a própria carência de espírito; contudo, no seu conceito, é o mais rico de espírito. Dizendo que a coisa é o Eu, suprassume-se a coisa, e tudo só adquire significação em relação ao Eu: é o que ocorre na pura intelecção da *Ilustração*. As coisas são meras utilidades, isto é: puro ser-para-outro. A consciência, que percorrendo o mundo do *espírito alienado* terminou produzindo por sua extrusão a coisa como um Si, e proclamou a imediatez sensível como o único válido e ser-para-si, vê que esse momento, apenas enunciado, desvanece e passa em seu contrário: ser-para-outro.

Falta fazer o mesmo com relação a este Interior, desprender o Si do "ser-aí". É a tarefa da *consciência-de-si moral*, que capta seu saber como essencialidade absoluta; ou seja: a coisa, o objeto, é apenas sua vontade e seu saber. A objetividade em que o agir se move, é o próprio saber do Si: eis a coisa totalmente recuperada pelo conhecimento.

2. A DUPLA RECONCILIAÇÃO DOS MOMENTOS DISPERSOS

Estes momentos compõem, em seu conjunto, a reconciliação do espírito com sua consciência. O último, porém, é a unidade mesma que a todos recapitula dentro de si: o *espírito certo de si mesmo*, e que tem por "ser-aí" este saber de si. Enuncia-o na linguagem da convicção do dever, que convalida sua ação. Agir é movimento que se separa da simplicidade do conceito e a ele retorna. O reconhecimento do dever se opõe tenazmente à cisão e diferença que o agir provoca; mas o perdão faz com que esta dureza abdique. A efetividade coincide com o saber; e no saber do Eu = Eu, este Si singular é imediatamente puro saber ou universal.

O processo pode ser descrito como reconciliação da consciência com a consciência-de-si. Essa reconciliação se dá duas vezes: uma no espírito religioso; outra, no espírito efetivo. No entanto, a unificação destes dois espíritos só se dá ao termo da série dessas figuras todas; quando o espírito vem a saber-se segundo o seu conteúdo absoluto, ou como é em-si e para-si.

É verdade que essa unificação já ocorreu, em-si, na religião, por ocasião do retorno da representação à consciência-de-si. Mas essa forma não era a autêntica, pois o lado religioso era o do em-si. A verdadeira unificação tem de ser feita pelo outro lado, o da reflexão dentro de si, pois é esse lado o que possui a si e ao seu contrário, não só em-si mas para-si, e pode fazer a autêntica unificação: na unidade simples do conceito.

De certo modo, essa unidade já foi apresentada: naquela figura da consciência, a *bela alma*; que era puro saber de si na unidade transparente e pura da consciência-de-si; e que sabia esse saber como espírito. Contudo, esse puro saber carecia de realização (*Realisierung*), pelo que se desvanecia como névoa vazia, a não ser que se pusesse em movimento em direção à sua "realização". Era o que fazia de dois modos, implementando-se ao conseguir a unidade com sua extrusão; sua verdade, portanto, uma vez no espírito operante; outra, na religião. Na religião, o conceito ganha conteúdo na forma de representação, do ser-Outro para a consciência. No espírito operante, a forma é o próprio Si: o conceito que abandonou sua essência eterna, e que agora "está aí" e age; um "ser-aí" que é também adentrar-se em si, ou ser mau. (*Dasein/Bösesein*).

Este é o movimento: o puro saber da essência se extrusa, por ser o cindir-se ou a negatividade do conceito. Este cindir-se, enquanto devir *para si*, é o Mal; enquanto *em si*, permanece o Bem. Agora o que era apenas em si, vem também a ser para a consciência, como seu próprio agir e seu próprio saber.

Os dois momentos que se defrontam abdicam de sua determinidade, cada um em favor do outro; abdicação que é renúncia à unilateralidade do conceito; ou, por outra, renúncia que é o próprio conceito. A oposição é bipolar; desigualdade do singular que em si se adentra, frente ao universal; e desigualdade do universal abstrato frente ao Si. Por isso há duas mortes: numa se morre para o Si, se extrusa e se confessa; na outra, se morre para o universal abstrato e inerte, para um Si carente de vida. O espírito só é espírito porque eleva seu "ser-aí" ao pensamento — oposição absoluta — e daí (e por aí) retorna a si mesmo. Assim surge como consciência-de-si que é unidade simples do saber.

Deste modo, o que na Religião era conteúdo — representado na forma de Outro — agora é o agir mesmo do Si. Chega-se enfim à unificação de todos os momentos singulares, cada um dos quais representava o espírito todo. E o conteúdo, que naqueles momentos se mostrara numa figura da consciência, agora vem a adotar a forma definitiva do conceito como conceito.

3. A CIÊNCIA

Essa última figura do espírito — que dá a forma do Si ao seu conteúdo, e assim realiza seu conceito, embora nele permanecendo — é o *saber conceitual* ou *absoluto*. A verdade é igual à certeza, e tem a figura desta, pois o espírito se sabe na forma de saber de si mesmo. A *Ciência* é o espírito manifestando-se à consciência no elemento do conceito (ou essência), isto é: produzido pela consciência nesse elemento. É saber que é puro ser-para-si da consciência-de-si; que é este Eu aqui, e nenhum outro, mas que é, ao mesmo tempo, o Eu suprassumido, ou universal.

(Definições "científicas" ou Conceitos fundamentais da Ciência).

O Eu tem um conteúdo que ele distingue de si. Por ser a pura *negatividade*, ou o *cindir-se*, é *consciência*. O conteúdo é o Eu na sua *di-*

ferença mesma, por ser movimento de *suprassumir* a si mesmo, quer dizer: é esta pura negatividade que é o Eu. O conteúdo é, pois, este *movimento* do espírito que percorre a si mesmo por ser a figura do *conceito* em sua *objetividade*.

O "*ser-aí*" desse *conceito*, a Ciência, só se manifesta no *tempo* e na *efetividade* quando o espírito chega a esta consciência sobre si mesmo; quando suplantando sua *figuração imperfeita*, cria para a consciência a figura de sua *essência*; e assim iguala *consciência* e consciência-de-si. Enquanto ainda estava *diferenciado* em seus *momentos*, como *conceber em geral* não tinha alcançado a substância; (na substância do saber, estava; mas nela não se conhecia). Por *substância* se entende: o *em-si* ainda não-desenvolvido; o fundamento e conceito em sua simplicidade ainda imóvel; a *interioridade* ou o Si do espírito que ainda não "é-aí", já que esse espaço é ocupado pelo *objeto* da *consciência representativa*. Nesta fase, o conhecer da consciência espiritual tem um objeto pobre, em que o em-si só é em referência ao Si ou conceito; comparadas com ele, a substância e a consciência da substância são mais ricas. Na verdade, a substância está é se escondendo nessa manifestação: o que se manifesta mesmo é a certeza própria da consciência-de-si, à custa da substância, como se dela extraísse toda a estrutura de suas essencialidades; num movimento que só termina quando engendra a partir de si mesma esses momentos e os restaura para a consciência.

No saber conceitual, os momentos se apresentam antes do Todo, cujo devir constituem; na representação da consciência, o Todo vem antes. O espírito se manifesta necessariamente no *tempo*, enquanto não tiver captado o conceito puro que elimina o tempo. O tempo é puro Si exterior, conceito apenas intuído. O tempo se manifesta como o destino e a necessidade que tem o espírito, ainda não plenamente desenvolvido, de aumentar a participação da consciência-de-si na consciência; de pôr em movimento a imediatez do em-si, de realizar e revelar o que é apenas interior, e reivindicá-lo para a certeza de si mesmo.

Bem se diz que "nada é sabido que não esteja na experiência", pois justamente a *experiência* consiste em que o conteúdo — que é o espírito — seja em-si substância e, portanto, objeto da consciência. O espírito é o movimento do conhecer, em que o em-si se transforma em para-si; e a substância, em sujeito; o objeto da consciência, em objeto da consciência-de-si, ou seja, em objeto suprassumido, ou conceito. Movimento que é círculo fechando-se sobre si mesmo, cujo princípio coincide com seu fim. O Todo — que é espírito — é esse movimento de diferenciar-se que para a consciência-de-si se distingue em: conceito puro intuído, o tempo; e seu conteúdo, o *em-si*. A substância tem uma necessidade interior de apresentar-se como é em-si: como espírito. Sua exposição completa e objetiva coincide com sua reflexão ou com seu tornar-se sujeito. E o espírito não pode atingir sua perfeição como espírito consciente de si antes de se ter completado em si, como espírito do mundo. Por isso a religião proclama no tempo, antes da ciência, o que é o espírito; mas só a ciência é o verdadeiro saber do espírito sobre si mesmo.

4. NATUREZA E HISTÓRIA

O movimento que faz brotar a força de seu saber de si é o trabalho que o espírito implementa na *História* efetiva. A Comunidade religiosa, enquanto substância do espírito absoluto, tem uma consciência tanto mais tosca quanto mais profunda sua religiosidade, e mais esforço exige o lidar com o conteúdo tão estranho à sua consciência. Só quando desiste disso, e retorna a si mesma, é que descobre o mundo presente como sua propriedade.

Deu assim o primeiro passo para unir o mundo do pensamento com o Si efetivo; e a razão observadora encontra e concebe o "ser-aí" como pensamento, e o pensamento como "ser-aí". Isso, porém, é o mesmo que restabelecer, sob forma mais pura, a luminosidade; porque a *extensão é*, melhor que a luz, simplicidade igual ao puro pensamento. Nela renasce a substância do raiar do sol. O espírito reage a essa abstração carente de Si, e contra ela afirma a individualidade. Entretanto, só depois que na Cultura extrusou sua individualidade num "ser-aí", e que atravessou o utilitarismo e a Liberdade absoluta onde captou o "ser-aí" como sua vontade, é que chega a expressar a essência como Eu = Eu. Movimento refletindo-se em si mesmo, igualdade que por ser negatividade é diferença absoluta e também objetiva: deve pois expressar-se como *tempo*.

O saber absoluto / Das absolute Wissen /

Deste modo, a essência, enunciada antes como unidade do pensamento e extensão, agora é unidade do pensamento e tempo; mas o tempo não se sustém; desmorona — pura diferença irrequieta — na quietude objetiva, pura igualdade consigo mesma da *extensão*. Eis-nos em plena substância. A substância, porém, para ser o absoluto teria de ser pensada como unidade absoluta. Mas, então, seria sem conteúdo, porque o conteúdo, por ser diferenciado, tem de ser assumido pela reflexão, que não é da esfera da substância, mas do sujeito.

Não seria dar-lhe conteúdo jogá-la no abismo vazio do absoluto, e despejar-lhe em cima o múltiplo conteúdo dos sentidos; como se o saber chegasse às coisas sem saber nem como nem de onde...

De fato, o espírito não se apresentou para nós como um recolher-se da consciência-de-si em sua própria interioridade; nem como um naufrágio da substância. Mas, sim, como o movimento do Si que se extrusa em substância, e partindo dela se adentra em si; convertendo-a em objeto e conteúdo, e suprassumindo esta diferença de objetividade e conteúdo. O Eu — que não é apenas o Si, mas a igualdade do Si consigo mesmo — nada tem a temer da forma de substância e de objeto, na qual abdica da forma de consciência-de-si; justamente, a força do espírito está em manter-se igual a si em sua extrusão, e — já que é em-si e para-si — em pôr como momentos tanto o em-si quanto o para-si.

5. OS CONCEITOS E AS FIGURAS

No saber, terminou pois o espírito seu movimento em figuras afetadas pela diferença da consciência; conquistou o puro elemento de seu "ser-aí": o conceito. O *conteúdo é o Si* que se extrusa, na unidade imediata do saber de si mesmo e sofre de uma inquietude que o leva a suprassumir-se: é a negatividade. Na forma do Si, o conteúdo é conceito. Uma vez que atingiu o conceito, o espírito está no seu elemento: ali expande seu "ser-aí" e movimento, cujos momentos já não se apresentam como figuras da consciência — a qual aliás já retornou ao Si — mas como conceitos determinados.

Na Fenomenologia do Espírito cada momento era diferença entre saber e verdade, como também movimento de suprassumir essa diferença. Na Ciência, não cabe nem essa diferença, nem a suprassunção: cada momento, por ter a forma do conceito, unifica a forma objetiva da verdade com a do Si que sabe. Já não é um ir entre a consciência (representativa) e a consciência-de-si; mas sim, um puro conceito e seu movimento.

Cada conceito da Ciência corresponde, em geral, a uma figura da consciência fenomenal: nenhuma é mais pobre nem mais rica que a outra, em seu conteúdo. Conhecer os conceitos da Ciência sob forma de figuras da consciência é ver como o conceito se cinde em seus momentos que se apresentam segundo sua oposição interna.

Assim, o espírito que se sabe a si mesmo, igualdade consigo mesmo, é na sua diferença certeza do imediato, consciência sensível, que foi nosso ponto de partida. No entanto, desprender-se da forma de seu Si é suprema liberdade e máxima segurança de seu saber de si.

A extrusão ainda não se completou, porque o saber, além de si, deve conhecer seu limite. Ora, conhecer seu limite é fazer sacrifício ou extrusão em que apresenta seu devir em direção ao espírito como evento livre e contingente: seu ser-aí no tempo: História; e no espaço: Natureza.

A Natureza não é outra coisa senão a eterna extrusão do espírito; e seu devir, o movimento que reinstaura o sujeito.

A História é o espírito que se extrusa no *tempo*, e onde se reencontra porque se perdeu. Lento desfile de imagens, cada uma contendo a seu modo a riqueza total do espírito: por isso não há pressa, para que o espírito possa compenetrar-se de toda a riqueza de sua substância. Adentrando-se em si, o espírito entrega a figura que teve seu "ser-aí" à rememoração. Soçobra na noite da consciência-de-si; mas o "ser-aí" anterior, suprassumido no saber, renasce como nova figura o novo mundo do espírito. E tudo começa de novo: o espírito vai crescendo como se nada tivesse aprendido da experiência precedente.

6. A RE-MEMORAÇÃO

A Re-memoração (*Er-Innerung*), que é o Interior e a forma superior da substância, os conserva; por isso, o espírito recomeça sua marcha sempre de um nível mais alto. Cada espírito recebe o reino deste mundo das mãos de seu predecessor. A meta final é a revelação do que há de mais profundo: o conceito absoluto, o que se efetua suprassumindo esta *profundeza* na *extensão*; em que o Eu, adentrado em si, se extrusa em substância. Mas essa revelação é também sua encarnação no *tempo*, na qual a extrusão, ao extrusar-se a si mesma, produz o Si.

O saber absoluto é, pois, a meta: o espírito que se sabe como espírito. Sua via de acesso é a Re-Memoração dos espíritos como são neles mesmos, e como organizam seus reinos. Sua recuperação, na forma do agir livre, e na forma da contingência, é a *História*. Entretanto, vista do lado de sua organização conceitual, é a *Ciência do saber fenomenal*. Os dois lados reunidos, a *História concebida*, formam a Re-memoração e o Calvário do Espírito Absoluto; a efetividade, a verdade e a certeza de seu Trono.

Glossário

AUFGEHOBEN — suprassumido
AUFHEBEN — suprassumir
AUFHEBUNG — suprassunção
AUSFÜHRUNG — atualização
ÄUSSERUNG — exteriorização

BESTIMMUNG — determinação
BESTIMMTHEIT — determinidade

DASEIN (das) — o "ser-aí"
DIESE (das) — o "isso-aí"

ENTFREMDEN — alienar
ENTFREMDUNG — alienação
ENTÄUSSERN — extrusar
ENTAUSSERUNG — extrusão
ERFÜLLEN — implementar
ERFÜLLUNG — implementação

ERINNERN — rememorar
ERINNERUNG — rememoração

GEWISSEN — Boa-Consciência
GEWORDEN — devindo

HERRSCHAFT und — dominação e

INSICHGEHEN — adentrar-se em si
INSICHSEIN — ser-adentrado-em-si

KNECHTSCHAFT — escravidão

MEINEN — designar, indicar

REAL — real
REALITÄT — realidade

SEIENDE (das) — o essente
SELBST (das) — o Si
SELBSTHEIT — mesmice

UNWAHRHEIT — inverdade
UNMITTELBARKEIT — imediatez

VERSCHWINDEN — evanescer
VERSCHWUNDEN — evanescente
VERSTELLUNG — deslocamento
VERWIRKLICHUNG — efetivação

WIRKLICH — efetivo
WIRKLICHKEIT — efetividade
WERDEN — devir

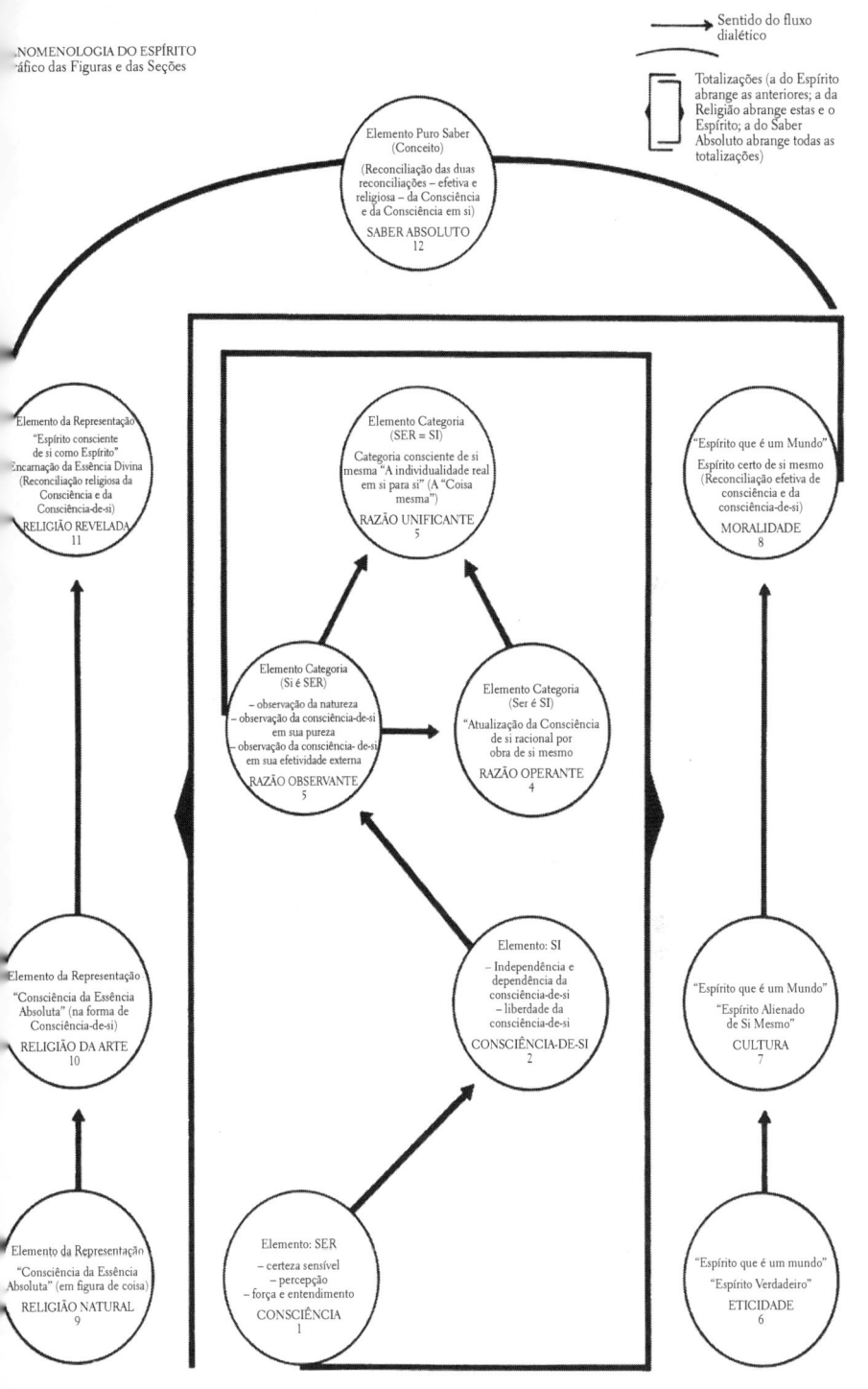

FENOMENOLOGIA DO ESPÍRITO
Gráfico das Figuras e das Seções

→ Sentido do fluxo dialético

Totalizações (a do Espírito abrange as anteriores; a da Religião abrange estas e o Espírito; a do Saber Absoluto abrange todas as totalizações)

Elemento Puro Saber (Conceito)
(Reconciliação das duas reconciliações – efetiva e religiosa – da Consciência e da Consciência em si)
SABER ABSOLUTO
12

Elemento da Representação
"Espírito consciente de si como Espírito"
Encarnação da Essência Divina
(Reconciliação religiosa da Consciência e da Consciência-de-si)
RELIGIÃO REVELADA
11

Elemento Categoria (SER = SI)
Categoria consciente de si mesma "A individualidade real em si para si" (A "Coisa mesma")
RAZÃO UNIFICANTE
5

"Espírito que é um Mundo"
Espírito certo de si mesmo
(Reconciliação efetiva de consciência e da consciência-de-si)
MORALIDADE
8

Elemento Categoria (Si é SER)
– observação da natureza
– observação da consciência-de-si em sua pureza
– observação da consciência-de-si em sua efetividade externa
RAZÃO OBSERVANTE
5

Elemento Categoria (Ser é SI)
"Atualização da Consciência de si racional por obra de si mesmo"
RAZÃO OPERANTE
4

Elemento: SI
– Independência e dependência da consciência-de-si
– liberdade da consciência-de-si
CONSCIÊNCIA-DE-SI
2

Elemento da Representação
"Consciência da Essência Absoluta" (na forma de Consciência-de-si)
RELIGIÃO DA ARTE
10

"Espírito que é um Mundo"
"Espírito Alienado de Si Mesmo"
CULTURA
7

Elemento da Representação
"Consciência da Essência Absoluta" (em figura de coisa)
RELIGIÃO NATURAL
9

Elemento: SER
– certeza sensível
– percepção
– força e entendimento
CONSCIÊNCIA
1

"Espírito que é um mundo"
"Espírito Verdadeiro"
ETICIDADE
6

FENOMENOLOGIA DO ESPÍRITO DE HEGEL

Bibliografia sumária sobre a fenomenologia do espírito

Obs.: Em português, nada existe, a não ser a tradução dos primeiros capítulos da Fenomenologia por HENRIQUE LIMA VAZ (Prefácio, Introdução, Certeza Sensível e Percepção). Volume HEGEL, Coleção Os PENSADORES. Abril Cultural, 1974.

EDIÇÕES

— Princeps: **System der Wissenschaft** von Ge. Wihl. Fr. HEGEL. Erster Theil — die Phänomenologie des Geistes.
Bamberg un Würzburg, bey Anton Goehardt, 1807.

— A mais conhecida: G. W. F. HEGEL **Sämtliche Werke** — Band V: **Phanomenologie des Geistes**. (Georg Lason, Johannes Hoffmeister) Feliz Meiner, Hamburg, (6a) 1952.

— A mais recente edição crítica: G. W. F. HEGEL — **Gesammelte Werke** Band 9: **Phänomenologie des Geistes** (Wolfgang Bonsiepen und Reinhard Heede), Feliz Meiner, Hamburg, 1980. (provavelmente é esta a edição crítica definitiva).

— Outras edições utilizadas: Suhrkamp, 1970 (G. W. F. HEGEL **Werke** in 20. Banden (Moldenhauer-Michel) — 3: **Phänomenologie des Geistes**, Ulstein Buch (G. Göhler) 1973 (3a).

TRADUÇÕES

— Francesa — **La Phénoménologie de l'Esprit** (Jean Hyppolite) 2 vols. Aubier-Montaigne, Paris, 1941.

— Espanhola — **La Fenomenología del Espíritu** (W. Roces) Fondo de Cultura Económica, México, 1966.

— Italiana — **Fenomenología dello Spirito** (Enrico De Negri) 2 vols. La Nuova Italia, Florença, 1973.

— Inglesa — **Phenomenology of Spirit** (A. V. Miller) Oxford University Press, 1977.

COMENTÁRIOS

Hyppolite, Jean — **Genèse et structure de la Phénoménologie de l'Esprit de Hegel**. Aubier-Montaigne, Paris, 1946.

Fulda, Fr., und Heinrich, Dieter — **Materialen zu Hegels Phänomenologie des Geistes**, Surhkamp, 1973.

Labarrière, Pierre-Jean — **Structures et mouvement dialectique dans la Phènoménologie de l'Esprit de Hegel**. Aubier-Montaigne, Paris, 1968.

— **Introduction à une lecture de la Phénoménologie de l'Esprit**, de Aubier-Montaigne, Paris, 1979.

Paolinelli, M. — **Traduzione e Commento analitico di capitoli scelti della Fenomenologia dello Spirito** — Vita e Pensiero, Milano, 1977. (2 vols.).

Scheier, Claus-Arthur — **Analytischer Kommentar zu Hegels Phänomenologie des Geistes: die Architektonik des erscheinender Wissens**, Verlag Karl Alber. Freiburg, München.

Valls-Plana, Ramón — **Del yo al nosotros, Lectura de la Fenomenología del Espíritu de Hegel**, Barcelona, editorial Estela, 1971.

Jorge R. Seibold, S.J. — **Pueblo y saber en la Fenomenología del Espíritu de Hegel**, Buenos Aires, Ediciones Universidad del Salvador y Diego de Torres, 1983.